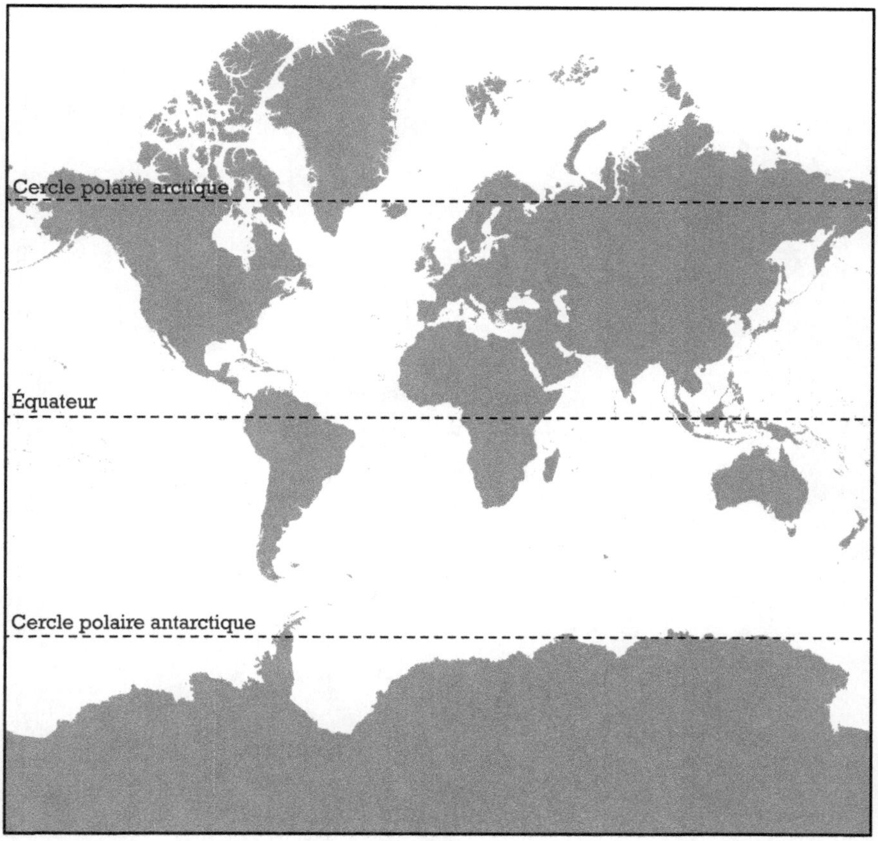

Le Monde en projection Mercator

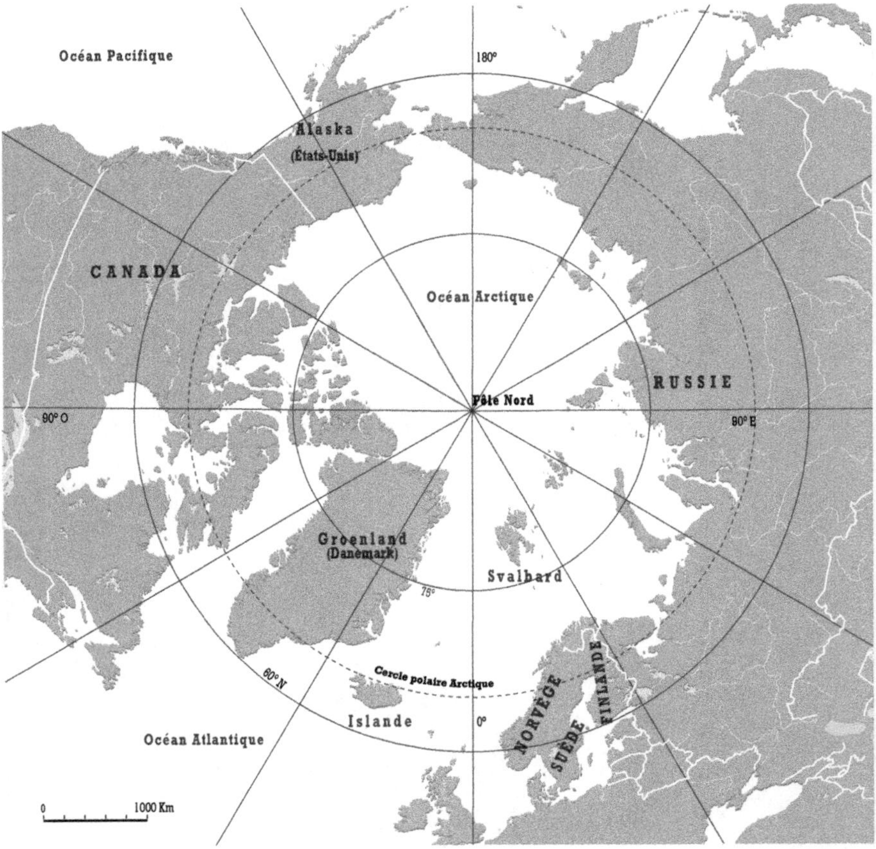

Source : IPEV.

L'Arctique en projection polaire

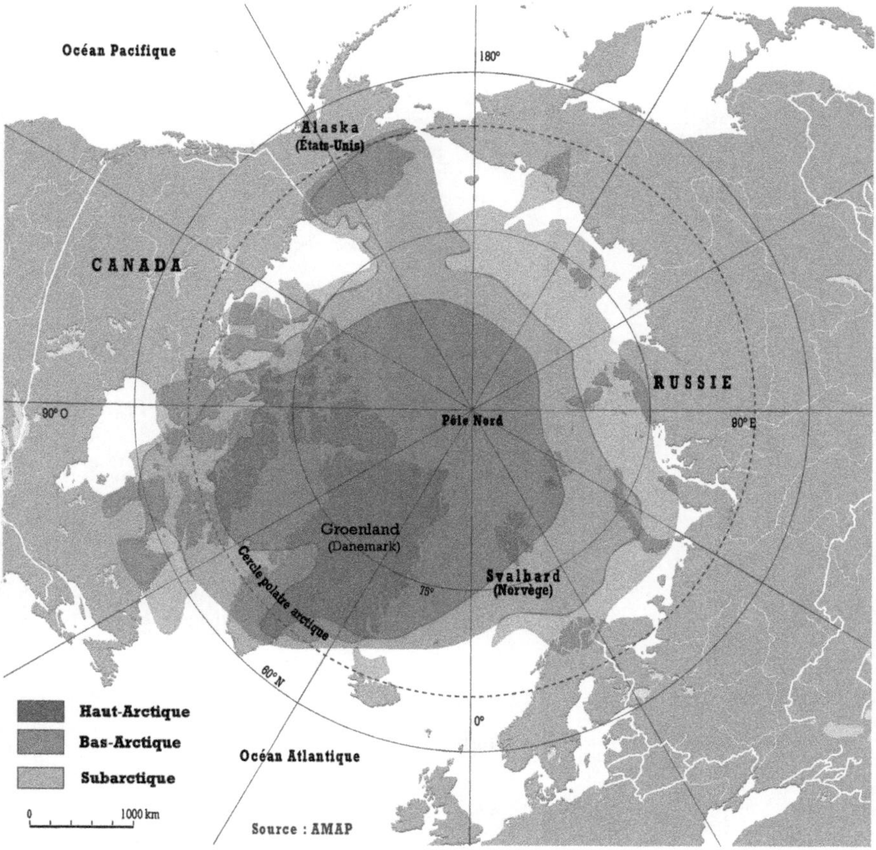

Les zones de l'Arctique

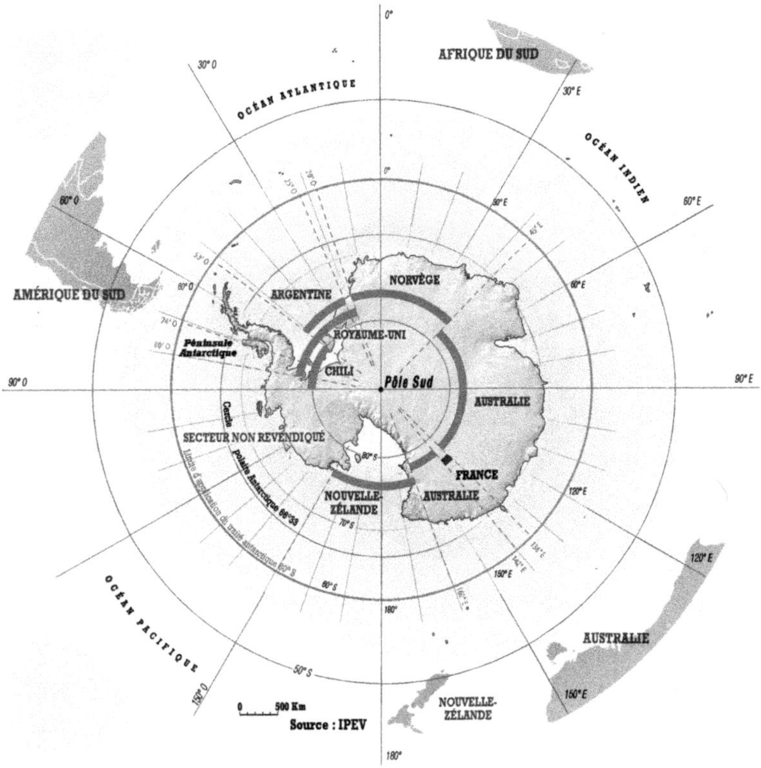

L'Antarctique en projection polaire

BANQUISE

www.editions-jclattes.fr

Laurent Mayet

BANQUISE

Le dernier combat de Michel Rocard

JC Lattès

Cartes et hors-texte : © Le Cercle Polaire
Maquette de couverture : le-petitatelier.com

ISBN : 978-2-7096-7183-5

Première édition : mai 2024.

Aux amis du Cercle Polaire.

« Entendre l'appel des pôles n'est pas une affaire de choix. C'est une nécessité. »

Michel Rocard

Préface

Ils avaient les yeux plus grands que le ventre et tous les courages. Ils s'obstinaient à tordre les conservatismes et les résistances pour bâtir une zone de paix mondialisée dans la région du pôle Nord. Rien que ça ! Ils se débattirent contre les volontés conjuguées des plus grands États militarisés de la planète. Ne vous y trompez pas : il ne s'agit pas d'un livre politique, mais d'un grand récit d'aventures, ponctué d'immenses et périlleux voyages pendant plusieurs années, ménageant un intérêt qui progresse avec les chapitres. Vous n'en sortirez pas avant d'en avoir suivi toutes les audaces, les péripéties, les trahisons et les pièges.

Voilà pour vous, lecteur et lectrice, du pôle Sud au pôle Nord, la chronique des efforts de Michel Rocard, Premier ministre socialiste de la France, et de son compagnon, je veux dire son complice, Laurent Mayet, qui la retrace d'une belle écriture.

Il s'agit pour les deux hommes d'une obstination très précise : tenter, comme ce fut le cas pour l'Antarctique, de neutraliser le pôle Nord, de le démilitariser et de le transformer en territoire international pour la paix et la science. Ils avaient un guide de grande dimension : le Traité sur l'Antarctique qui fut, dans les décennies suivantes, complété de haute lutte par l'Australien Robert Hawke en particulier. Et déjà à cette époque avec la complicité de Michel Rocard.

Les pôles seront la dernière mission de Michel Rocard qui fut un éternel militant, un homme de projet dont les rêves s'exprimaient par le travail. Premier ministre, il connut une grande popularité et mit en œuvre des réformes majeures, du RMI, en passant par la CSG, jusqu'à l'auto-détermination de la Nouvelle-Calédonie. Socialiste, il affronta son camp plus que ses adversaires pour des raisons de basses politiques et bien plus encore par jalousie. Militant pour l'indépendance de l'Algérie, il fut d'un gauchisme ouvert, humain et convivial. Créateur du parti socialiste unifié (PSU) et partisan d'un humanisme engagé, il ne souhaitait pas d'alliance avec les communistes.

Je me souviens d'un affrontement violent pour établir des corridors humanitaires dans l'Irak ensanglanté. Seul Rocard tint bon contre une coalition de socialistes sectaires du gouvernement. Le bateau que Rocard affréta revint de cette guerre avec deux mille cinq cents Africains qui mouraient en détention sur le port de Monrovia. Le navire s'appelait le Santa Rita...

Cette période de la « deuxième gauche » fut riche en initiatives et tenait sa parole, ne refusait pas les alliances et intéressait la jeunesse. Je ne me suis jamais senti plus heureux que dans cette atmosphère fraternelle et féconde, loin des intrigues politiciennes que voulait ignorer Michel Rocard. On l'a accusé d'anticommunisme, de confusion, de scoutisme, de naïveté, mais surtout on voulut nier sa réussite ! Jalousie de routine.

Ce fut un joli temps pour la gauche et pour la France. Chaque jour était une bataille, parfois contre le Président, celui-là qui, avant un dernier Conseil, congédia son Premier ministre trop populaire. Je revois Michel fermant son grand cahier sur la table.

C'est le même homme qui fut ensuite nommé « ambassadeur pour les pôles », et que reçut en grognant le Quai d'Orsay, accompagné de Laurent Mayet, nommé ambassadeur numéro 2, fidèle entre les fidèles, créateur du Cercle Polaire. Un duo de choc, une alliance de talent et d'imagination. À deux, ils parcoururent le monde dans tous ses recoins grâce à la puissance de l'un et la persuasion de l'autre : belle force de frappe. Des palais nationaux aux sentiers de montagne et aux solitudes neigeuses et glacées, ils tentèrent de retourner les pierres des positions diplomatiques. Un seul objectif : faire adopter, après le Traité sur l'Antarctique, un document semblable pour le pôle Nord devenu l'objet de toutes les convoitises, militaires, pétrolières et minières. Chaque phrase prononcée au cours de ces rencontres vaut surprises et réflexions. Ils furent approuvés par des Grands de ce monde, des pacifistes, des progressistes, mais ils ne triomphèrent pas des nationalistes. Ces deux-là s'entendirent comme larrons en foire. Il y a de cette affection dans chaque page de cet ouvrage et aux moments les plus périlleux. Y a-t-il donc des politiques heureuses ?

Je vous le disais : voilà bien un livre d'aventures. Un livre qui donne du courage par ces temps incertains.

Bernard Kouchner
Ancien ministre des Affaires étrangères.

Introduction

Ce livre est né de la rencontre de deux hommes en 2007. D'un côté, un ancien Premier ministre dont tout le monde avait oublié qu'en plus d'être l'instigateur du revenu minimum d'insertion (RMI), de la contribution sociale généralisée (CSG) et des accords de paix de Matignon concernant la Nouvelle-Calédonie, il était aussi le « sauveur de l'Antarctique ». Et de l'autre côté, moi, un universitaire en philosophie des sciences, journaliste dépité par les dérives de la presse. Je venais de fonder le collectif le Cercle Polaire consacré à la connaissance et à la protection des dernières terres et mers vierges de notre planète, l'Arctique et l'Antarctique.

Ensemble, nous avons passé neuf années sur les toits du monde, et pratiquement pas une seule semaine sans des échanges nourris sur nos sujets insolites. Il fallait une dose de naïveté et un peu de flair pour imaginer que les confins du monde sortiraient un jour de l'indifférence générale dans laquelle ils avaient été longtemps tenus. Bien sûr, la postérité de cette reconnaissance internationale était incertaine, car les enjeux environnementaux tantôt relèvent de sacrifices inatteignables, tantôt sont le motif d'une exultation collective éphémère.

Les utopies polaires d'aujourd'hui seront-elles la vérité de demain ? Michel Rocard était sur ce point assez pessimiste, ce qui n'entravait ni la pertinence ni l'énergie qu'il mettait à la préservation des zones polaires. De retour d'un séjour en péninsule Antarctique en novembre 2007, l'ancien secrétaire général des Nations unies, Ban Ki-moon, avait déclaré que cette « merveille de la nature est par-dessus tout notre maison à tous ! ». Cette formule nous plaisait. Elle nous rappelait le titre du fameux rapport Brundtland publié en 1987, « Notre avenir à tous », texte fondateur du « développement durable » et de la prise de conscience écologique moderne.

Nous avions aussi fait nôtre la déclaration de l'ancienne secrétaire d'État Hillary Clinton, en avril 2009, à l'occasion du 50e anniversaire du Traité sur l'Antarctique : « Les deux pôles, l'Arctique et l'Antarctique, offrent aux nations du monde une opportunité de travailler ensemble au XXIe siècle. » Oui, sur fond de divisions et de dissensions, les pôles promettaient une concorde mondiale. Cet utopisme allait guider l'action du collectif le Cercle Polaire, et personne mieux que Michel Rocard, qui en a été le président d'honneur, ne pouvait porter cette vision jusqu'à lui conférer une dignité politique.

Celui que sa propre famille politique a décrit comme un « rêveur réaliste[1] » – mais avec les pieds bien sur terre – ne

1. « Les pieds sur la terre – au contact des réalités. La tête dans le ciel – au royaume des idées et des idéaux », selon une formule heureuse due

manquait jamais une occasion de mettre l'accent sur cette « utopie réalisée » qu'est l'Antarctique : « Le miracle de la coopération internationale est en Antarctique. C'est la seule portion des terres émergées de la planète qui est gérée en commun par le monde, sous forme de coopérative[1]. » Ces affirmations n'allaient pas de soi. De quoi les confins du monde seraient-ils le symbole ? Et qu'est-ce que ces « contrées désertes et terrifiantes », selon les mots du navigateur polaire Jean-Baptiste Charcot, auraient-elles à nous apprendre sur notre manière d'habiter la planète aux plus basses latitudes ?

Michel Rocard et moi savions que nous partions de loin. En France comme au Canada, en Russie ou en Australie, pays dotés d'implantations ou de territoires en zones polaires, la plupart des gens ignorent à peu près tout des zones de hautes latitudes, sinon l'existence d'ours polaires et de manchots empereurs. Et encore, une infime minorité est capable de les situer sans confondre l'hémisphère Nord et l'hémisphère Sud. L'étymologie offre un moyen mnémotechnique pour remédier à cette indigence : « Arctique » vient du grec *arktos*, qui signifie « ours », en référence à la constellation de la Petite Ourse visible depuis l'hémisphère Nord, tandis qu'« Antarctique » vient du grec *antarktos*, qui signifie « opposé à la région de l'ours[2] ». Il fallait

---

à Daniel Cohen et Gilles Finchelstein in « Michel Rocard, un esprit réaliste, voulant réconcilier la gauche et l'économie », Fondation Jean Jaurès, 4 juillet 2016.

1. Michel Rocard, « Quel avenir pour l'Arctique ? », *France Forum* (hors-série), Institut Jean Lecanuet, novembre 2014.

2. Le nom des constellations « Petite Ourse » et « Grande Ourse », issu de la tradition grecque, ne se réfère pas à l'ours polaire (*ursus maritimus*), car cet animal n'était pas encore identifié.

s'y résoudre : notre engagement polaire allait susciter l'admiration des enfants et l'ironie des adultes.

Ça ne manqua pas. « Michel Rocard nommé ambassadeur des pingouins et des manchots. Pourquoi pas ambassadeur de la Lune ? », ironisa méchamment le quotidien *Huffington Post*, le 14 mars 2009. Jean Daniel, directeur et fondateur de l'hebdomadaire *Le Nouvel Observateur*, qui était mon grand-oncle et qui a été une sorte de père protecteur bis, avait, dans un de ses éditoriaux, croqué notre duo en disant que l'un tenait des propos inintelligibles sur les enjeux polaires que l'autre faisait mine d'approuver. La réputation d'orateur alambiqué de Michel Rocard lui collait à la peau et la complexité des enjeux de la zone circumpolaire-Nord, la zone géographique située autour du pôle Nord, ne faisait que l'aggraver.

En passant d'une carrière d'universitaire et de journaliste à celle dans l'action publique, j'avais toutes les cartes en main pour constater que Michel Rocard, présenté comme un tribun nébuleux, était en réalité un authentique intellectuel, féru de discours argumentés, détestant la simplification et le sensationnalisme des médias. Son « élocution traduisait sa préoccupation permanente d'appréhender la complexité des situations et d'embrasser l'ensemble du problème », explique Claude Évin, son ancien ministre de la Santé et des Affaires sociales. « C'était un discours par le raisonnement. Très éloigné de la pastille de 3 minutes », complète le professionnel de la communication Stéphane Fouks, vice-président du groupe Havas.

Ce côté « savant lunaire » – mais « couplé à la réalité » – que j'ai tant apprécié lui valut d'être souvent raillé. « L'image qu'on a de Rocard, probablement à tort caricaturale, résume la journaliste de radio Patricia Martin, est celle de l'homme qui s'empêtre dans des explications extrêmement compliquées, avec des raisonnements à tiroirs, qui fait qu'à la fin d'un exposé on ne sait plus vraiment quel était le point de départ[1]. » Il faut dire que les *Guignols de l'info* n'ont rien arrangé en grimant Rocard en une sorte d'extra-terrestre doté d'une intelligence supérieure, se perdant dans des logorrhées ponctuées par des grommellements.

C'est que « le parler complexe fait partie du prix dû au parler vrai », explique Pierre Zémor, ancien conseiller de Michel Rocard et spécialiste de la communication politique. Ce défi de dialoguer honnêtement avec l'opinion alors qu'il était au pouvoir, Michel Rocard est l'un des rares responsables politiques de sa génération à l'avoir relevé. Cette pratique recouvrait, au fond, un sens simple et profond, celui de valeurs morales qui règlent ou limitent les actions, auxquelles chacun peut souscrire dans sa vie privée, sa vie professionnelle comme dans ses responsabilités politiques. François Hollande a parlé à son propos de « socialisme exigeant et moral[2] » ; Manuel Valls a salué son « exigence de dire la vérité » et Benoît Hamon a reconnu son « éthique de la conviction ». L'essence du rocardisme tient, me semble-t-il, dans ce principe de vérité au service de l'intérêt général.

1. Pierre Zémor, *Le Défi de gouverner, communication comprise*, L'Harmattan, 2007, p. 120.
2. Geoffroy Clavel, « Mort de Michel Rocard : une vie en cinq citations », *Libération*, 3 juillet 2016.

I

Un pacte de confiance

Une entrevue d'à peu près une demi-heure a suffi à sceller une collaboration qui dura neuf années jusqu'à la disparition de Michel. Notre première rencontre eut lieu en juin 2007, dans son bureau parisien du boulevard Saint-Germain. À cette époque, et ce depuis treize ans, il effectuait des allers-retours Paris-Bruxelles ou Paris-Strasbourg dans le cadre de ses mandats de député européen – son exil politique depuis son retrait forcé en 1994 du poste de premier secrétaire du parti socialiste. J'aurais pu, ce jour-là, me prévaloir d'une relative proximité avec lui, puisqu'il avait été chroniqueur fiscaliste au *Nouvel Observateur* et que je l'avais côtoyé dans les couloirs de l'hebdomadaire ou dans le bureau de son fondateur – mon grand-oncle Jean Daniel. Mais ce n'était pas le terrain sur lequel je souhaitais aborder l'homme politique, et surtout, j'aspirais à écrire une page nouvelle de ma carrière, libérée du joug de la communication médiatique.

Dans un petit bureau tapissé de livres et encombré de piles de documents posés à même le sol, façon « tour de Pise », Michel Rocard était assis à sa table. Il pointa du doigt une chaise lui faisant face, tout en lançant d'une voix retentissante et rocailleuse : « Monsieur le président du Cercle Polaire, soyez le bienvenu ! Que me vaut l'honneur de votre visite ? » Voilà qui allait droit au but. Je devais être direct à mon tour. « La situation de la zone marine Arctique est préoccupante. L'évolution environnementale et climatique ouvre de nouvelles perspectives économiques mal encadrées. Elles menacent ce sanctuaire marin ultra-préservé, unique et fragile. »

Je ne savais pas quel niveau d'égard je devais réserver à cette figure politico-médiatique dont la notoriété favorisait un sentiment de familiarité trompeur. Et surtout, je me méfiais des pratiques du monde universitaire et du journalisme, où l'on interpelle les personnalités courtoisement mais sans déférence aucune. Je ne voulais pas rater cette première entrevue qui, si elle réussissait, promettait d'être décisive pour l'action et le rayonnement du collectif le Cercle Polaire.

On aurait pu craindre sa condescendance. Mais l'ancien Premier ministre m'écoutait attentivement, les coudes sur la table, les mains formant derrière les oreilles une sorte de cornet acoustique, pour amplifier les sons. À sa mine réjouie, je compris que mon propos de militant associatif nourri de l'expertise des scientifiques réunis au sein du Cercle Polaire suscitait son intérêt. Je découvris ce jour-là chez Michel Rocard un élément constitutif de sa personnalité, à savoir le respect de la parole scientifique.

Je n'oubliais pas qu'il était le fils d'un grand savant, Yves Rocard, un des pères de la bombe atomique française et du pont de Tancarville. Pour autant, ce crédit accordé à l'expertise scientifique ne devrait pas masquer les relations ambiguës que Michel Rocard entretenait avec les ONG environnementales.

Il les qualifiait de « clubs de barbus échevelés », leur reprochait leur attitude irresponsable et leur dédain à l'égard des politiques. « À chacun son métier ! », martelait-il pour prévenir le pharisaïsme dont se parent souvent les défenseurs de l'environnement.

Je m'empressai de lui expliquer que l'association souhaitait précisément sceller une alliance entre les politiques et les chercheurs autour des défis négligés par les pouvoirs publics. Le Cercle Polaire rassemblait de prestigieux conseillers scientifiques, dont une figure emblématique : Claude Lorius, glaciologue français, membre de l'Académie des sciences, à l'origine de la création de notre collectif. Mais l'autorité d'un chercheur, fût-il un pionnier dans l'étude des climats passés, ne faisait pas le poids face aux projections des États côtiers de l'océan Arctique, Russie et Norvège en tête. Les opportunités économiques ouvertes par le recul de la banquise boréale laissaient peu de place aux enjeux environnementaux et à la coopération internationale.

Je dévoilai sans tarder le plan de l'association : « Une fenêtre d'opportunité est en train de s'ouvrir, avec un programme de coopération scientifique mondiale dans les zones de hautes latitudes. C'est la 4e API : la quatrième Année polaire internationale 2007-2009. Soixante-trois nations sont engagées, dont la France qui a cofondé cette tradition. La 3e API 1957-1958 avait conduit à un Traité sur l'Antarctique signé par douze nations, dont la France. Pourquoi la 4e API 2007-2009 ne conduirait-elle pas à une convention protégeant l'autre pôle du globe, l'Arctique, qui n'est doté d'aucun système de gouvernance propre ? Le Cercle Polaire a besoin d'un homme d'action aguerri et chevronné, qui n'aura pas peur de monter sur le ring. Défendre cette cause promet de déplaire à plusieurs États limitrophes qui nourrissent une vision souverainiste de l'Arctique. Vous comprenez, monsieur le Premier ministre ? »

Michel Rocard marqua un temps d'arrêt, me proposa de passer au tutoiement, s'alluma une Gauloise sans filtre en prenant une grande inspiration, et me demanda pourquoi je le sollicitais lui, sur un sujet auquel il n'entendait pas grand-chose.

« Mais enfin, vous... balbutiai-je. Tu as joué un rôle décisif en 1989 dans l'abandon de la convention de Wellington ! Tu as empêché l'exploitation réglementée des ressources minérales. Tu as rouvert les négociations ayant abouti en 1991 au Protocole de Madrid qui déclare l'Antarctique réserve naturelle consacrée à la paix et à la science, quand vous... tu étais Premier ministre.

— Ah bon, tu es au courant ? s'étonna Michel Rocard. Personne ne s'en souvient car l'histoire retient le nom de Mitterrand. C'est lui qui avait autorité pour ratifier les traités. Attention, je n'ai pas de baguette magique et rien ne dit que ce petit miracle politique soit reproductible. »

Avant de prendre sa décision, Michel Rocard voulut prévenir son visiteur. Ce qu'il fit en plissant les yeux derrière la fumée de sa cigarette.

« Tu connais ma notoriété. Si je m'engage sur ces questions, je risque de concentrer sur moi toute l'attention médiatique au détriment du collectif le Cercle Polaire et de son président, toi. Tu en es conscient ? »

J'étais frappé par sa franchise.

« Le sens de ma démarche est de proposer à un ancien responsable politique, connu pour sa combativité et sa fibre environnementale, de porter le flambeau de la cause Arctique. Je viens de passer dix ans à jouir d'une visibilité médiatique excessive comme directeur de rédaction dans la presse, expliquai-je, cette nouvelle distribution des rôles me conviendra très bien ! »

Michel Rocard afficha un sourire faussement interdit. J'apprendrais avec le temps que c'était une figure choisie de son répertoire de mimiques. Il me donna son accord pour devenir « conseiller politique privé » du think tank le Cercle Polaire mais à une condition qui me laissa stupéfait. « Je te donne un coup de main sur l'Arctique et tu m'emmènes en Antarctique où j'ai toujours rêvé d'aller. » Sa mine inspirée laissait penser qu'il entrevoyait là l'occasion de parachever sa connaissance déjà très étendue du grand livre du monde. J'étais ravi par l'enthousiasme de cet homme de soixante-seize ans, prêt à boucler sa valise pour partir dans l'une des zones les plus inhospitalières de la planète. Je m'engageai à monter sans tarder un embarquement pour le sixième continent.

« Ce sera pour vous... pardon, pour toi, un pèlerinage en terre de paix et de science, monsieur le père politique du Protocole de Madrid ! lançai-je pour marquer ma reconnaissance envers celui qui contribua à protéger l'Antarctique contre toute velléité d'exploitation minérale.

— Oui, ce sera un peu un pèlerinage, sourit Michel Rocard, qui détestait les formules toutes faites et recherchait en toutes circonstances l'expression juste. Mais c'est un mot étrange, parce qu'il est trop sacralisant. Disons plutôt : un “voyage inaugural”. »

Pèlerinage ou voyage inaugural, cela m'allait plutôt bien, car je venais de recueillir dans le même temps son accord pour porter le flambeau politique en faveur de l'Arctique et une déclaration d'intérêt pour participer à des voyages aux bouts du monde, auxquels je m'adonnais depuis plusieurs années. Michel me raccompagna à la porte. Il me serra chaleureusement la main tout en chuchotant d'une voix narquoise et basse, comme au théâtre, quand un comédien se confie en aparté à son public : « Heureux qui comme Michel va faire un beau voyage ! » Sa joie était sincère.

Aucun de nous ne soupçonnait ce jour-là la complicité que nous venions de sceller. Elle durerait neuf années. Ensemble, nous allions voyager à bord de navires de croisière de la compagnie Ponant, d'avions-cargos de l'ère soviétique Antonov An-74 ou Ilyushin IL-76, d'un avion de transport militaire LC-130 de la marine américaine, du brise-glace Amundsen de la garde-côtière canadienne, ou encore d'un remorqueur de haute mer de la Marine nationale, le RHM Tenace A669. Ensemble, nous allions camper sous tente à Union Glacier en Antarctique ou au camp Barneo sur la banquise arctique, par -20 °C, dans les zones les plus reculées de la planète, y compris les mythiques pôle Nord (90° de latitude Nord) et pôle Sud (90° de latitude Sud). Nous les atteignîmes respectivement le 18 avril 2011 et le 12 janvier 2012. Cette suite d'aventures et d'expéditions prendrait fin avec la disparition brutale de Michel.

II

Naissance du Cercle Polaire

À l'origine de mon engagement pour la sauvegarde des pôles, il y eut, en décembre 1999, un voyage dans le Grand Sud, sur le continent antarctique, à la station côtière française Dumont d'Urville, en Terre Adélie. Il fut suivi, huit mois plus tard, d'un voyage dans le Grand Nord, dans l'archipel arctique du Svalbard, au village de Ny-Ålesund, à la base Charles Rabot, le tout orchestré par l'Institut français pour la recherche et la technologie polaires (IFRTP[1]). Ces pérégrinations aux confins du monde firent sur moi une impression si forte qu'elles suscitèrent une vocation nouvelle dont je n'allais mesurer la puissance que des années plus tard. Cette mystique des pôles me valut à l'époque les railleries de lecteurs et d'amis, mais les pionniers d'hier comme les voyageurs au long cours d'aujourd'hui rapportent invariablement cette même expérience.

Peu après cette immersion, je confiai au directeur de l'Institut polaire français, Gérard Jugie, ma volonté de m'engager pour la reconnaissance mondiale des zones polaires comme « patrimoine naturel commun » – ce qui, soit dit en passant,

1. Devenu en 2002 Institut polaire français Paul-Émile Victor (IPEV).

ne mangeait pas de pain, puisque cette dénomination ne recouvrait aucun contenu juridique. Mais la communauté internationale pouvait décider de lui en donner un et c'était là un enjeu auquel Michel Rocard et le collectif le Cercle Polaire allaient s'atteler.

D'un côté, il y a l'Antarctique doté d'un système juridique international très protecteur, même si la réunion annuelle du Traité sur l'Antarctique fonctionne sur la base du consensus, et n'a ni police ni tribunal. De l'autre, il y a l'Arctique dépourvu de système juridique international propre à même d'encadrer les activités humaines qui promettent de se développer dans cet environnement marin unique et fragile, marqué par le recul de la banquise estivale.

En fin connaisseur des affaires polaires, Gérard Jugie ne chercha pas à me dissuader, mais il me mit en garde contre les crispations souverainistes que cette vision internationaliste ne manquerait pas de susciter chez les États riverains de l'océan Arctique et, s'agissant de l'autre pôle, des États dits « possessionnés » en Antarctique qui revendiquent un secteur du continent blanc. Des années plus tard, le moins que l'on puisse dire est que Gérard Jugie avait bien anticipé la dimension stratégique dormante des zones polaires, dans laquelle la recherche scientifique et l'approche environnementale tiennent lieu de bras non armé, pour ne pas dire de faux-nez, d'une stratégie nationale de positionnement, en prévision d'une exploitation de ces deux immenses réservoirs de ressources naturelles que sont l'Arctique et l'Antarctique.

L'une des retombées de ce séjour sur les toits du monde fut d'abord un numéro spécial intitulé « L'aventure polaire[1] » dans le magazine *Sciences & Avenir*, dont j'étais à l'époque le rédacteur en chef. Dans les années 2000, les médias estimaient que « le bleu (les océans) et le blanc (les zones polaires) étaient des thèmes impropres à la diffusion grand public », selon une formule d'un directeur des programmes de l'époque de *France Télévisions.* Le numéro spécial de *Sciences & Avenir* rédigé par la niche de chercheurs et d'experts français des zones polaires, publié en décembre 2001, corrobora ce pronostic : ce fut un bide.

Loin d'être découragé, j'y vis le malentendu inhérent à la démarche de l'éclaireur qui, de retour à la caverne, fait l'épreuve de « l'incommunicabilité fondamentale de cette expérience humaine auprès de ceux qui ne sont pas passés par là », selon une formule de l'Amicale des missions australes et polaires françaises[2]. Au fil des années qui suivirent, j'essayai inlassablement, pendant les réunions de *Sciences & Avenir* et du *Nouvel Observateur*, de placer des sujets liés aux enjeux polaires, mais c'était peine perdue, personne n'y souscrivait et je passais pour un zélateur des pôles. À l'évidence, les médias de grande audience ne seraient pas des alliés de notre sensibilisation, car pour le commun des mortels des basses

1. « L'aventure polaire », *Sciences & Avenir*, hors-série n° 129, décembre 2001.

2. AMAPOF, association créée en 1976, nouvellement rebaptisée AMAEPF, qui a pour but d'entretenir un lien de solidarité entre les anciens hivernants, scientifiques ou techniciens des districts des Terres australes et antarctiques françaises (TAAF).

et moyennes latitudes, les pôles sont sans lien aucun avec le monde dans lequel nous vivons, aimons et mourons.

Le retour de Michel Rocard sur la scène publique française en 2009, après un exil de quinze années au Parlement européen, à la tête d'une nouvelle mission diplomatique sur les enjeux polaires, marqua un revirement. Au fil des années qui suivirent cette nomination, les médias consentirent à couvrir un peu les nouveaux enjeux en zones polaires au travers d'entretiens avec Michel, que le quotidien *Libération* avait raillé comme « l'homme du froid de Nicolas Sarkozy » (édition du 13 mars 2009). Comme l'ancien Premier ministre avait pris soin de m'alerter, cette distribution des rôles contribua à passer au second plan le collectif le Cercle Polaire. Mais aucun des protagonistes de cette aventure n'eut jamais à regretter ce pacte de confiance et Michel Rocard marquera toujours sa dette à l'égard de ceux qu'il nommait ses « contrôleurs politiques ».

Investi d'une mission dont je n'avais été chargé par personne, je multipliais les incursions dans les espaces polaires marqués par de très forts contrastes régionaux, entraînant avec moi curieux, amis et profanes : un conseiller spécial de la ministre de l'Économie, un directeur de banque d'affaires, un réserviste de la Marine nationale, un docteur en neurobiologie, une juriste spécialiste du droit de l'Antarctique, un avocat spécialisé dans le licenciement boursier, un universitaire australien, une journaliste de vulgarisation scientifique, un astrophysicien, une ethnolinguiste, une ancienne ministre groenlandaise ou encore un photographe islandais.

Cette passion partagée conduisit, en juin 2006, à la création du collectif le Cercle Polaire rassemblé autour de la devise « Connaître et protéger les pôles ». L'objectif était de renforcer la gouvernance écologique des zones polaires, parrainé par l'Institut polaire français et quelques personnalités politiques et scientifiques sensibilisées. Parmi les politiques français qui avaient manifesté un intérêt pour ces espaces « hors-jeu » de la géopolitique mondiale, deux se distinguaient : Hubert Védrine, un amoureux des grands espaces naturels et surtout le seul ministre français à s'être rendu deux fois au Groenland et une fois au Svalbard alors qu'il était en fonction… ainsi que Michel Rocard, « l'un des rares hommes politiques français qui ont marqué la seconde moitié du XXe siècle, à manifester un intérêt fort pour les enjeux écologiques[1] », selon le philosophe Dominique Bourg.

En quelques années, le Groenland et l'archipel arctique du Svalbard, îles perdues du bout du monde, devinrent des lieux de pèlerinage écologique obligés pour tout responsable politique soucieux de parfaire sa stature internationale : en 2007, José Manuel Barroso voyagea au Groenland en juin, Angela Merkel en août et Jean-Louis Borloo en septembre. Cela alla ensuite en s'amplifiant : en 2015, Laurent Fabius visita le Svalbard en juin, Ban Ki-moon en juillet et Ségolène Royal en août 2016. Et François Hollande se rendit au pied du glacier islandais Sólheimajökull le 16 octobre 2015.

Les effets de mode ne sont pas toujours favorables à la prise de décision et, dans nos sociétés surmédiatisées, la communication tient souvent lieu d'action[2]. Il convenait d'être

1. Dominique Bourg, « Michel Rocard a été l'un des rares hommes politiques marquants à manifester un intérêt pour l'écologie », *Le Monde*, 4 juillet 2016.

2. Le déplacement au Groenland du ministre Jean-Louis Borloo avait été jugé « grotesque » par les Verts qui déploraient que la communication

prudent et résolu. L'association le Cercle Polaire refusa de conduire des actions culturelles non engagées, quitte à endurer des périodes de vaches maigres. Le collectif édita une revue de vulgarisation sur les pôles, *Pôles Nord & Sud*, en coédition avec les éditions Paulsen, anima des séminaires en anglais sur l'Arctique à Sciences Po Paris, organisa trois festivals polaires (étés 2007, 2008 et 2009) à Pléneuf-Val-André en Bretagne[1], lança une campagne de sensibilisation « L'Appel des Pôles » sous le patronage de l'Unesco dans cinquante pays, développa un projet de « Traité relatif à la protection de l'environnement arctique » qui nourrira une loi en droit français et une résolution du Parlement européen... Et à la fin de l'année 2008, il soumit au cabinet du président de la République, Nicolas Sarkozy, un projet de mission diplomatique *sui generis* sur les questions polaires confié à l'ancien Premier ministre Michel Rocard. Il serait épaulé par deux membres fondateurs du Cercle Polaire : Stanislas Pottier, ancien directeur de cabinet de la ministre de l'Économie Christine Lagarde, et moi.

Le Cercle Polaire a joué un rôle de lanceur d'alerte et de connecteur. Cette association est un exemple parmi d'autres de la capacité d'éveil et de mobilisation des collectifs et des acteurs sociaux, dans nos démocraties jugées parfois peu participatives, et ce, avec peu de moyens, beaucoup d'énergie et un

---

« tienne encore une fois lieu d'action » et dénonçaient une « opération de communication coûteuse ». « Le vol de 7 000 kilomètres aura conduit à l'émission de 65 tonnes de CO_2 », « Groenland : des écologistes raillent le voyage de Borloo », *L'Express*, 10 octobre 2007.

1. Avec le soutien fort du président du conseil général des Côtes-d'Armor, Claudy Lebreton.

peu d'entregent. Guy-Cédric Werlings, un ancien conseiller du ministre des Affaires étrangères Bernard Kouchner, nous a rapporté, amusé, que le 15 janvier 2009, le jour où son ministre nous recevait, Stanislas Pottier et moi, il crut un instant qu'il s'agissait des dirigeants d'un petit État de la zone boréale...

Certes, l'Arctique, nouvelle zone géopolitique émergente, n'était pas encore tout à fait entrée dans les mœurs des Affaires étrangères, mais Bernard Kouchner est le ministre français qui a pris la mesure de l'importance stratégique de cette conjoncture naissante, et en a fait une priorité au Quai d'Orsay. Il sait combien Michel Rocard et moi lui avons été reconnaissants, et je saisis l'opportunité de ce livre pour le remercier *coram populo*. Nos bureaux étaient situés dans l'hôtel du ministre, en chambre de la reine[1], juste au-dessus de son bureau. Dans un petit mot manuscrit rédigé le 3 décembre 2010, un mois après avoir quitté le Quai d'Orsay, il m'écrivit : « Mon cher Laurent, j'étais très heureux de vous savoir, Michel et vous, au-dessus de ma tête. Vous m'avez beaucoup appris. À bientôt donc, la route, la piste, la fonte des glaces restent longues[2]. »

Quelques années plus tard, réunis dans un café de la place Saint-Sulpice à Paris, Michel, Bernard Kouchner et moi nous promettions d'embarquer ensemble pour une croisière en Antarctique. Mais le moment venu, en février 2017, Michel

1. L'appartement de la reine, qui comprend une chambre, une salle de bains et le salon Rouge, a été créé en 1938 à l'occasion de la venue des souverains britanniques, le roi d'Angleterre Georges VI et la future reine Élisabeth II.

2. Archives personnelles.

nous avait quittés, et nous partîmes sans lui, à bord du navire Le Boréal de la compagnie Ponant, pour un « hommage amical à Michel », selon les mots choisis de Bernard. À bord, nous donnâmes une conférence à deux voix, Bernard sur l'Arctique et moi sur l'Antarctique. Christine Ockrent accompagnait Bernard. À son retour, elle consacra deux émissions *Affaires étrangères* sur France Culture à l'Arctique et l'Antarctique.

Les zones polaires, nouveaux espaces géopolitiques, faisaient petit à petit leur chemin.

III

Coup d'envoi à la tour Eiffel

Une fois le pacte passé entre l'eurodéputé Michel Rocard et le Cercle Polaire, tout s'enchaîna assez vite. À la mi-décembre 2007, la tour Eiffel accueillait au premier étage une exposition photographique intitulée « Rendez-vous aux pôles » conçue par l'association. Une conférence devait se tenir en marge de cette exposition, qui réunirait plusieurs figures de la recherche polaire, membres du conseil scientifique de l'association, pour mettre en exergue la transition environnementale de la zone Arctique sous l'effet du changement climatique, dans le contexte de la 4ᵉ année polaire internationale (API 2007-2009) lancée le 1ᵉʳ mars 2007.

En ce temps-là, les pôles étaient l'apanage d'une petite communauté de chercheurs et de quelques aventuriers. L'évolution de l'Arctique ne faisait l'objet d'aucun suivi de la part des pouvoirs publics ni de think tanks français. Il fallait aller au-delà du diagnostic des scientifiques.

Quelques jours avant cette conférence, je me risquai à appeler mon nouveau « conseiller politique privé » et lui demandai s'il serait disposé à passer une tête à ce séminaire.

Je m'attendais à une réponse mitigée, mais Michel posa aussitôt le combiné du téléphone et contrôla son agenda.

« Je serai là. Je viendrai en observateur », précisa-t-il. Je ne désespérais pas, le moment venu, de convaincre l'« observateur » de prendre un peu la parole, omettant de compter dans la programmation avec la prolixité de ce tribun aguerri. Le jour venu, la salle Gustave Eiffel au premier étage de la Dame de fer était comble. Plusieurs figures de la recherche polaire française enchaînèrent de manière réglée et un peu solennelle des présentations de leurs travaux. Soudain, Michel fit irruption dans la salle. Il me rejoignit en courbant le dos pour ne pas déranger l'audience absorbée par le charismatique Claude Lorius, l'un des premiers chercheurs à avoir montré, au milieu des années 1960, l'influence des gaz à effet de serre sur le réchauffement climatique.

Sans ménagement, je proposai à Michel de dire quelques mots à la tribune. Il me répondit avec son air faussement interdit, la bouche en coin et un sourire dans les yeux : « Ben, tu as raison, puisque je suis là, autant s'y coller ! », suivi de quelques gloussements qui marquaient l'appétit éveillé du vieux lion.

L'ancien fondateur de la deuxième gauche, dont la figure était ensevelie dans les mémoires, me dispensa énergiquement de toute introduction. Il monta à la tribune et prit la parole comme s'il était chez lui. En quelques minutes, il expliqua de sa voix retentissante le rôle qu'il endossait à présent qu'il avait été saisi par un club de scientifiques et que cette démarche n'était pas tout à fait le fruit du hasard, puisqu'il était l'un des rares politiques français, sinon le seul, à avoir conduit une action sur la gouvernance des zones polaires. Il affirma que le moment était venu de relayer au niveau politique les diagnostics alarmants que les chercheurs consignaient depuis au moins une trentaine d'années dans des revues savantes.

L'auditoire resta médusé par la vigueur de cette déclaration, mais aussi sur la réserve. Cette annonce pouvait sonner comme une confiscation par le politique de leur sujet de prédilection. Mais le tribun enchaîna aussitôt sur la faisabilité d'un traité international pour l'Arctique, adossé à la coopération scientifique, reprenant presque mot pour mot les termes de notre premier entretien.

Je l'écoutais, admiratif, délivrer son message sans hésitation et sans accroc. J'étais stupéfait qu'il ait si bien assimilé la stratégie de diplomatie par la science[1] au service d'un projet de gouvernance internationale de la zone Arctique, inspirée de l'exemple de la troisième année polaire internationale 1957-1958. Le tribun terminait son intervention par un numéro que j'identifierai au fil des années comme une des figures favorites de son répertoire de communication. La main droite en guise de pare-bruit sur le côté de la bouche, tournant rapidement la tête à droite puis à gauche pour vérifier qu'aucune oreille indésirable ne l'écoutait, Michel Rocard termina en baissant la voix – comme il le faisait si souvent :

« Puisque nous sommes entre nous, je vais vous faire une confidence : je suis député européen et je compte exercer mon rôle de conseiller politique du Cercle Polaire en mettant en culture au Parlement européen cette idée ambitieuse d'un traité sur l'Arctique. Mais attention, mesdames et messieurs les professeurs, les ressources d'expertise sont rares, alors je

1. Ce mode d'action diplomatique est répertorié sous le nom anglo-saxon de *science for diplomacy*.

compte sur vous pour m'épauler. Bonne fin de conférence à tous ! »

À ces mots, l'auditoire applaudit chaleureusement l'intervenant surprise. Il descendit de la tribune et se planta devant moi. Les yeux écarquillés, Michel me demanda d'un ton enjoué : « Ça te va comme ça ? » Un peu intimidé, je compris qu'il m'invitait à prendre ma place de coach. « C'était un magnifique coup d'envoi. » Il me serra vigoureusement la main et se faufila à travers la foule massée près de la sortie, au grand dam des participants qui espéraient un bref échange avec lui, au moins une poignée de mains.

Une formule me vint à l'esprit : « Les dés sont jetés. » Il fallait reprendre le cours de la conférence dont la programmation avait été amputée d'un bon quart d'heure par cette intervention improvisée. Claude Lorius me lança un coup d'œil réprobateur comme s'il me jugeait complice d'un hold-up sur la recherche polaire qui venait de se dérouler au nez et à la barbe de la communauté savante.

Cette action culturelle fut également l'occasion d'un cuisant enseignement pour le Cercle Polaire. En marge de l'exposition photographique sur l'Arctique que l'association avait conçue, la société d'exploitation de la tour Eiffel avait installé une piste de neige artificielle de 300 mètres de long tout autour de la coursive du premier étage. Des raquettes étaient mises à la disposition des visiteurs pour s'initier à ce mode de déplacement nordique. Et pour parachever l'ambiance polaire, un bar de glace avait été installé au bord du parcours enneigé.

Le 8 décembre 2007, l'association écologiste française Robin des Bois publia un billet cinglant dans lequel elle dénonçait le gaspillage de plusieurs milliers de mètres cubes d'eau dans l'enneigement artificiel du premier étage de la tour Eiffel. L'association protestait contre une « forme de business ludique et de récupération de la cause du réchauffement climatique[1] ».

Cette stigmatisation fut reprise en chœur par plusieurs médias. Heureusement, ni le Cercle Polaire, ni l'ancien Premier ministre, le plus exposé d'entre nous, ne furent cités.

À l'avenir, nous devions redoubler de vigilance. Les zones polaires, dernières terres et mers vierges de notre planète, symbolisent pour beaucoup d'écologistes l'acmé de la préservation de l'environnement et sont perçues comme incompatibles avec la doctrine du développement durable telle qu'on l'applique dans les zones habitées et industrialisées de moyennes et basses latitudes. Il est vrai que la communauté internationale avait opté en 1991 pour une sanctuarisation de l'Antarctique, excluant le principe d'une exploitation raisonnée de ses ressources naturelles. Quant à l'Arctique, son destin était en quelque sorte à la croisée des chemins.

1. « Le blanchiment de la tour Eiffel », robindesbois.org, 8 décembre 2007.

IV

Un pavé dans la mare du Parlement européen

Quelques mois avant cette apparition impromptue à la tour Eiffel d'un homme politique connu pour son engagement dans la « bataille pour l'organisation de la planète » (ou « BOP »), selon une expression qu'il a lui-même forgée, le Cercle Polaire avait créé un groupe d'études en vue d'élaborer un cadre réglementaire international pour l'Arctique. S'il ne pouvait s'agir d'y appliquer aveuglément le modèle Antarctique, il ne fallait pas non plus que, comble de l'ironie, « le Nord soit condamné à payer les frais de la non-exploitation des ressources minières australes, ni à être sacrifié sur l'autel de la bonne conscience mondiale justifiant d'un Grand Sud ultra-préservé[1] », selon la journaliste Dominique Kopp.

Le groupe d'études sur l'Arctique fut placé sous la présidence honorifique de l'ancien ministre des Affaires étrangères Hubert Védrine, complice des premières heures du Cercle Polaire et de Michel Rocard, notre conseiller politique privé.

1. Dominique Kopp, « Vénus aux pôles – Convoitises sur les ressources stratégiques de l'Arctique », *Le Monde*, septembre 2007.

Il rassemblait quatorze experts d'horizons très différents[1]. Michel Rocard participait à plusieurs séances du groupe d'études et Hubert Védrine, à une d'entre elles ; je me chargeais de les tenir informés de l'avancée de nos travaux et de recueillir leurs commentaires.

Au sein de l'association, les discussions étaient parfois tendues, plusieurs membres questionnant la légitimité d'une telle initiative de la part d'un acteur social français. « Qui sommes-nous pour élaborer un projet de cadre juridique international sur cette partie du monde où la France n'a ni territoire ni espace maritime sous sa souveraineté ou sa juridiction ? », faisaient-ils remarquer. Cette vision régionaliste et étroitement souverainiste de la zone Arctique allait à contre-courant du formidable élan donné par l'Année polaire internationale qui avait consacré l'Arctique comme une zone de coopération scientifique mondiale, dans laquelle 61 pays étaient engagés. L'exemple du Traité sur l'Antarctique attestait qu'un processus diplomatique vertueux pouvait émerger d'une mobilisation scientifique mondiale.

1. Un professeur en Droit public de l'université Panthéon-Assas ; un conseiller spécial de la ministre de l'Économie, un spécialiste des réserves et ressources hydrocarbures mondiales de l'Institut français du pétrole ; une juriste spécialiste du droit de l'Antarctique ; une directrice de recherches au CNRS, spécialiste des océans polaires ; une ancienne ministre de la Culture, de l'Éducation et des Affaires ecclésiastiques du Groenland, notre amie Henriette Rasmussen ; un administrateur au Sénat ; une professeure des universités, spécialiste des langues et cultures inuites ; le directeur de l'Institut polaire français et d'autres (www.lecerclepolaire.com).

L'autorité et le tropisme internationaliste de Michel Rocard furent, dans cette phase de maturation, déterminants. Auréolé de sa dignité de « père politique du Protocole de Madrid », Michel expliqua qu'il convenait de découpler la question de la gouvernance de celle de la souveraineté. Il avait évidemment à l'esprit l'exemple de l'Antarctique où un projet de gouvernance internationale avait été porté en 1959 conjointement par des États qui revendiquaient une portion du continent blanc – les États dits « possessionnés » – et d'autres États qui n'avaient émis aucune revendication.

Au-delà des prérogatives légitimes des États limitrophes de l'océan Arctique, notre but était l'élaboration d'un cadre juridique qui servirait l'intérêt général en matière de protection d'un environnement marin identifié par la communauté scientifique comme une zone-clé dans les équilibres naturels de la planète. Nous étions tous concernés.

Le cap était fixé. Le groupe d'études mandata la spécialiste française du droit de l'Antarctique, Anne Choquet, pour élaborer une première ébauche du projet de convention internationale. Gérard Jugie, le directeur de l'Institut polaire français, quitta le groupe d'études : le projet prenait un tour politique incompatible avec sa qualité de fonctionnaire.

Michel Rocard, quant à lui, tenait sa promesse. Le député européen mettait en culture l'enjeu de la gouvernance de la zone Arctique au sein de son groupe politique, le parti socialiste européen (PSE). La locomotive était lancée. Je me chargeais d'alimenter ce nouveau groupe de discussions avec les recherches rassemblées par le Cercle Polaire.

L'action de lobbying de Michel Rocard progressa. Le parti socialiste européen se rallia à l'idée d'un traité sur l'Arctique. Il s'agissait maintenant de gagner les cœurs des autres groupes politiques. Dans cette entreprise, Michel Rocard s'appuya sur une figure majeure, puisqu'elle n'était autre que la vice-présidente du Parlement européen depuis 2006 : l'eurodéputée britannique Diana Wallis, membre de l'alliance des libéraux et des démocrates pour l'Europe (ALDE).

Depuis son premier voyage dans l'archipel arctique du Svalbard en 2001, qu'elle avait décrit avec passion comme « le dernier lieu imaginaire[1] » de la planète, elle militait pour une politique de l'Union européenne sur la zone boréale : « L'Arctique est au cœur du changement climatique mondial, avec toutes ses menaces, tous ses défis et toutes ses opportunités. Je soutiens depuis longtemps que nous devrions avoir une politique pour l'Arctique. [...] Oui, nous devons protéger la fragilité de l'environnement arctique. Oui, nous devons examiner des moyens durables de développer les ressources dans l'Arctique, en particulier des ressources à base d'énergie. Oui, nous devons examiner comment utiliser de manière sûre les itinéraires maritimes émergents[2]. »

Entre l'appel à une politique de l'Union européenne de Diana Wallis et l'appel à un projet de cadre juridique international de Michel Rocard, il y avait un fossé que Michel allait combler en ralliant l'ALDE – le parti de Diana Wallis – et

1. Diana Wallis, « Gouvernance de l'Arctique dans un environnement mondialisé », compte-rendu *in extenso* des débats, Parlement européen, 8 octobre 2008.

2. *Ibid.*

le parti populaire européen (PPE) des démocrates-chrétiens, première force politique du Parlement européen. Mais aussi en s'appuyant sur notre volet français. Il me contacta. « Laurent, le groupe d'études doit presser le pas. J'ai urgemment besoin du texte du traité sur l'Arctique. Il permettrait aux députés européens de s'appuyer sur autre chose qu'une lubie promue par un des leurs, et de donner corps à ce qui peut leur apparaître comme une rêverie inconsistante. »

Je relayai aussitôt le message auprès des collègues du groupe d'études. Ils prirent soudainement la mesure de l'incroyable destin que pourrait connaître notre projet, celui-là même qui n'était attendu par personne. En septembre 2008, après être passé sous les fourches caudines de l'ancien ministre des Affaires étrangères Hubert Védrine, le projet de « Traité relatif à la protection de l'environnement Arctique » était fin prêt. L'exposé des motifs de la convention affichait clairement l'utopie que nous portions :

> Il est désormais incontestable que l'environnement arctique subit une dégradation due au dérèglement général du climat terrestre caractérisé par le réchauffement global. Cet environnement fragile est également gravement affecté par les activités humaines polluantes.
>
> Il est établi que la dégradation de l'environnement arctique aura des conséquences sur l'ensemble de la planète dont certaines sont déjà perceptibles.
>
> L'Arctique est un milieu habité par des peuples autochtones dont les cultures et les modes de vie risquent d'être affectés par la dégradation de leur environnement.
>
> La mise en péril de cet environnement unique appelle des réponses du droit international à la hauteur des enjeux. Seul

un régime international de contrôle est susceptible de garantir la protection d'un environnement dont le rôle est central dans la dynamique du climat global. Tel est le but du Traité relatif à la protection de l'environnement arctique[1].

Je transmis sans tarder le Traité en versions française et anglaise à Michel. Il en assura la diffusion auprès de ses collègues et prit le temps d'un échange nourri avec Diana Wallis. Le 4 septembre 2008, une « question orale avec débats » intitulée « gouvernance de l'Arctique dans un environnement mondialisé », posée à la Commission par Diana Wallis au nom du groupe ALDE, mettait les pieds dans le plat :

« Sachant qu'aucune norme ou réglementation multilatérale ne s'applique actuellement à l'Arctique, dès lors que personne n'aurait jamais imaginé que cette région devienne un jour un périmètre navigable ou une zone d'exploitation commerciale, la Commission pense-t-elle que les structures actuelles de gouvernance dans le Grand Nord sont adéquates pour apporter une réponse aux questions actuelles et à venir ? Eu égard au fait que la dernière année polaire internationale des années 1950 avait débouché sur la signature du Traité sur l'Antarctique, la Commission n'estime-t-elle pas qu'une charte contraignante de l'Arctique pourrait être une solution[2] ? »

1. « Traité relatif à la protection de l'environnement arctique », le Cercle Polaire, groupe d'études sur la gouvernance de l'Arctique, septembre 2008, www.lecerclepolaire.com.

2. Question orale avec débat O-0084/08, « gouvernance de l'Arctique dans un environnement mondialisé ».

La brèche était ouverte, mais le chemin serait encore long. Il fallait maintenant veiller à ce que cette question devienne une recommandation. Parmi les trois projets de résolution déposés le 1er octobre 2008 par les groupes parlementaires engagés dans cette discussion, l'ALDE et le PPE invitèrent avec modération la Commission à développer une politique européenne sur l'Arctique. Quant au PSE, le parti de Michel Rocard, il suggéra fortement à la Commission « d'ouvrir les négociations internationales sur l'Arctique en vue d'un traité, comme il en existe un pour l'Antarctique ».

La sensibilité arctique des parlementaires était à cette époque très rudimentaire, si bien que le PPE avait introduit dans son projet de résolution une grossière confusion entre « calotte glaciaire » et « banquise[1] », expliquant que « le retrait de la calotte glaciaire constituait un problème pour les habitudes alimentaires des ours polaires ». À cet égard, le PSE était le groupe parlementaire le mieux armé en raison de sa collaboration avec notre « club de scientifiques » français.

Le 8 octobre 2008, je rejoignis Michel à Bruxelles pour assister au débat sur la question posée par Diana Wallis. Nous nous retrouvâmes en fin de journée à l'hôtel Europa où l'eurodéputé avait ses habitudes et prîmes un repas bien arrosé suivi d'une pause cigarette dans le fumoir. Après ces agapes, je me disais que l'horaire était mal choisi. Il avait 78 ans et se remettait encore de son accident vasculaire cérébral survenu un an plus tôt en Inde. Vers 21 h 30, Michel s'en grillait une

1. Les calottes glaciaires recouvrent des surfaces continentales (Groenland, continent Antarctique) alors que la banquise est le résultat du gel de la surface de l'océan.

dernière devant le Parlement. « Il n'y a pas de quoi fouetter un chat. Les interventions ne durent que 2 ou 3 minutes », me rassura-t-il.

Depuis la tribune réservée aux invités, j'observai Michel pénétrer dans le vaste hémicycle quasiment vide. Une dizaine de députés se concentrait au premier rang, en arc de cercle autour du président du Parlement. Je tâchai de ne pas m'inquiéter : Michel avait pris soin de me prévenir qu'ils pesaient à eux seuls le Parlement, puisqu'il s'agissait des présidents des différents groupes politiques.

Soudain, le visage de Michel Rocard apparut sur un prompteur et le tribun se lança, sans aucune note, dans une déclaration où la courtoisie le disputait à la virulence de la revendication : « Monsieur le Président, monsieur le Commissaire, dans cette Assemblée, nous sommes nombreux à avoir eu plaisir à vous entendre à l'instant annoncer un certain nombre de choses positives [...] Votre réponse, pourtant, m'a donné l'impression qu'il n'y avait pas une prise de conscience complète du fait que les événements s'accélèrent à toute allure. La solution qui s'impose, monsieur le Commissaire, c'est d'ouvrir les négociations d'un traité international de protection. Jamais ce mot n'a été prononcé. [...] Il faut dès maintenant ouvrir les négociations d'un traité protecteur de l'Arctique, comme il en existe un pour l'Antarctique. Je le sais d'autant mieux que j'ai été l'un des parrains de sa négociation. »

Je retrouvai Michel à la sortie du Parlement.

« Tu n'y es pas allé avec le dos de la cuillère ! lançai-je.

— Te réjouis pas trop vite, frangin ! J'ai fait de mon mieux. Maintenant il faut attendre le résultat du vote demain matin. »

C'était la première fois que Michel me gratifiait de ce surnom amical de « frangin » dont je comprenais qu'il recouvrait, dans son jargon politique, le sens de « compagnon de combats ».

Au petit matin, je retrouvai le quasi-octogénaire dans le hall d'entrée, fringant, avec une chemise blanche impeccable et une belle cravate rose saumon, prêt à en découdre à nouveau. La capacité de récupération de Michel sera toujours pour moi un sujet d'étonnement. En quelques heures de sommeil, ce gaillard de petite stature et à la large carrure, même fragilisé par un AVC qui en a mis plus d'un au tapis, se remettait d'aplomb. Je retournai à Paris tandis que Michel se rendit au Parlement pour le vote.

En début d'après-midi, Michel me téléphona. Sa voix criait victoire. « Youpi ! On a emporté le morceau ! 597 députés sur 661 ont voté pour, y compris des députés des pays de la zone Arctique[1], j'en reviens pas ! On a fait du bon boulot ! Bon, on arrose ça quand je rentre à Paris. Allez, salut ! » J'étais comblé par cet esprit d'équipe chez un homme politique à la personnalité aussi affirmée.

Je prévins les complices du Cercle Polaire. Ils n'en revenaient pas. Que de chemin parcouru en quelques mois ! Plus tard, dans l'après-midi, je récupérai ce texte historique, la résolution « Gouvernance de l'Arctique dans un environnement mondialisé », le premier texte officiel de l'Union européenne sur cette région du monde. Elle ressemblait à

1. Les trois États membres de l'UE qui ont des territoires situés au-delà du cercle polaire arctique sont le Danemark (par le Groenland), la Finlande et la Suède.

une liste à la Prévert, résultat d'une addition fiévreuse de points de vue éclectiques, dont l'alinéa 15 reflétait notre utopie :

> 15. [Le Parlement européen] suggère que la Commission soit prête à œuvrer en faveur de l'ouverture de négociations internationales visant à parvenir à l'adoption d'un traité international pour la protection de l'Arctique, s'inspirant du Traité sur l'Antarctique, complété par le Protocole de Madrid en 1991, mais respectant la différence fondamentale résidant dans le fait que l'Arctique est peuplé et dans les droits et les besoins des populations et des nations de la région arctique qui en découlent ; estime cependant qu'un tel traité pourrait, dans un tout premier temps, couvrir au moins les zones non peuplées et non revendiquées du centre de l'océan Arctique.

Le 9 octobre, *Le Figaro* titra « L'UE veut protéger l'Arctique », *Libération* « Le Parlement européen à la rescousse de l'Arctique ». En réalité, les médias étaient pris de court, tant les conjonctures des zones polaires leur étaient étrangères. La presse française relaya la nouvelle en reprenant mot à mot une dépêche de l'AFP :

« Les députés européens ont demandé aujourd'hui l'adoption d'un traité international pour protéger la région arctique, menacée par le trafic maritime et l'intérêt accru pour ses potentielles réserves de gaz et de pétrole. La résolution a été défendue par l'ancien Premier ministre socialiste français Michel Rocard. Les élus n'ont toutefois pas osé réclamer un "moratoire de toute prospection ou extension des activités extractives dans la région", comme le proposait le groupe des Verts[1]. Cet amendement a été largement rejeté [...]. L'Union européenne avec trois États – Suède, Danemark et Finlande – et ses associés – Islande et Norvège – représentent plus de la moitié des membres du Conseil de l'Arctique mais leurs partenaires sont la Russie, les États-Unis et le Canada. »

En effet, quelle était la légitimité politique d'un projet de traité international sur l'Arctique porté par l'Union européenne ? Il faudrait un peu de temps pour digérer cette proposition audacieuse qui avait pris le monde au dépourvu. Rétrospectivement, nous tiendrions cet effet de surprise pour une condition de la réussite de notre action. Tout bien réfléchi, c'était un pavé dans la mare, une intervention brutale qui avait jeté le trouble.

En remportant cette bataille parlementaire sur la gouvernance de l'Arctique, Michel Rocard signait la fin de sa carrière à Bruxelles et à Strasbourg. Il annonça en janvier 2009 qu'il quittait son mandat de député européen avant son terme et se retirait de la vie politique élective. Plusieurs hommages lui étaient rendus pour saluer l'un des hommes politiques européens les plus influents sur la défense des libertés numériques, notamment son combat en faveur du logiciel pour la libre circulation des œuvres sur Internet moyennant une rétribution aux ayants droit. Celui qui n'avait jamais fait usage d'un ordinateur ni même « surfé » sur le web occupait le front avancé des débats sur la régulation d'Internet. Toutefois, son retrait de la vie politique ne le laisserait pas en reste.

1. Le groupe politique européen « Europe Écologie les Verts » (EELV) avait proposé d'interdire les activités d'exploitation des ressources minérales dans l'Arctique.

Quelques jours plus tard, Michel et moi nous retrouvions au restaurant Fouquet's à Paris où il avait sa table, pour fêter la victoire. Au détour d'une conversation guillerette, je lui demandai ce qu'il comptait faire quand il serait délivré de son dernier mandat électif.

« Je ne vais pas cesser de réfléchir, pondéra-t-il, je vais continuer à lire et à m'inquiéter ; je voudrais me consacrer à des travaux d'écriture.

— Mais enfin, Michel, lui rétorquai-je, tu ne tiens pas en place !

— Écoute, frangin, on en reparlera plus tard. Mais dans l'immédiat, tu m'as promis un voyage en Antarctique. »

Au fil des semaines, des mois et même des années qui suivirent, le pavé dans la mare du Parlement européen nous réserva bien des déconvenues ; nous étions marqués à la culotte. Quelques semaines après l'adoption de la résolution, la Commission européenne publia sa première communication[1] dans laquelle elle présentait les piliers de sa future politique sur l'Arctique. Le texte reprenait une grande partie des points d'alerte mentionnés dans la résolution, à l'exception de sa mesure phare : l'appel à un traité sur l'Arctique. Selon elle, « il existe déjà un vaste cadre juridique international qui s'applique également à cette zone » et « en outre, il y a toute une série d'accords multilatéraux sur l'environnement qui s'appliquent à l'Arctique, souvent sans y faire spécifiquement référence ».

1. « L'Union européenne et la région arctique », communication de la Commission au Conseil et au Parlement européen, 20 novembre 2008.

Ce positionnement diplomatique était l'opposé de ce que nous prônions. Il traitait l'Arctique comme un océan comme les autres. Nous avons appris un peu plus tard que la Commission avait fait l'objet d'un lobbying très appuyé de la part de la Norvège, acteur majeur dans la coopération régionale Arctique qui avait envoyé jusqu'à son ministre des Affaires étrangères Jonas Gahr Støre, actuel Premier ministre, pour convaincre la Commission d'abandonner le projet de Traité, lequel représentait à ses yeux une intrusion de la communauté internationale dans les affaires régionales des États riverains de l'océan Arctique[1]. L'Arctique, enjeu régional ou enjeu mondial ? Au fil des années, cette résolution constituerait un tel irritant diplomatique pour les Norvégiens, les Canadiens et les Russes que le service diplomatique de l'Union européenne[2] avait décidé de ne plus l'inclure dans la liste des textes officiels de l'UE sur l'Arctique présentée sur son site web. Mais on n'élimine pas d'un revers de main une étoile qui brille dans le ciel constellé du Parlement européen, et l'Union européenne mettrait plusieurs années à stabiliser ses positions.

Après le Parlement européen, il fallait s'atteler à l'Assemblée nationale. Au début de l'année 2009, je prenais attache avec le député socialiste Jean-Yves Le Déaut qui avait été chargé en juin 1989 de rédiger un rapport sur l'ouverture de

1. Les cinq États riverains de l'océan Arctique (en anglais, les « *Arctic Five* ») sont le Canada, les États-Unis, la Fédération de Russie, la Norvège et le Danemark/Groenland.

2. Le service européen d'action extérieure (SEAE).

l'Antarctique à l'exploitation des ressources minérales : « Il nous fallait reprendre notre bâton de pèlerin et proposer, comme s'y emploie l'ONG le Cercle Polaire, un traité relatif à la protection de l'environnement Arctique. C'est ce que j'ai proposé au Parlement français dans la loi Grenelle Environnement (ou projet de loi Grenelle I)[1]. » Ce projet de loi invitait à instituer « une zone internationale limitant les activités dans les eaux, les fonds marins et leur sous-sol, au-delà des limites territoriales des États riverains ».

Le contexte politique était a priori favorable à la surenchère écologique puisque, dans le cadre de sa présidence du conseil de l'Union européenne, la France avait fait de l'énergie et du développement durable une de ses priorités. De plus, Jean-Louis Borloo, ministre d'État, numéro 2 du gouvernement, était à la tête d'un grand ministère de l'Écologie et s'était engagé dans la lutte contre le changement climatique. C'est lui qui avait conduit le Grenelle de l'Environnement dans le sillage du Pacte écologique de la Fondation Nicolas Hulot.

Étonnamment, le cabinet de Jean-Louis Borloo donna l'instruction à l'Union pour le mouvement populaire (UMP) de barrer la route à cette initiative au Parlement au motif que la France n'avait pas voix au chapitre dans cette région du monde. Le sénateur Christian Gaudin en proposa une version très atténuée. L'article de loi[2] mérite toutefois d'être

1. Jean-Yves Le Déaut, contribution à « L'Appel des Pôles », lecerclepolaire publishing, 2009.

2. Loi n° 2009-967 du 3 août 2009 de programmation relative à la mise en œuvre de la loi du Grenelle de l'environnement (1).

cité puisque c'est le seul en droit français qui parle un peu de l'Arctique :

> Considérant que la région Arctique joue un rôle central dans l'équilibre global du climat de la planète [...] et afin d'en protéger l'environnement, la France promouvra ou accompagnera, dans le cadre des instances internationales compétentes, l'adaptation de la réglementation internationale aux nouveaux usages de l'océan Arctique rendus possibles par son accessibilité croissante.

Amer mais résolu à ne pas baisser les bras, le député Jean-Yves Le Déaut commenta sans concession cette loi : « Même si le texte aujourd'hui voté n'est pas satisfaisant, j'espère que les combats menés au Parlement français et au Parlement européen nous permettront de préserver ces déserts de glace afin qu'ils continuent d'assurer l'équilibre de notre climat[1]. » Le sénateur Christian Gaudin fit, plus tard, amende honorable en déclarant qu'il consacrerait sa « responsabilité politique » pour qu'existe un « traité international » protégeant « ce patrimoine mondial que représentent les deux pôles de notre planète[2] ». La cause n'était pas perdue.

Michel Rocard était là pour rappeler à ses affidés que dans la bataille pour l'organisation de la planète, comme dans toutes les batailles politiques d'ailleurs, « les combats importants prennent trente ans pour aboutir ». Au grand dam de ses détracteurs qui raillaient sa vision internationaliste

1. *Ibid.*
2. Christian Gaudin, contribution à « L'Appel des Pôles », *op. cit.*

« romantique » de l'Arctique, le projet de traité couvrant les zones situées au-delà des juridictions nationales de l'océan Arctique central fut adopté dix ans plus tard, le 15 mars 2019, pour ce qui concerne les activités de pêche. Et deux ans plus tard, le 13 octobre 2021, la Commission s'engageait dans la voie d'un gel illimité de l'exploitation des énergies fossiles dans les régions arctiques[1]. Michel n'était plus là pour savourer la postérité de son engagement audacieux. Le Cercle Polaire assumerait seul le travail de reconnaissance de la filiation par-delà les années écoulées, entre l'utopie du traité sur l'Arctique et l'adoption d'un accord international sur l'interdiction de la pêche non réglementée dans la haute mer de l'océan Arctique central, puis l'appel de l'Union européenne à un moratoire minier dans les régions arctiques.

1. Communication conjointe au Parlement européen, au Conseil, au comité économique et social européen et au comité des régions, « Un engagement renforcé de l'UE en faveur d'une région Arctique pacifique », 13 octobre 2021.

V

Intrigue à l'Élysée

Après le retrait de la vie politique de Michel Rocard en 2009, je remplis la promesse que je lui avais faite lors de notre première rencontre. Je proposai à la compagnie de croisières Ponant, unique compagnie française à s'aventurer dans les confins du monde, d'accueillir une petite délégation du Cercle Polaire, dont l'ancien Premier ministre, direction l'Antarctique. En contrepartie, Michel donnerait quelques conférences pour sensibiliser les passagers aux nouveaux enjeux en zones polaires.

La réponse ne se fit pas attendre. Ponant nous proposa d'embarquer comme conférenciers dès janvier 2009. J'appelai aussitôt Michel. Son plaisir était tel qu'il marqua d'abord une pause comme pour prendre son élan puis se lança dans une déclamation, qui alla crescendo jusqu'à la vocifération :

« Mais, c'est-y pas formidable, ça ! Ça fait vingt ans que j'attends ce moment ! Bon, Laurent, on part quand ? Faut que tu m'expliques comment je dois m'équiper !

— Ne t'inquiète pas, monsieur le sauveur de l'Antarctique. Tu seras là-bas un peu comme chez toi… Je vais tout t'expliquer. »

Quelques jours plus tard, Sylvie, son épouse, m'appela un peu inquiète, pour me demander ce qu'elle devait prévoir comme équipement grand froid pour Michel. Mais à bord d'un navire tout confort de la compagnie Ponant, un équipement de sport d'hiver suffisait. La météo estivale antarctique était même souvent plus clémente que le mauvais temps qu'il fait parfois dans une station de sport d'hiver.

Michel était excité comme une puce. Catherine Mignon, sa fidèle assistante qui l'avait suivi après son départ de Matignon, racontait qu'il ne manquait pas une occasion d'annoncer fièrement aux visiteurs qui défilaient dans son bureau qu'il s'apprêtait à partir pour une expédition en Antarctique. Ses proches et son entourage ne cachaient pas leur inquiétude à l'idée que leur ami de 78 ans, fragilisé par un grave accident de santé, s'aventure dans des contrées aussi lointaines, coupées du monde et dénuées de toute infrastructure de recherche et de sauvetage en mer. Henry Hermand, riche homme d'affaires, ami et protecteur de Michel Rocard, qui deviendrait le soutien inconditionnel d'Emmanuel Macron aux présidentielles de 2017, me prit entre quat-z-yeux et me dit sur un ton sec : « Je compte sur vous pour me ramener Michel entier. »

Cette pression des proches me rappelait à une réalité que mon amitié avec Michel m'avait fait négliger, à savoir que l'ancien politique français avait beau avoir été envoyé en exil prolongé à Bruxelles par la Mitterrandie, jusqu'à disparaître de l'écran radar des médias, il n'en restait pas moins une mascotte nationale sur laquelle l'attention d'une large communauté de proches et d'anciens sympathisants se concentrait, sans oublier la vigilance du service de protection des hautes personnalités (SPHP) du ministère de l'Intérieur avec lequel j'étais en contact rapproché. Michel récusait orgueilleusement toute autorité sur son destin, comme d'ailleurs sur ses faits et dires, et son entourage ne mesurait pas qu'il s'agissait pour lui d'un voyage important, qui sonnait comme une reconquête symbolique du prestige attaché au protocole protégeant l'environnement de l'Antarctique auquel il avait contribué de manière décisive en 1991, mais que l'histoire attribuait au Président Mitterrand.

Pour ma part, j'étais lié par un pacte d'amitié avec lui. Il avait décidé des risques qu'il était prêt ou pas à prendre, et je m'en tenais à son choix, même s'il faut reconnaître qu'en cas d'accident grave à bord d'un navire naviguant dans l'océan austral, une évacuation sanitaire était périlleuse voire impossible. J'en sais quelque chose puisque j'ai perdu un ami cher, Michel Leteurtrois, membre fondateur du Cercle Polaire, décédé le 12 novembre 2018 à bord d'un navire Ponant qui naviguait en pleine mer, entre la Géorgie du Sud et la péninsule antarctique.

Deux mois avant notre embarquement pour l'Antarctique, Stanislas Pottier, conseiller spécial de la ministre de l'Économie Christine Lagarde, et moi évoquions, à la manière d'un petit conseil stratégique informel, la suite de l'action du Cercle Polaire. Un projet de traité international, la résolution du Parlement européen, l'échec de son inscription dans la loi Grenelle 1… et après ? Stanislas me fit part d'une suggestion. Pourquoi le collectif ne proposerait-il pas au gouvernement français la mise en place d'une mission diplomatique sur l'Arctique ?

Il est vrai qu'en ce temps-là, le service compétent du ministère des Affaires étrangères[1] ne jugeait pas utile de couvrir la conjoncture Arctique, au motif que la France n'était Partie à aucune convention la concernant. Certes, il y avait bien depuis 1996 un petit forum de discussions de haut niveau sur l'Arctique, le Conseil de l'Arctique où la France disposait depuis l'année 2000 d'un statut d'observateur permanent, mais la diplomatie française suivait ces réunions du bout des doigts. L'idée d'une mission thématique sur l'Arctique avait donc sa pertinence. Si cette mission devait voir le jour, Michel Rocard s'imposait naturellement comme l'homme de la situation. Le contexte politique était assez favorable car le Président Sarkozy pratiquait une politique d'ouverture. Oui, mais Michel était une figure totémique de la deuxième gauche, alors cette initiative risquait de faire jaser. Elle pourrait être vécue comme une trahison par sa famille politique... celle-là même qui l'avait écarté de la vie politique française en 1994. En attestait la nomination de Bernard Kouchner en mai 2007 à la tête du ministère des Affaires étrangères qui lui avait valu d'être exclu du parti socialiste. Mais enfin, une fonction d'ambassadeur thématique sur un sujet aussi marginal que les pôles ? Ça n'allait pas être perçu comme un ralliement à la politique de Nicolas Sarkozy. Inutile de pousser plus loin notre réflexion, il convenait de s'en ouvrir à l'intéressé.

Dans les jours qui suivirent, Michel me reçut dans ses nouveaux bureaux de l'avenue des Champs-Élysées où il était

1. La sous-direction du droit de la mer, du droit fluvial et du droit de l'Antarctique (DJMer).

désormais hébergé par son protecteur Henry Hermand. Son bureau ressemblait à celui d'un chercheur où des piles de rapports administratifs, de thèses et d'articles s'entassaient des deux côtés de la table, lui accordant, au centre, la jouissance d'un espace exigu. L'économie, la sociologie, la démographie étaient ses instruments de travail.

« Alors Laurent, prêt pour notre expédition en Antarctique ? Tiens, je vais te montrer quelque chose qui va t'intéresser ! me dit-il en pointant du doigt une carte du monde Peters sur laquelle le pôle Sud apparaissait en haut et le pôle Nord en bas. Tu sais, frangin, le choix d'une cartographie n'est pas neutre. La projection Mercator (voir carte p. 3) qui trône dans nos écoles et dans les bureaux de nos états-majors militaires véhicule une certaine vision du monde. Dans l'espace interplanétaire, la notion de bas ou de haut n'existe pas. Nous sommes tous les pieds sur terre et la tête dans les étoiles sur une boule qui tourne dans l'univers. La carte Peters présente une projection inversée des continents dans laquelle l'Europe n'est plus le centre du monde et où les pays du Sud sont valorisés. Il y a autre chose : sur la projection de Mercator, les surfaces sont exagérées à mesure qu'on s'éloigne de l'Équateur. L'Antarctique y apparaît donc comme le plus grand continent du monde[1] alors qu'il n'occupe en réalité que la cinquième position par sa superficie. Et cette carte est censée représenter le monde ? Tu te rends compte ? La projection de Peters, elle, conserve les surfaces et tu as donc devant toi la vraie dimension de l'Antarctique relativement à celle des autres terres émergées. Pas mal, non ? »

1. Pour être tout à fait précis, si l'on devait représenter en projection Mercator le continent Antarctique, celui-ci aurait une dimension infinie.

J'étais bluffé par la clarté et la technicité de son exposé. Michel n'avait pas du chercheur que son bureau encombré de thèses et de documents. Il était aussi un authentique chercheur indépendant, travaillant les soubassements et l'impensé des idées acceptées et pratiquant le décentrement de soi pour gagner en objectivité. Pareille posture de la part d'un homme d'État français élevé au petit-lait du culte républicain dans un pays entretenant de manière incurable la nostalgie de sa grandeur passée faisait de Michel Rocard un animal politique résolument à part à mes yeux.

« Michel, il faut que je te parle de la suite. Que comptes-tu faire après ta démission du Parlement européen ?

— T'inquiète, frangin, j'ai de quoi m'occuper, j'ai moult dossiers sur la table ; je voudrais me consacrer à l'écriture d'une somme qui serait un peu mon opus magnum, une grande fresque historique sur le désordre mondial généré par les excès de la finance et la dégradation de l'environnement global. Rien que ça ! » me répondit-il un peu sèchement, comme pour me faire comprendre qu'il n'était pas le futur retraité désœuvré que j'imaginais.

En réalité, c'était tout l'inverse, je craignais qu'il ne s'investît dans un des multiples dossiers qu'il suivait de manière boulimique depuis plusieurs années – le projet de chemin de fer entre le Burkina Faso, le Bénin et le Tchad, le Glass-Steagall Act au secours de la crise financière de 2008 et tant d'autres. Je me lançai :

« Michel, j'ai une proposition à te faire. Que dirais-tu de devenir “ambassadeur pour les pôles” au ministère des Affaires étrangères ?

— Waouh ! Ça, ça aurait de la gueule ! s'exclama Michel, avec son éternelle mine interdite. Mais dis-m'en un peu plus ! »

Je lui présentai la situation, lui expliquai qu'il y avait un alignement des planètes et que j'étais prêt à effectuer moi-même les démarches.

« Écoute, frangin, c'est une fière idée, mais tu comprends ma situation, je ne veux pas qu'on puisse penser que je suis demandeur.

— Si tu me donnes ton accord, lui rétorquai-je, je m'occuperai de tout. Si j'arrive à te faire nommer ambassadeur chargé des pôles, tu feras de moi ton conseiller.

— Ben, mazette ! Tu as pensé à tout. Ça marche ! J'en suis ! Je prends le risque de froisser ma famille politique. Ça ne sera pas complètement pour me déplaire… » ajouta-t-il malicieusement.

Michel se leva énergiquement, signalant ainsi la fin de notre entrevue. « J'ai l'impression qu'on forme une fine équipe tous les deux ! » dit-il en me serrant la main. Il me sembla un peu songeur quand je le quittai, lui qui paraissait toujours inébranlable. Je mesurai à cet instant la formidable charge symbolique qui risquait de se déchaîner sur lui si cette nomination venait à aboutir et à être étalée au grand jour.

Stanislas Pottier organisa un échange avec le conseiller G7 au cabinet de Nicolas Sarkozy. Pour le convaincre, nous mîmes l'accent sur la présidence française du conseil de l'Union européenne, le développement amorcé d'une politique européenne sur l'Arctique et, bien sûr, la mobilisation scientifique mondiale avec l'Année polaire internationale

2007-2009. Nous nous gardâmes bien de lui parler de l'alinéa 15 trop subversif de la résolution du Parlement européen qui appelait à un traité international sur l'Arctique.

Le conseiller de Nicolas Sarkozy nous confia qu'il connaissait un peu le sujet car son épouse était norvégienne. L'idée que la France gagnerait à se mobiliser pour cette cause semblait acquise.

« Et qui porterait le chapeau ? demanda le conseiller G7.

— Michel Rocard. C'est notre candidat favori. L'initiative vient du Cercle Polaire mais il est tout à fait partant. L'ancien Premier ministre est le conseiller politique de notre association.

— Très bien, répondit-il, le ton soudain solennel, comme si l'affaire prenait un tour plus sérieux. Je vous invite à solliciter une audience à la Présidence de la République. »

En nous raccompagnant, il nous expliqua qu'il n'arrivait pas à couper court aux démarches du géographe Jean Malaurie, qui faisait le pied de grue au cabinet pour obtenir la signature de Nicolas Sarkozy sur une lettre de mission d'ambassadeur pour les régions arctiques qu'il avait pris soin de rédiger lui-même. « Ils ne jouent pas dans la même cour », lâcha-t-il. Un chercheur absorbé par ses travaux d'anthropologie sur les Inuits, qui sollicitait une responsabilité de négociateur à l'international pour mettre en place des réglementations sur le pétrole, la navigation ou la pêche... Dans les années qui suivirent, Jean Malaurie, qui avait été nommé en 2007 ambassadeur de bonne volonté pour les régions arctiques à l'Unesco, nourrirait une jalousie affichée à l'égard du nouvel ambassadeur pour les pôles. Ce ressentiment témoignait à sa façon du lien historique bien gardé qui existe en

France entre la thématique de l'Arctique et le monde de la recherche en sciences humaines et sociales[1].

Dans la foulée, Chantal Jouanno, conseillère environnement du Président Sarkozy, nous reçut et nous expliqua d'un air entendu qu'il convenait de garder le plus grand secret autour de ce projet de nomination. Le périmètre des fonctions de « l'ambassadeur des pôles » était une création ex nihilo au sein du ministère des Affaires étrangères. Tout restait à inventer. Eu égard à la légitimité de Michel Rocard sur les thématiques Arctique et Antarctique, sa mission couvrirait les deux pôles et pas seulement l'Arctique. Le service compétent des Affaires étrangères ajouta aussi la mention de l'Arctique dans son libellé, pour accompagner la mission de l'ambassadeur. Cette mobilisation participa à inscrire durablement l'Arctique dans les priorités diplomatiques françaises… derrière beaucoup d'autres bien sûr.

Le départ pour notre périple en Antarctique approchait. Le 15 janvier 2009, quelques heures avant notre vol pour le bout du monde, Stanislas Pottier et moi débarquâmes à l'hôtel du ministre de l'Europe et des Affaires étrangères, encombrés de sacs de voyage et emmitouflés dans nos parkas. J'allais revoir Bernard Kouchner qui était pour moi une figure familière que j'avais côtoyée avec mon grand-oncle Jean Daniel, dans

1. Les glaciologues entretiennent pour leur part un lien fort avec l'Antarctique qu'ils considèrent comme leur laboratoire de recherche. Lorsque Michel Rocard avait été proposé par l'association pour partager la présidence d'honneur avec la glaciologue Claude Lorius en 2009, ce dernier avait démissionné du Cercle Polaire par dépit.

les dîners du *Nouvel Obs*, mais je me gardais bien d'évoquer ce lien, car les relations entre cette figure emblématique du PS et sa famille intellectuelle s'étaient sensiblement dégradées depuis son entrée dans le gouvernement de François Fillon.

Nous traversâmes l'enfilade de salons Napoléon III. Bernard Kouchner nous invita à nous installer dans le petit coin salon plutôt que sur les chaises d'époque faisant face à son grand bureau. Après la myriade d'entretiens formels qu'il avait dû enchaîner pendant la journée, celui avec l'association le Cercle Polaire, représentée par deux drôles de visiteurs accoutrés comme des skieurs alpins, serait placé sous le signe de la convivialité. Stanislas était rompu aux échanges ministériels. Il lui expliqua qu'au moment où l'Union européenne annonçait le développement d'une politique européenne sur l'Arctique, la France, qui avait pourtant une longue tradition d'exploration et de recherche en milieu polaire, peinait à prendre la mesure des défis qui se profilaient sur le toit du monde – ou plancher du monde, selon la cartographie inversée de Peters.

Le ministre nous prévint que sa connaissance de la situation en Arctique était nouvelle mais égrena cependant quelques notions qui nous surprirent agréablement, venant d'un ministre des Affaires étrangères mobilisé par tant d'autres priorités plus impérieuses. Bernard Kouchner retenait surtout que la compétition entre les États souverains riverains allait s'accroître et que cela conférait à la région une importance économique et stratégique majeure qui faisait peser des menaces sur l'environnement.

« Bon, je crois que sur le fond, nous sommes d'accord, coupa court Bernard Kouchner. Et maintenant, dites-moi : comment va Michel ?

— Plutôt bien, monsieur le ministre, et si vous nous voyez habillés comme des skieurs, c'est que nous partons ce soir même pour l'Antarctique avec Michel pour son premier voyage en "terre de paix et de science".

— Ah bon ! Est-ce bien raisonnable ? »

Nous lui expliquâmes qu'il s'agissait d'une croisière de luxe avec salon de massage et restaurant gastronomique à bord, et que nous étions loin, très loin, des conditions périlleuses des expéditions de l'âge héroïque de la conquête des pôles. Mais Bernard Kouchner restait préoccupé par la santé de son ami.

« Bon, admettons. Et comment Michel voit ce projet de mission ?

— Plutôt d'un bon œil, monsieur le ministre, répondit Stanislas. Mais il ne souhaite pas que l'on pense qu'il est à l'origine de cette démarche.

— Je comprends, bien sûr ! Ce projet ne doit pas sortir de mon bureau, vous m'entendez ? s'exclama Bernard Kouchner en nous dévisageant. Bon, vous direz à Michel que je me fais un plaisir de l'accueillir dans mon ministère ! »

Il nous raccompagna jusqu'au salon qui jouxte son bureau. Au moment de nous quitter, le ministre me prit en tête à tête.

« Monsieur Mayet, je compte sur vous pour prendre soin de Michel. Il fume encore ?

— Oui... pas qu'un peu !

— C'est vraiment pas raisonnable après son accident en Inde ! Bon, je vous charge de veiller à ce qu'il diminue sa consommation de cigarettes. »

Quelques heures plus tard, Stanislas et moi rejoignîmes Michel à l'aéroport de Roissy pour un vol de nuit vers

Buenos Aires, où nous allions ensuite relier Ushuaïa, « *la ciudad del fin del mundo* » (la ville du bout du monde), située à l'extrême sud de l'Argentine. Nous lui expliquâmes que la situation prenait plutôt bonne tournure, mais Michel était tout entier absorbé par son voyage tant attendu et il mouchait notre enthousiasme en nous disant que nous aurions tout loisir de parler de tout cela sur le bateau.

Ce voyage était aussi pour lui un gel de ses affaires courantes, une retraite au désert, et une promesse de repos loin de l'agitation frénétique de Paris.

VI

Baptême de l'Antarctique

Le lendemain matin, nous disposions d'une journée à Buenos Aires avant notre prochain vol vers Ushuaïa. Le ministre des Affaires étrangères argentin Jorge Taïana nous reçut. Il n'était pas peu fier de l'implication des chercheurs de son pays : « Nous avons le privilège d'avoir la base scientifique la plus ancienne de la région, la station Orcadas, qui fonctionne sans interruption depuis 150 ans. Elle a été pendant des décennies la seule base permanente de l'Antarctique. »

C'est précisément parce que des scientifiques argentins ont œuvré sur le continent blanc que l'Argentine a fait partie des pays signataires du Traité sur l'Antarctique en 1959. Ce traité stipule notamment que « seules les activités pacifiques sont autorisées dans l'Antarctique » et que la recherche scientifique est au fondement de la coopération internationale. Pourtant, par-delà l'intérêt scientifique, le discours du ministre argentin révéla d'autres intentions.

« Comme vous le savez, l'Argentine fait partie des sept États "possessionnés" qui revendiquent une souveraineté nationale sur une portion de l'Antarctique. Nous revendiquons le *Sector Antártico Argentino*. Nos activités s'inscrivent dans le cadre du traité.

— Vous savez, objecta Michel, la France aussi partage ce statut. Mais elle retient du Traité que les revendications territoriales sont gelées[1]. Elle a pris le parti d'adopter la dénomination de "terres antarctiques françaises" plutôt que celle de "territoire antarctique national[2]".

— Eh bien, pour l'Argentine, le secteur antarctique est une partie de la province de Terre de Feu. Nous y avons installé six bases scientifiques permanentes et sept autres saisonnières. D'ailleurs, onze d'entre elles sont administrées par le ministère de la Défense. »

Ce dernier point nous surprit, Michel et moi, puisque le Traité sur l'Antarctique, en ne tolérant que les activités « pacifiques », consacre un régime de démilitarisation absolu. C'est d'ailleurs pour contenir les velléités belliqueuses des États qui revendiquaient une portion de l'Antarctique que le Traité avait été pensé. Mais cet accord « ne s'oppose pas à l'emploi de personnel ou de matériel militaires pour la recherche scientifique ».

« Notre présence scientifique tient lieu de présence nationale », insista Jorge Taïana. À moins que ce ne soit l'inverse, avions-nous pensé.

En fin d'entretien, je passai commande d'une contribution du ministre à la campagne internationale *La llamada de los*

1. En effet, l'article IV du traité stipule : « Aucun acte ou activité (...) ne constituera une base permettant de faire valoir, de soutenir ou de contester une revendication de souveraineté territoriale dans l'Antarctique, ni ne créera des droits de souveraineté dans cette région. (...) »

2. Le secteur de l'Antarctique revendiqué par l'Australie répond au nom d'*Australian Antarctic Territory*, celui revendiqué par le Chili de *Territorio Chileno Antárctico*, etc.

polos[1]. Le texte envoyé quelques mois plus tard se conforma habilement à l'esprit du Traité : « Il n'y a pas meilleure façon de protéger l'Antarctique et la planète tout entière que de renforcer la coopération scientifique avec tous ceux qui témoignent d'un intérêt sincère pour cette région[2]. »

La science et rien que la science, donc…

Ce premier contact avec les autorités d'une puissance antarctique étrangère fut pour nous l'occasion de mesurer la multiplicité de lectures à laquelle se prêtait le Traité. Zone internationale démilitarisée ou continent revendiqué par sept États « possessionnés » ? Derrière la dénomination lénifiante de « terre de paix et de science », nous identifiâmes bientôt des équilibres politiques complexes qui n'étaient pas sans évoquer une boîte de Pandore.

Nous nous sommes envolés le lendemain matin vers Ushuaïa, la ville la plus australe au monde, porte d'entrée de l'Antarctique[3] d'où partent nombre d'expéditions scientifiques et de croisières touristiques. En fin d'après-midi, le navire Le Diamant fit retentir ses sirènes et leva l'ancre. Sur le

1. Lancée dans 52 pays et patronnée par l'Unesco, la campagne L'Appel des Pôles collecte les témoignages de grands noms engagés dans la protection des régions polaires (de Michel Rocard au Prince Albert II par exemple), afin de révéler la conscience planétaire de l'urgence qu'il y a à protéger ces milieux fragiles.

2. Jorge Taïana, *The Call of the Poles*, Le Cercle Polaire, décembre 2009.

3. Il existe cinq portes d'entrée principales vers l'Antarctique : Ushuaïa (Argentine), Punta Arenas (Chili), Cape Town (Afrique du Sud), Hobart (Australie) et Christchurh (Nouvelle-Zélande).

pont arrière, Michel, Stanislas et moi avions le nez au vent ; nous nous sommes regardés un instant, sans un mot, l'air de dire que nous avions réussi à nous extirper des servitudes de la vie parisienne. Les yeux humides, Michel lâcha : « Je n'y croyais pas ! Mais maintenant, ça y est ! » Le navire s'engagea dans le canal de Beagle, qui s'étire sur plus de deux cents kilomètres jusqu'à l'Atlantique Sud. En silence, nous admirâmes Ushuaïa qui s'éloignait peu à peu.

Les deux jours suivants, l'aventure fut périlleuse dans le passage de Drake, un large bras de mer qui sépare le Cap Horn des îles Shetland du Sud. Ce passage est connu pour être une des pires zones de navigation au monde, du fait de conditions météorologiques souvent épouvantables et d'un fort courant orienté d'ouest en est – le courant circumpolaire antarctique. Ça ne manqua pas.

Des vents avec des risées[1] à cinquante nœuds et des vagues de neuf à dix mètres de haut malmenaient le frêle navire de cent mètres. Il plongeait son étrave dans le creux de ces vagues géantes, faisant jaillir des gerbes d'eau qui atteignaient les ponts supérieurs. Les passagers semblaient avoir déserté le navire. Plus personne dans les couloirs et les salons, et un restaurant qui assurait, dans un jeu d'équilibrisme, son service pour une poignée d'irréductibles. Michel, qui avait écumé les ports du Morbihan à bord d'un petit voilier, et moi, qui avais été formé aux Glénans pour la navigation hauturière[2], en faisions partie.

1. Augmentation soudaine de la force du vent.

2. Navigation en haute mer, c'est-à-dire lorsque les côtes terrestres ne sont plus visibles.

J'allais le chercher dans sa cabine où, une Gauloise sans filtre au bout des lèvres, il s'adonnait à des travaux d'écriture et de lecture. Commençait alors un parcours du combattant. Violemment ballottés par le roulis et le tangage du navire, nous nous accrochions fermement aux mains courantes. Je prenais Michel par le bras lorsque les rampes manquaient, mais il répugnait toujours à ce qu'on lui prête assistance.

Au restaurant, nous disposions d'une table à côté d'un grand hublot, depuis lequel on pouvait admirer le spectacle de la mer, qui douchait continuellement la coque du navire dans un mugissement assourdissant. Une fois bien calé sur la banquette, Michel était à la fête.

« Ouah ! s'exclamait-il. C'est la tempête bretonne en dix fois pire ! Je n'avais jamais vu ça !

— Oui, on est dans les soixantièmes mugissants[1]. Tu connais le dicton marin : *sous 40 degrés, il n'y a plus de loi, mais sous 50 degrés, il n'y a plus de Dieu !* Alors, forcément, sous 60 degrés…

— On va s'en griller une petite ? »

C'était le signal de la pause cigarette sur le pont arrière battu par les embruns – quand ce n'était pas des paquets d'eau. En bon marin de plaisance, Michel avait pris soin d'emporter un briquet tempête dans ses bagages. Mais pendant le bref instant où il allumait des deux mains sa cigarette, le navire pilonnait[2] depuis la crête d'une vague dans un fracas de tôles, et il empoignait aussitôt le bastingage. Il réessayait un peu plus tard. C'était peine perdue car le vent et les

1. Latitudes situées entre les 60e et 70e parallèles sud.

2. Le pilonnement désigne le déplacement vertical d'un navire (de haut en bas).

embruns finissaient par éteindre la flamme. Le vieux loup de mer abandonnait la partie.

Quand venait le soir, je lui conseillais de rassembler tous les coussins de sa cabine et de les coincer de chaque côté de son corps, pour éviter d'être continuellement déporté.

Un matin, Michel, Stanislas et moi nous réveillâmes après une nuit de sommeil ininterrompue. Le navire avait retrouvé sa stabilité. En ouvrant les rideaux, nous découvrîmes un ciel bleu saturé d'une lumière aveuglante. Au loin, nous apercevions les îles Joinville, terres de désolation situées à 63° 15' de latitude Sud, qui annonçaient la proximité de la péninsule de l'Antarctique. J'allais chercher Michel, et Stanislas qui émergeait lui, de deux jours de confinement dans sa cabine, avec une diète à base de pommes et de yaourts. Michel avait par commodité enfilé sa tenue grand froid pour aller prendre son petit déjeuner. Nous nous installions à notre table et Michel tentait de se délivrer de sa tenue de *Bibendum* dans laquelle il était engoncé. Nous admirions, au travers du grand hublot qui jouxtait notre table, le spectacle de ces îles de bout du monde dont Stanislas, qui avait eu tout loisir pendant sa réclusion de consulter la documentation de bord, nous expliquait qu'elles avaient été découvertes par l'officier Jules Dumont d'Urville en 1838, qui deux ans plus tard planta le drapeau français sur le rocher du Débarquement[1] et annonça que ces terres porteraient dorénavant le nom de Terre Adélie, en hommage à sa chère et tendre Adèle.

1. Le rocher du Débarquement est une petite île rocheuse de l'archipel de Pointe-Géologie en Terre Adélie.

En ce temps-là, l'Antarctique était une *terra incognita* en même temps qu'une *terra nullius* et l'exploration scientifique était aussi une occasion de prise de possession d'une partie nouvellement découverte de ce vaste territoire aux contours indéfinis.

Soudain, un spectacle inouï nous arracha à nos agapes. Michel, Stanislas et moi accourûmes vers le pont arrière. Un détroit séparant l'île la plus basse de l'extrémité nord-est de la péninsule Antarctique s'étendait à perte de vue. De gigantesques fragments de glace flottante s'étalaient jusqu'à l'horizon. Chacun de ces icebergs se reflétait sur une mer lisse comme un miroir, au point que nous les confondions avec leur image. Ces mastodontes de glace semblaient figés pour l'éternité.

Le spectacle était troublé çà et là par des manchots qui marsouinaient. Nous étions médusés. Immobiles. Les bras croisés sur le bastingage, Michel n'en perdait pas une miette. Il souriait, un peu béat, comme s'il était en train de lever un coin du voile... Son riche passé n'avait rien entamé de sa capacité d'étonnement.

Depuis la jupe arrière du navire, nous embarquâmes sur un zodiac. Le bateau chemina entre de petits morceaux de glace transparents comme du verre, qui dessinaient des formes évocatrices, sculptées par les vents et les courants. Sur la côte, une vingtaine de bâtiments en tôle rouge carmin étaient dispersés en contrebas de basses montagnes. Un comité d'accueil nous attendait sur le rivage.

« Bienvenue à la station de recherche argentine Esperanza ! Vous êtes à 63° 23' de latitude Sud ! » s'exclama avec enthousiasme le chef de base. Quatre-vingts personnes occupaient cette base de manière permanente. Ses bâtiments ressemblaient à de grands refuges de montagne, meublés de manière fruste, où chaque ustensile semblait d'un autre âge. À quoi pouvait ressembler la vie confinée pendant l'hiver austral, lorsque le blizzard se déchaîne et que la température moyenne avoisine les -10 °C ?

Lorsque j'expliquai au directeur scientifique de la station que nous voyagions avec le père politique du Protocole de Madrid au Traité sur l'Antarctique, il me regarda un instant d'un air interdit, comme pour vérifier que ce n'était pas une blague. Il répéta aussitôt le message en espagnol à ses collègues. Un cri d'exclamation parcourut l'assistance. Les regards se portèrent subitement sur Michel qui, pris de court et flatté, se lança en anglais dans un récit animé de cet épisode méconnu, terminant son intervention par une formule bien à lui : « C'est pas pour dire, mais on a fait du bon boulot ! » L'ambiance s'était subitement réchauffée. Les chercheurs se pressaient pour serrer la main de celui à qui ils devaient la sanctuarisation de cet espace naturel sans pareil dans lequel ils vivaient un exil prolongé. Je proposai de faire une photo de famille devant la base. Le cliché montrait un Michel Rocard à la mine réjouie et les bras sagement croisés, compacté par une dizaine de chercheurs hilares, se poussant les uns les autres, pour être dans le champ de la photo. La légende écrite au dos de la photo dit : « 30 juin 2009 : le père du Protocole de Madrid accueilli en héros à la base argentine Esperanza en péninsule Antarctique. »

Dans la station, nous découvrîmes une école et même un bureau d'état civil où étaient enregistrés les naissances et les mariages. À la différence de la plupart des bases en Antarctique, Esperanza n'était pas seulement une station de recherche mais aussi une colonie civile qui abritait une dizaine de familles et deux instituteurs. L'histoire raconte que c'est sur cette base qu'en 1978 une personne est née pour la première fois en Antarctique, Emilio Marcos Palma. Toutefois, ce « premier citoyen de l'Antarctique » se vit bel et bien délivrer un passeport argentin. Cette naissance avait été organisée par les autorités argentines pour garantir la souveraineté du pays sur ce territoire situé dans la zone du Traité sur l'Antarctique[1]. En découvrant cette organisation sociale et administrative qui relevait davantage d'une présence nationale que d'une présence scientifique, Michel se remémora les termes de l'échange qu'il avait eu à Buenos Aires, avec le ministre des Affaires étrangères argentin, et en mesurait soudain la portée : « Eh ben dis donc, je comprends mieux ! La science a bon dos ! Un village argentin avec des habitants en terre de paix et de science ! On est bien loin de notre organisation à nous, à la station française Dumont d'Urville, avec nos scientifiques de passage ! » En quittant la base pour rejoindre le zodiac, nous passâmes devant un bâtiment sur lequel était inscrite la devise de la station Esperanza : *Permanencia, un acto de sacrificio* (« La permanence, un acte de sacrifice »).

Dans l'après-midi, nous décidâmes d'immortaliser le baptême de Michel Rocard en Antarctique. Ce dernier était très enthousiaste. Notre zodiac sillonna entre des *floes* – des fragments de banquise en forme de radeau plat – dans une mer lisse comme un lac de montagne. Nicolas Dubreuil, le chef d'expédition, repéra une plaque épaisse et stable, et la signala

1. En vertu de l'article VI du Traité sur l'Antarctique : « Les dispositions du Traité sur l'Antarctique s'appliquent à la région située au sud du 60e degré de latitude Sud y compris toutes les plateformes glaciaires. »

au pilote. Le zodiac mit les gaz. Nous débarquâmes sur le *floe* par l'avant de l'embarcation. J'empoignai Michel qui saisit mon bras pour s'extirper. Il le repoussa énergiquement aussitôt après, pour souligner le caractère superflu de ce coup de main.

La situation était pour le moins insolite. Nous dérivions sur un radeau de glace perdu au milieu d'une mer jonchée de plaques de banquise et de *growlers* – des morceaux d'icebergs fondus – à perte de vue. Il n'y avait pas de temps à perdre car la météo pouvait changer rapidement. Nicolas Dubreuil s'occupa de filmer l'entretien, et moi de le conduire.

« Michel Rocard, vous voilà en Antarctique, au milieu de la mer de Weddell, et sur un morceau de banquise. Qu'est-ce qui vous amène dans un endroit aussi reculé ?

— Ben, d'abord, une vieille fascination poético-touristique, comme tout le monde, mais il se trouve en plus que j'ai eu, comme Premier ministre, à mener des batailles et notamment à faire décider que la France ne ratifierait pas une convention signée à Wellington en 1988 qui prévoyait les conditions d'exploitation minérale en Antarctique. En accord avec le Premier ministre d'Australie, Bob Hawke, nous avons décidé ce jour-là que c'était malsain, dangereux. Il fallait annoncer que cette convention irait à la corbeille à papier, et que l'on demandait l'ouverture de négociations pour un nouveau protocole qui assurerait une préservation définitive et totale de l'environnement de l'Antarctique. Cette négociation a réussi, elle a pris deux ans et demi à peu près et a donné le protocole signé à Madrid en 1991. Alors évidemment, après cette joute politique de deux ans, j'avais pour l'Antarctique… une espèce d'amitié distante, une envie de voir ce que j'avais contribué à préserver.

— Et vos impressions de ce premier voyage ? lui demandai-je.

— C'est tout à fait inouï ! On a l'impression d'être au commencement du monde d'une certaine façon. Et quand on a passé quelque temps dans ce genre de paysage, j'ai l'impression qu'on n'est plus le même homme, on change un peu soi-même… répondit Michel avec une expression de petit garçon émerveillé.

— Ce premier voyage en Antarctique est aussi un voyage anniversaire, puisque cela fait à peu près vingt ans que vous avez lancé des négociations qui…

— Oui, cela fera vingt ans tout juste dans cinq mois, que les négociations ont été lancées à Paris.

— Donc, vous n'êtes pas là complètement par hasard ?

— Sûrement pas ! »

L'entretien fut brusquement interrompu par le chef d'expédition qui demandait aux passagers de regagner le zodiac au plus vite. Un *growler* de quelques mètres de haut éperonnait sous l'eau notre frêle esquif de glace, l'inclinant dangereusement. Nous nous précipitâmes sur le bateau et quelques minutes plus tard, nous regardions le *floe* se briser sous son propre poids. Le *growler* chavira bruyamment et dévoila l'ampleur de son éperon sous-marin.

Un ancien Premier ministre à l'eau, aux températures de la glace de mer fondante (environ -1,8 °C), cela pouvait faire désordre. Mais sur le terrain, Michel retrouvait une âme de scout : le « hamster érudit » comme l'appelaient ses anciens camarades « éclaireurs », toujours partant pour suivre ses plus jeunes compagnons dans leurs audaces. « Vous avez un rapport jouissif à la nature. Vous avez toujours été comme cela ? » lui avait demandé un jour la journaliste Christine Oberdorff. « Mouais ! avait répondu Michel sur un ton renfrogné, lui qui répugnait à l'exercice des échanges personnels mis en scène. Ça tient peut-être au fait que j'ai été longtemps *boy scout* ; avant de savoir ce que je voulais faire, entre 10 et 15 ans, je rêvais d'être photographe animalier. Il m'est arrivé deux ou trois fois de dormir à la belle étoile dans les fossés qui bordent les chemins de la forêt de Rambouillet pour voir les cerfs aller boire au petit matin[1]. »

Le lendemain matin, à la passerelle, nous assistâmes au spectacle du navire slalomant entre les bourguignons – petits morceaux d'iceberg – éparpillés comme dans un champ de bataille de glace. Le commandant du Diamant nous expliqua qu'en péninsule Antarctique, les navires étaient équipés d'un système leur permettant de connaître à tout moment la position des autres bateaux. Cela évitait que plusieurs navires de croisière ne se trouvent au même moment au même endroit, gâchant l'impression d'être seul au bout du monde, perdu au milieu du désert blanc, à laquelle les passagers étaient si sensibles.

Michel s'entretint un moment avec le commandant sur le tourisme de croisière qui connaissait un certain essor depuis quelques années. Dans l'absolu, c'étaient moins de 35 000 croisiéristes par an[2], mais l'activité se concentrait sur un *Top Ten* de sites incontournables, principalement localisés sur

1. « L'Appel des Pôles », Ushuaïa TV, documentaire présenté par Christine Oberdorff et réalisé par Vincent Puybaret, 2010.

2. Estimation du nombre de croisiéristes pour la saison d'été austral 2008-2009.

une toute partie du continent : le nord-est de la péninsule Antarctique. Or la saison touristique, l'été austral, correspondait pour nombre d'animaux à leur période de reproduction.

Michel savait que l'inquiétude quant à l'impact du tourisme sur la biodiversité constituait un sujet récurrent à la réunion annuelle du Traité sur l'Antarctique[1]. Je profitai de cet échauffement impromptu pour lui proposer un entretien filmé sur un aileron[2] de la passerelle. Bien qu'il eût préféré, j'en suis sûr, flâner encore un peu pour observer la navigation côtière depuis le pare-brise géant du navire, il consentit de bonne grâce à se prêter à l'exercice.

« Michel Rocard, aviez-vous imaginé qu'on pouvait se rendre dans un endroit aussi reculé et hostile avec le confort du navire Le Diamant ?

— Absolument pas. Je croyais en effet que c'était beaucoup plus spartiate, beaucoup plus sportif, et même difficile d'accès pour un homme prenant un peu d'âge. C'est vrai que les conditions sont merveilleuses… en un sens, trop, parce qu'il va falloir probablement plafonner l'effectif des touristes, sinon on aura du mal à protéger l'environnement. Je m'aperçois que c'est un vrai problème !

— Les pratiques dont vous êtes témoin sur ce bateau – désinfection des bottes, élimination des spores de champignon ou de plante sur les vêtements avant tout débarquement – vous

1. Réunion des Parties consultatives au Traité sur l'Antarctique ou en abrégé, « RCTA ».

2. Les ailerons sont des terrasses ouvertes qui prolongent la passerelle, d'où l'on effectue la navigation.

rassurent-elles sur le niveau d'encadrement du tourisme de croisière austral ?

— Plutôt oui, je suis très admiratif du professionnalisme de cette compagnie, et frappé qu'on apprenne le respect de l'environnement à tous les passagers avec une énergie et une discipline quasi militaires. Les passagers reviendront probablement dans leurs forêts plus tempérées porteurs d'un message sur l'environnement. Enfin, on change quand on vit ça ! Reste que, en rentrant, je vais regarder de près les mécanismes d'exécution et de sanction. Le drame du droit international, c'est que c'est un droit du consensus et que chaque nation assure une discipline générale chez elle et à sa façon. Il faut vérifier que ça suffit... Et je n'en suis qu'à moitié sûr.

— Vous reviendrez ?

— J'espère bien, oui. Mais le fond de mes inquiétudes aujourd'hui, pour tout vous dire, c'est l'Arctique. Il faut s'occuper du Nord. »

Notre incursion de quelques jours ne fut ponctuée d'aucune nuit, puisqu'en péninsule Antarctique et à ce moment de l'année, c'est le jour permanent – le jour polaire – qui règne. Ainsi, elle s'enchaîna très vite, et le temps de commencer à s'acclimater à cet univers quasi extra-terrestre[1], il était déjà l'heure de prendre le chemin du retour.

1. Lors de l'expédition britannique Discovery (1901-1904) en Antarctique, Edward Wilson a consigné dans son journal le 22 mai 1902 : « On pouvait s'imaginer sur une autre planète, morte. Je pouvais facilement croire que nous n'étions pas sur la Terre, mais sur la surface de la Lune. Tout était tellement calme et mort et froid et loin du monde terrestre. » Cité in

Une conférence du Cercle Polaire était programmée dans l'auditorium le jour suivant. J'ignorais tout en ce temps-là de cet exercice qui consiste à être la « plume » d'un autre et qui, dans le monde de l'édition, porte le nom péjoratif de « nègre » ou d'« écrivain fantôme ». Encore plus si le texte était destiné à être lu publiquement, par un tribun comme Michel Rocard. Dans sa bouche, les déclarations prenaient un relief et une tonalité incomparables. Au fil des années, je compris qu'avec Michel point n'était besoin de prévoir, comme au théâtre, des didascalies, car il habitait le texte à sa façon, décidait des intonations ou des pauses, et multipliait des apartés que personne ne lui avait dictés. Pour écrire ses textes, j'appris donc à imiter mon partenaire, à m'imbiber de son style, de ses tropismes et de ses tics de langage : « Puisque nous sommes entre nous, je vais vous faire une confidence » ; « Excusez-moi du peu » ; « Michel Rocard, pour vous servir » ; « Nul n'est parfait ! », « Coup de tonnerre dans un ciel bleu », etc. Au fil des années, je sus parler le « Rocard » et mes propositions lui allèrent comme un gant. Mais Michel restait le maître du jeu, avec son « phrasé si particulier fait d'accélérations subites et de plateaux, un flow qui déploie sa pensée avec une intelligence toute musicale[1] ».

Nous espérions que la météo serait plus clémente qu'à l'aller, sans quoi la conférence serait annulée. Je passai une petite heure avec Michel dans sa cabine pour élaborer un plan.

Sebastian Vincent Grevsmühl, « Antarctique et espace : suite et fin de la géographie », *L'Information géographique*, vol. 74, n° 2, 2010, p. 115-128.

1. William Burren, « Michel Rocard, Interview, la science politique », *Gonzaï*, 2013.

Michel avait une écriture fine et très lisible, et sa rédaction était toujours impeccablement orthographiée et ponctuée. Sa graphie dérivait invariablement vers la droite, si bien que la marge gauche augmentait de ligne en ligne, restreignant progressivement la place disponible pour écrire, au point que la dernière ne comprenait plus qu'un ou deux mots.

Je lui proposai de préparer une série de diapositives avec des cartes, des chiffres et des diagrammes qui pourraient être projetés sur un écran derrière lui pendant sa conférence. Il me regarda, interloqué. « Tu sais faire ça, toi ? » Le tribun avec à son actif plusieurs centaines de *meetings* politiques, capable de tenir en haleine un auditoire pendant plus d'une heure par la seule magie de son éloquence, allait, à l'âge de 78 ans, donner sa première conférence multimédia. Je lui remis une clé USB en lui expliquant qu'il s'agissait d'un périphérique de stockage amovible compact qu'il donnerait à la régie avant sa conférence ; mais en voyant sa mine déconfite, je compris que je me chargerais de la partie technique.

Le moment venu, le navire oscillait fortement. Je craignais le pire : un auditorium de 200 places avec quelques spectateurs clairsemés. Pourtant, en entrant dans la salle, Michel, Stanislas et moi découvrîmes une salle bondée et animée. Même le commandant avait délégué la navigation au second capitaine pour s'installer au fond de la salle. Michel, équipé d'un micro-cravate, escalada les trois marches de la scène pour s'installer devant un pupitre qui n'était pas fixé au sol. J'étais assis au premier rang, muni d'une télécommande pour passer les diapositives quand Michel me l'indiquerait par un geste de la main. Le conférencier se concentra un instant sur sa copie, releva la tête avec une mimique figée et commença son intervention en forçant le volume de sa voix.

« Commandant, mesdames et messieurs, permettez-moi d'abord d'exprimer ma surprise en vous voyant si nombreux dans la salle, bravant l'inconfort occasionné par le chahut du navire ; je m'attendais à faire salon avec quelques passagers… »

Des rires retentirent dans la salle.

« J'espère que mes propos seront à la hauteur de votre sacrifice. » Michel, lunettes sur le bout du nez, s'agrippait au pupitre bancal qui tanguait dangereusement. Il se contorsionnait à gauche puis à droite pour équilibrer. La scène ne manquait pas de comique, mais l'auditoire l'écoutait sans moufeter. Sans égard pour l'animation derrière son dos, il était tout entier à son auditoire, posant des questions auxquelles il apportait lui-même les réponses, le tout ponctué de notes d'humour et d'autodérision qui le reconnectaient avec les auditeurs, ainsi traités en alter ego. On tenait là, me semble-t-il, un élément du « parler vrai » de Michel Rocard. La conférence devait durer cinquante minutes ; elle en fit une heure quarante et la salle s'était à peine désemplie. L'auditoire lui réserva des applaudissements soutenus. Je redécouvris ce jour-là la puissance de frappe de cet orateur hors pair et la chance qui était celle du Cercle Polaire de l'avoir comme porte-drapeau.

Lors du dîner, nous ne fûmes pas très loquaces. Nous partagions un sentiment confondant d'irréalité. C'est là une constante de l'excursion en Antarctique : on entre dans le temple naturel austral comme dans un rêve… Et on en sort aussi, comme on est extirpé d'un rêve.

VII

Un ambassadeur des manchots et des pingouins

De retour à Paris en février 2009, j'envoyai les photos et entretiens filmés à *L'Obs* qui publia un article intitulé « Michel Rocard en Antarctique avec l'ONG le Cercle Polaire[1] ». Cette communication fut l'occasion de préparer les esprits à la future nomination de Michel Rocard. Quand elle se précisa, je m'attendais à l'entendre exulter au téléphone mais il me coupa net dans mon élan, en me lançant sur un ton contrarié : « Écoute, frangin, je suis désolé, j'ai bien réfléchi, si Jack Lang est nommé ambassadeur des Nations unies, comme la rumeur le colporte, j'abandonne la partie. Je ne veux pas que ma nomination soit associée à Jack Lang. »

Je n'y croyais pas. Jack Lang était un ami de mon grand-oncle que je côtoyais souvent dans les dîners ou les fêtes d'anniversaires. Quelle guigne ! Mon lien de confiance et d'amitié avec Michel me commanda cependant de faire corps avec son destin de personnage public. Tant pis, on continuerait notre

1. « Michel Rocard en Antarctique avec l'ONG le Cercle Polaire », *L'Obs*, édition numérique, 12 mars 2009.

action dans un cadre associatif qui avait déjà porté quelques beaux fruits. Je cuvai ma déception pendant quelques jours avant d'annoncer la nouvelle à Bernard Kouchner.

Toutefois, ô miracle, la chance nous sourit. Jack Lang fut gratifié d'un rôle d'émissaire spécial pour Cuba. Bernard Kouchner nous invita à déjeuner le mercredi 18 mars 2009, avant la présentation de la nouvelle mission à son cabinet. Sur les recommandations de son directeur de cabinet, Philippe Étienne, j'insistai auprès de Michel pour qu'il tînt secret cette réunion d'officialisation. Mais ce fut peine perdue : quelques jours avant ce déjeuner, Michel, en déplacement à Saint-Brieuc pour l'inauguration de l'école Yves Dollo, à la mémoire de l'ancien secrétaire de la section briochine du PSU, déclara en présence d'un journaliste du *Télégramme* qu'il serait nommé la semaine suivante ambassadeur chargé des négociations sur les Pôles.

La mèche était allumée. Et rien ne pourrait empêcher la réaction en chaîne qui caractérise l'emballement médiatique. « L'ancien Premier ministre socialiste serait donc en passe de rejoindre le camp sarkozyste ? » écrivit le journaliste à peine cinquante-cinq minutes plus tard dans une publication numérique. « Mon risque, avait expliqué Michel, c'est que ma nomination à cette fonction laisse penser que j'ai de la proximité politique ou de gestion économique avec le président de la République actuel. Je préfère vous signaler que ce n'est pas le cas. Je tiens à rappeler que ce combat-là, je le mène en tant que social-démocrate au nom d'une fidélité historique[1]. »

1. « Rocard, ambassadeur des Pôles dès mercredi », *Le Télégramme*, 13 mars 2009.

Le lendemain, *Le Journal du Dimanche* publia un article intitulé « Pôle position pour Rocard » qui ouvrait sur le commentaire tant redouté par Michel : « Après Jack Lang à Cuba, Rocard aux Pôles. Nicolas Sarkozy poursuit son œuvre d'ouverture. » L'article corrigeait ce raccourci polémique par un rappel factuel de l'action de Michel sur les pôles : « le choix de Michel Rocard ne doit rien au hasard : depuis plus de quinze ans, l'ancien locataire de Matignon a fait de la protection de ces zones l'une de ses spécialités. "Je suis le seul homme politique français qui se soit occupé de ça", a-t-il déclaré[1]. Stanislas Pottier décida d'allumer un contre-feu en rédigeant un communiqué pour le compte de *La Lettre A*, quotidien d'information stratégique à l'attention des décideurs, dans lequel Michel serait délivré de tout soupçon de flirt avec le Président Sarkozy : « Michel Rocard doit bientôt être nommé ambassadeur itinérant pour les pôles par le ministre des Affaires étrangères Bernard Kouchner. Le poste a été créé sur proposition de l'ONG le Cercle Polaire qui milite pour l'ouverture de négociations d'un traité international sur l'Arctique[2]. »

Le mercredi suivant, Michel et Bernard déjeunèrent à l'hôtel du ministre. Stanislas et moi les attendions dans la chambre du roi – l'appartement avait été construit en 1938 pour la venue de la reine Elizabeth. Les deux compères firent bientôt irruption, affichant sans retenue leur humeur rigolarde, les joues un peu rougies par un repas manifestement bien arrosé, et prirent place autour de la

1. « Pôle position pour Rocard », *Le Journal du Dimanche*, 14 mars 2009.
2. « Rocard », *La Lettre A*, 13 février 2009.

grande table de réunion. Le ministre détendit aussitôt l'ambiance un peu guindée. Il confirma la nomination de Michel Rocard à la tête d'une « mission d'ambassadeur thématique sur les Pôles ». « Mais attention, ajouta-t-il, cette mission doit rester secrète jusqu'à la conférence de presse ! J'ai vu passer un communiqué à ce sujet dans *La Lettre A*, c'est inadmissible, je ne tolérerai pas une autre fuite ! Je compte sur votre discrétion à tous ? » Stanislas et moi nous fîmes tout petits.

En descendant l'escalier d'honneur de l'hôtel du ministre recouvert d'un tapis pourpre et orné de deux grands lustres dorés sur pied, Michel, Stanislas et moi savourâmes en silence notre réussite. Michel, par ethos protestant, répugnait à toute manifestation d'autosatisfaction. Il fustigea : « Bon, les gars, on a fait du boulot, c'est vrai ; maintenant, va falloir se mettre au travail ! Tout reste à faire. Allez salut ! » Il était tiraillé entre la joie de se voir confier une mission exaltante à un âge avancé, et l'embarras qu'il éprouvait à l'idée d'affronter les questions « poil à gratter » de la meute médiatique.

Le 30 mars 2009, en début de matinée, dans un salon de l'hôtel du ministre, Bernard et Michel prirent la parole devant une soixantaine d'invités dont plusieurs journalistes. « La situation dans l'Arctique est préoccupante. Le réchauffement climatique permet ou permettra le développement de nouvelles activités. Une meilleure gouvernance devient indispensable. Nous avons voulu que la France, dans ces débats, puisse faire entendre sa voix et valoir son expérience. J'ai proposé à Michel Rocard de remplir cette mission, le président de la République le lui a offert. Monsieur l'Ambassadeur, soyez le bienvenu dans cette maison[1]. »

Michel Rocard prit à son tour la parole. Passé les remerciements protocolaires, il lança : « Je suis heureux d'accepter une mission bien délimitée, parfaitement technique, qui n'implique de ma part aucune espèce de signification politique d'ensemble sur le gouvernement que je sers, au fond, comme fonctionnaire. Mais attention, cette mission n'a rien de facile. L'Antarctique, c'était plus simple : pas un électeur, rien que des manchots et les plus proches continents étaient situés à des milliers de kilomètres. L'Arctique, c'est de l'eau, à la différence de l'Antarctique qui est une terre, avec des riverains extrêmement proches et tout-puissants. »

Arriva le moment un peu sensible mais inévitable dans une conférence de presse des questions de l'auditoire. Elles témoignèrent pour la plupart d'un réel intérêt jusqu'à ce qu'un journaliste vînt, bien sûr, chercher la petite bête : « Pardonnez-moi, tout à l'heure vous vous présentiez comme un simple fonctionnaire au service du Quai d'Orsay. Est-ce que, après M. Kouchner, Jack Lang, émissaire spécial à Cuba, vous estimez que vous êtes une belle prise ? » Bernard Kouchner vola au secours de son ami, avec un savant mélange de douceur et de fermeté : « Merci, monsieur, d'être obligé très valeureusement de poser la question, il n'y sera pas répondu sauf par une petite remarque. Le mot *prise* en ce qui concerne

1. Conférence de presse conjointe de Bernard Kouchner, ministre des Affaires étrangères et européennes, et de Michel Rocard, ambassadeur en charge de la négociation internationale sur les pôles, Quai d'Orsay, 30 mars 2009.

un ancien Premier ministre et après ses réponses éminemment précises ne convient pas. Il n'y a pas de *prise*, il n'y a pas de politique, surtout pas politicienne. Il y a le bonheur de travailler avec quelqu'un de compétent sur un sujet qui concerne le monde entier et l'intérêt général de la France, de l'Europe et de la planète. Merci de prendre cela au pied de la lettre. Il n'y a pas l'ombre d'un souci. » La confrontation s'était déroulée de manière relativement pacifique.

« Ce nouvel ambassadeur de 78 ans commence donc à arpenter la banquise dans tous les sens, posant en doudoune épaisse, l'air frigorifié mais ravi, sur des morceaux d'icebergs, en compagnie de Laurent Mayet, son indispensable numéro 2[1] », commente le quotidien *Libération*. Pour mesurer l'audace de l'initiative française, rappelons qu'en mars 2009, lorsque Michel fut nommé « ambassadeur chargé de la négociation internationale sur les pôles », plusieurs États de la zone Arctique, c'est-à-dire ayant des mers ou des terres situées au-delà du cercle polaire arctique, n'avaient pas le pendant dans leur corps diplomatique. C'était le cas de la Finlande qui, en novembre 2009, précipita la nomination d'un ambassadeur de l'Arctique pour recevoir la visite de son homologue français à Helsinki. Peu imprégné de sa nouvelle mission, le nouvel ambassadeur finlandais, Hannu Halinen, n'eut de cesse de répéter que son pays était un État de la région de la Baltique, mais pas un État de l'Arctique, car la Finlande ne possédait pas de côte sur l'océan Glacial Arctique. Au fil des années, Hannu Halinen devint un remarquable expert de la conjoncture arctique. Même un pays nordique doté d'un territoire national situé au-delà du cercle

1. Anne Denis, « Le petit père des pôles », *Libération*, 3 juillet 2016.

polaire arctique, en l'occurrence, la Laponie finlandaise, pouvait douter de son niveau d'intérêt pour la conjoncture boréale émergente. Que dire alors d'un pays comme la France qui n'avait ni terre ni mer en zone Arctique !

Michel aurait pu se prévaloir de l'argumentaire développé par le ministère des Affaires étrangères français : « L'Arctique est un espace à la fois lointain et proche de la France. Bien que situé aux confins des zones tempérées où nous vivons, il s'étend sur une zone située entre 2 500 et 5 000 kilomètres des côtes françaises ; ce qui, pour une puissance maritime comme la France, reste relativement proche. Vu depuis l'Hexagone, l'océan Arctique se présente ainsi comme le prolongement naturel de l'Atlantique Nord qui baigne la façade ouest de notre pays[1]. » La Chine, autre puissance extérieure à la zone Arctique très impliquée dans les affaires boréales, revendiquait quant à elle un statut d'État du « proche-Arctique[2] » pour légitimer son intérêt. Le Royaume-Uni abondait dans ce sens : il n'était « peut-être pas un État de l'Arctique, mais il [était] le plus

1. Ministère des Affaires étrangères, « Le Grand Défi de l'Arctique – Feuille de route nationale sur l'Arctique », avant-propos de Jean-Marc Ayrault, juin 2016.

2. « La Chine est un partenaire important dans les Affaires arctiques. D'un point de vue géographique, la Chine est un État du proche-Arctique (en anglais, *Near-Arctic State*), c'est-à-dire un des États continentaux les plus proches du cercle polaire arctique. L'évolution des conditions naturelles dans l'Arctique a un effet direct sur le système du climat de la Chine, sur son environnement et sa biodiversité, et par conséquent sur ses intérêts économiques liés à l'agriculture, les pêches, les industries forestière et marine et d'autres secteurs encore. » (« China's Arctic Policy », The State Council Information of the People's Republic of China, janvier 2018.)

proche voisin de l'Arctique[1] ». C'est sur un tout autre registre que Michel organisa l'offensive diplomatique de la France : il en appelait à l'intérêt général par-delà les prérogatives légitimes des États riverains sur la zone boréale.

L'Arctique était-il un enjeu régional ou mondial ? Tel était le clivage entre les États riverains (États-Unis, Canada, Danemark/Groenland, Norvège et Fédération de Russie) réunis dans le club fermé des Arctic Five et la communauté internationale, au sein de laquelle un ambassadeur itinérant français, surdimensionné pour ce poste, parlant très correctement l'anglais avec un fort accent, rompu à la joute politique, allait très vite être identifié comme le chef de file.

En 2012, lors d'une rencontre entre Michel et le ministre des Affaires étrangères de la Norvège, Jonas Gahr Støre, ce dernier ne cacha pas son étonnement : « D'où vient l'intérêt de la France pour l'océan Arctique ? La Norvège ne se sent pas à ce point concernée par la mer Méditerranée. » Mais Michel déplaça le débat des droits souverains des États côtiers à la gouvernance : « J'ose espérer, monsieur le ministre, que l'océan Arctique, environnement marin fragile et ultra-préservé, ne souffrira jamais de la comparaison avec la mer Méditerranée dont vous n'êtes pas sans savoir le haut niveau de pollution et de dégradation des écosystèmes. La comparaison entre la Grande Bleue, mer semi-fermée d'une superficie de 2,6 millions de kilomètres carrés, intégralement placée sous la juridiction des États côtiers, et un océan cinq fois plus

1. « S'adapter au changement – Politique du Royaume-Uni sur l'Arctique », ministère des Affaires étrangères, avant-propos du ministre chargé des régions polaires, Mark Simmonds, 2013.

grand (14 millions de kilomètres carrés), comprenant plusieurs poches de haute mer dont l'océan Arctique central (2,8 millions de kilomètres carrés) d'une superficie comparable à celle de la Méditerranée, consacré par le droit international comme zone "ouverte à tous les États", "affectée à des fins pacifiques", invite à la prudence[1]. »

En l'espèce, le ministre norvégien faisait référence à la « mer Méditerranée » au sens de la *mare nostrum* – « notre mer » – des anciens, soumise à l'autorité exclusive des Romains, quand Michel évoquait, lui, le principe d'une responsabilité de gestion partagée par tous les États usagers, « notre mer à tous ». On n'était pas loin d'un dialogue de sourds. Pourtant, Michel croyait au compromis entre souveraineté et gouvernance. À ses yeux, dans la « bataille pour l'organisation de la planète » (ou « BOP »), la gouvernance de l'Arctique dans un environnement mondialisé[2] constituait un cas emblématique, et même paroxystique. Sur une chaîne de radio canadienne en 2010, l'ambassadeur français pour les pôles rappela qu'« une gouvernance équilibrée de l'Arctique ne se fera pas sans amputation de souveraineté », ce qui suscita l'ire du ministre des Affaires étrangères canadien Lawrence Cannon. Pour couronner le tout, il ajouta : « Dans l'Arctique, la fin de la politique du "chacun chez soi" semble inévitable[3] ! »

1. Intervention de Michel Rocard, conférence sur l'Arctique, Université d'Islande, 9 octobre 2012.

2. « Gouvernance de l'Arctique dans un environnement mondialisé », Résolution du Parlement européen du 9 octobre 2009.

3. Alexandre Shields, « Visite de l'ancien Premier ministre français – Arctique, la fin du "chacun chez soi" est inévitable, croit Michel Rocard », *Le Devoir*, 9 août 2011.

Entre la conception d'un État « strict », libre de prendre ses propres décisions sans ingérence extérieure, et celle d'un État « souple »[1] à la souveraineté limitée par les règles du droit international, Michel avait choisi son camp depuis longtemps. S'agissant de l'Arctique, cette position internationaliste ne lui valait pas que des amis, d'autant qu'il était marqué à la culotte par le libellé même de sa mission d'« ambassadeur chargé de la négociation sur les pôles, l'Arctique et l'Antarctique » qui annonçait des négociations internationales en vue d'un traité sur l'Arctique.

À l'occasion d'une conférence à Moscou en 2010, ouverte par le Président Poutine, l'ambassadeur de l'Arctique pour la Fédération de Russie, Anton Vassiliev, expliqua que « la question de sa gouvernance est une fausse question[2] », puisque l'océan Arctique était pour l'essentiel sous la juridiction nationale de chacun des cinq États limitrophes. « Il n'y a plus rien à partager ; toute la région l'est déjà », martela-t-il. Déclaration fautive puisque la gouvernance de l'océan boréal, au regard du droit de la mer, souffrait à l'époque de nombreuses lacunes. Le Canada constituait, avec la Russie, les deux États côtiers les plus virulents pour dénoncer la « fausse question » de la gouvernance de l'Arctique : « De plus en plus, le monde tourne son attention vers le Nord. De nombreux intervenants, bien éloignés de la région elle-même, cherchent à y jouer un rôle et, dans

1. Yvon Pesqueux, « Souveraineté et gouvernance », *Prospective et stratégie*, APORS, 2010.

2. « *There is no such thing as an Arctic governance issue* », archives personnelles.

certains cas, remettent en question la gouvernance de l'Arctique. Le Canada ne reconnaît pas la prémisse que l'Arctique ait besoin d'une structure de gouvernance refondue ou d'un cadre juridique », scandait le Canada dans sa « Stratégie pour le Nord » en 2010.

Rétrospectivement, nous pouvions nous féliciter d'avoir anticipé quelques années avant nos contemporains l'émergence des défis polaires sur la scène internationale. Mais en politique, l'anticipation est une voie périlleuse : on a tôt fait de passer pour des illuminés se battant contre des géants là où le commun des mortels ne voit que moulins à vent. Gageons que nous avons contribué à baliser un peu le chemin pour les générations futures. C'est le seul titre que nous revendiquons. À l'occasion d'un déplacement au cap Horn, la journaliste Christine Oberdorff demanda à l'ambassadeur pour les pôles : « Mais au fond, pourquoi vous faites tout ça ? » Michel répondit, un tantinet impatient, comme si on le forçait à débiter une évidence : « Mais parce qu'on est bien sur la planète ! Vous avez envie de la voir polluée, vous ? Vous aussi, vous avez des enfants... Je veux dire, qu'est-ce qu'il faut de plus[1] ! » En une autre circonstance, Michel avait insisté sur la responsabilité à l'égard des générations futures : « Je suis quinze fois grand-père et j'ai un peu honte que ma génération laisse aux suivantes un monde en bien plus mauvais état qu'il ne l'était quand il m'a fait l'honneur de m'accueillir[2]. »

1. « L'Appel des Pôles », Ushuaïa TV, *op. cit.*
2. Anaïs Huet, « Pour Michel Rocard, la COP21 sera réussie si... », *Europe nuit lundi*, Europe 1, 30 novembre 2015.

Au fil des années, l'ancien Premier ministre serait le Don Quichotte des pôles et moi, son aide de camp, le Sancho Panza. Cette description un peu ridicule trahissait chez ses auteurs un penchant pour la satire politique – Michel Rocard faisant l'objet d'une veille médiatique rapprochée constante – mais également une ignorance des enjeux polaires ; non pas l'ignorance de ceux qui ne savent pas, mais pire, l'ignorance de ceux qui croient savoir. Les pôles n'étaient pas une affaire sérieuse, ni pour un fonctionnaire en milieu de carrière ni pour un ancien Premier ministre à la retraite : « Rocard, le grand ambassadeur de France auprès des pingouins, des morses et des Inuits », « Rocard, ambassadeur bipolaire[1] », « Michel Rocard, nommé à cette fonction officieuse par Nicolas Sarkozy en vue de sauver la banquise, les Inuits et les pingouins[2] », etc.

Au gré de ses interventions, l'ambassadeur des pôles prit l'habitude de désamorcer la verve cancanière de ses interlocuteurs en prévenant : « Ne riez pas de l'Arctique ! C'est un concentré de tous les drames de notre planète. » Mais rien n'y fit. Comme chacun sait, le spectacle satirique des « Guignols de l'info » sur Canal Plus avait perverti la pratique de l'information. « Le crime des médias, expliqua un jour Michel avec véhémence, c'est de mettre les "Guignols de l'info" juste avant le journal ; on va faire rire de ceux qu'on va entendre ensuite prendre des décisions, des décisions qui supposent une coopération générale. Si on en a rigolé, on a cassé le respect dû à leur parole et à leurs décisions, respect sans lequel

1. *Slate*, 14 mars 2009.
2. Renaud Lecadre, « Rocard et ses frères », *Libération*, 7 janvier 2010.

ils ne seront pas suivis. À cause de cela, nous, décideurs, ne pouvons plus travailler, tout bonnement[1]. »

Cette défiance à l'égard des médias, Michel l'avait théorisée dans un livre[2] publié en 1987 visant tout particulièrement la télévision, qu'il accusait de simplifier à outrance le discours et d'empêcher toute forme de gouvernement autre que passionnel. Michel n'avait jamais de mots assez durs pour stigmatiser leur dérive vers une culture du divertissement. Ce n'est donc pas tout à fait un hasard s'il accepta de préfacer la version française de l'ouvrage d'un universitaire new-yorkais, Neil Postman, intitulé *Se distraire à en mourir* et publié en septembre 2011. Cette étude virulente de l'impact des médias sur nos sociétés constituait un de ses livres de chevet dont il citait de mémoire des passages entiers : « Quand un peuple devient un auditoire, et les affaires publiques un vaudeville, la nation court un grand risque ! »

J'avais offert un jour à Michel un exemplaire d'un livre de philosophie des sciences que j'avais traduit avec un ancien collègue de l'université Panthéon-Sorbonne préfacé par le célèbre Albert Einstein. Michel Rocard me confia qu'à défaut d'avoir lu cette somme, il avait savouré la préface limpide d'Albert Einstein, et se lança dans un développement sur ce génial vulgarisateur, capable de traduire dans une langue accessible à tous les conceptualités les plus abstraites de la physique mathématique. « Si Albert Einstein peut raconter

1. William Burren, « Michel Rocard, Interview, la science politique », *Gonzaï*, 2013.

2. Michel Rocard, *Le Cœur à l'ouvrage*, Odile Jacob, 1987.

la relativité aux enfants, il doit être possible d'en faire de même avec les affaires publiques et les enjeux internationaux. Bien sûr, je ne suis pas Albert Einstein, ça se saurait ! Mais j'ai, en politique, la même ambition pédagogique : dire le plus clairement possible et sans simplification outrageuse la complexité des choses. On peut vivre sans connaître la transformation de Lorentz, mais on ne peut pas déléguer la politique à quelques technocrates ; elle est l'affaire de tous. Il faut recréer d'urgence les conditions du dialogue et de la communication politique avec le citoyen. » Michel releva le défi en publiant *La politique ça vous regarde !* aux éditions Gallimard Jeunesse, qu'il concluait par un appel aux jeunes citoyens à participer à la vie politique du pays. L'équation impossible pour Michel était de savoir comment, dans une société surmédiatisée, un responsable politique peut encore dialoguer avec l'opinion, sans être dérouté par les tropismes des médias : pipolisation, infodivertissement, controverse réduite à une joute, etc.[1].

Qu'il s'agisse de la crise financière de 2008 ou de la gouvernance écologique de l'Arctique, Michel Rocard continuerait imperturbablement à s'adresser à ses congénères en appliquant son éthique du « parler vrai » : dire la complexité des choses et faire appel à la lucidité des gens. Formé à 78 ans

1. Ce rapport paradoxal de Michel Rocard aux médias a été développé dans une étude de Pierre-Emmanuel Guigo, « Le complexe de la communication : l'institutionnalisation de la communication politique à travers l'exemple de Michel Rocard (1965-1995) », *Office universitaire de recherche socialiste*, hors-série 76-77, juillet-décembre 2016, p. 172.

à l'utilisation du PowerPoint, le remarquable tribun finit par exceller dans l'art de faire parler les schémas et les cartes, le tout stocké sur un support répondant au nom barbare de clé « USB » dont il ne voulut plus se séparer – et dont il ne put jamais retenir le nom sans chahuter l'ordre des lettres.

VIII

La France, une nation polaire… qui s'ignore

Dès l'arrivée au Quai d'Orsay de l'ambassadeur des pingouins du Grand Nord – les manchots du Grand Sud, ce serait pour plus tard, chaque pôle en son temps ! –, nous prîmes notre bâton de pèlerin pour sensibiliser plusieurs ministres, le Secrétariat général de la mer, le chef d'état-major de la Marine et des parlementaires. Un travail de maïeutique s'imposait. À la fin des années 2010, seul un service de l'administration française avait dans son portefeuille de responsabilités le suivi de la zone Arctique. L'ambassadeur des pingouins prêchait clairement dans le désert.

En janvier 2009, un parlementaire français – parmi les deux seuls qui suivaient le sujet – nous avait envoyé pour relecture un projet de loi relatif à la gouvernance écologique de l'Arctique. Nous fûmes embarrassés d'avoir à signaler une confusion entre les termes « calotte glaciaire » (couche de glace recouvrant tout ou partie d'un continent) et « banquise » (couche superficielle gelée de l'océan), ce qui, en dernière analyse, revenait à confondre l'Antarctique (continent recouvert d'une épaisse couche de glace, entouré par l'océan austral) avec l'Arctique (océan partiellement ou intégralement gelé selon les saisons, enserré par les continents américain et eurasien)[1]. Nous en étions là, à l'époque, de notre culture géographique sur les confins du monde.

En ce temps-là, les mondes polaires n'atteignaient le grand public français qu'à travers les récits héroïsés de l'aventurier Jean-Louis Étienne ou les ouvrages savants du professeur Jean Malaurie. Les pouvoirs publics, eux, s'interdisaient de penser que la France ou l'Union européenne avait quoi que ce soit à voir avec les confins de l'hémisphère Nord, hormis la recherche scientifique et les défis sportifs en milieu extrême. « La France n'est pas un État riverain et la porte arctique de l'Union européenne n'est pas très large ! » déclarait Laurent Stefanini, ancien ambassadeur thématique en charge de l'environnement, lors de la conférence internationale sur l'Arctique[2] organisée dans le cadre de la présidence française du conseil de l'Union européenne. Une jeune ONG, le Cercle Polaire, objecta qu'il y avait lieu de douter qu'« un dispositif de coopération scientifique accouche d'un système de gestion de l'environnement arctique[3] » dont on avait urgemment besoin.

Ces alertes n'y firent rien et le projet d'amendement sur la gouvernance internationale de l'Arctique proposé en 2008

1. Parmi les fragments de glace que l'on rencontre dans les mers polaires, on distingue la glace de terre provenant des glaciers ou des plateformes de glace flottante (iceberg, bourguignon, etc.) et la glace de mer résultant du gel de la surface des océans (banquise, *floe*, etc.).

2. « L'Arctique, un observatoire pour relever les défis des changements environnementaux », conférence ministérielle organisée par la présidence française du Conseil de l'Union européenne et la Principauté de Monaco, Monaco, 9-10 novembre 2008.

3. Communiqué AFP du 10 novembre 2008.

par le député socialiste Jean-Yves Le Déaut et le député UMP Serge Poignant, inspiré du projet de traité sur l'Arctique du Cercle Polaire, fut rejeté par l'Assemblée nationale au motif qu'il relevait d'une forme d'ingérence environnementale de la France dans la politique régionale de la zone Arctique. Comme le répétait à l'envi le ministère des Outre-mer, l'océan Arctique est le seul des 5 océans de la planète où la France n'a pas de présence nationale. Là où il n'y avait pas d'enjeux de souveraineté nationale, il n'y aurait pas d'enjeu du tout. « C'est un peu court ! réagissait Michel. Quand on songe que la France est le deuxième plus grand domaine maritime mondial derrière les États-Unis, qu'elle est historiquement parlant une nation polaire, une prise en compte de la zone Arctique s'impose, du fait même de ses intérêts globaux et de ses responsabilités à l'égard de la communauté internationale (Union européenne, OTAN...). Mais enfin, c'est surtout faire peu de cas des enjeux de gouvernance dans la zone Arctique – de pêche, de navigation, de protection de l'environnement marin. La France doit prendre sa place dans la discussion ! Et c'est quand même la raison d'être de ma nomination d'ambassadeur ! » Le site web du ministère des Outre-mer le confessait à l'époque : « La France est une puissance maritime... qui s'ignore » alors que 97 % du vaste domaine maritime français vient des eaux qui bordent nos territoires d'Outre-mer. Que dire alors de l'océan Arctique où la France n'a aucun domaine maritime sous sa juridiction.

Notre tradition d'exploration polaire, avec les Jules Dumont d'Urville, Jean-Baptiste Charcot, Paul-Émile Victor et plus près de nous, Claude Lorius, notre présence territoriale sur quasiment tous les continents, notre réseau diplomatique quasi mondial et notre goût pour l'universel nous encourageaient à penser que rien de ce qui se passe dans le monde ne nous est vraiment étranger. Ceux qui seraient tentés de voir dans cette posture la nostalgie d'une grande puissance déclassée feraient bien de prendre la mesure du rayonnement dont la France jouit encore aujourd'hui au niveau international et du haut niveau d'interdépendance des nations du monde, engagées pour le meilleur et pour le pire dans le jeu de la mondialisation.

Fréquemment invité à s'expliquer publiquement sur la légitimité d'une mission diplomatique de la France sur la zone Arctique, Michel avait sur ce point un argumentaire bien rodé : « Je tiens à affirmer que la France n'a aucun intérêt concret qui lui soit propre et opposable aux autres en Arctique. Nous y avons intérêt, en tant que pays développé, à haute puissance intellectuelle, à rayonnement général et à commerce mondial, et donc peut-être plus que certains autres, à ce que l'intérêt général y soit bien préservé. Je ne trouve pas choquant que quelques pays, dont le nôtre, s'honorent de se payer les frais d'une *diplomatie de l'intérêt général.* » Et de mettre les points sur les « i » : « Je suis en diplomatie sur l'Arctique au service de notre Premier ministre et de notre président de la République, dans la mesure où cela reste compatible avec cet intérêt général[1]. »

Parmi les acteurs institutionnels français qui manquaient au tableau figurait au premier chef la Défense, ministère dont Michel savait qu'il était le principal pourvoyeur de moyens capacitaires en zones polaires. Il l'avait notamment constaté

1. « Quel avenir pour l'Arctique ? », conclusion par Michel Rocard, *France Forum*, hors-série, Institut Jean Lecanuet, novembre 2014.

dans les bases argentines lors de son baptême en péninsule Antarctique. Qui dit Défense dit flotte adaptée. Bien sûr, rares sont les nations polaires dotées de navires brise-glace, mais avec le recul des glaces de mer et à la condition de naviguer en été, la zone devenait accessible à des navires à coque renforcée. En France, les deux remorqueurs de haute mer, le Tenace et le Malabar, conçus pour assister les grands bâtiments de la Marine, les unités de surface ou les sous-marins en cas d'avarie constituaient deux candidats de choix pour des missions Grand Nord. En effet, ils allaient jusque dans de la banquise morcelée où patrouillent parfois nos sous-marins nucléaires lanceurs d'engins.

En juillet 2011, Michel fut reçu par le ministre de la Défense Gérard Longuet pour solliciter son implication. Un an et demi plus tard, en décembre 2012, la direction des affaires stratégiques du ministère de la Défense remettait à Gérard Longuet un rapport dans lequel on pouvait lire : « À ce stade, les principaux enjeux de la région arctique sont de nature essentiellement économique, sécuritaire et environnementale, davantage que d'ordre militaire et de défense. » Quelques mois plus tard, l'Arctique faisait son entrée dans le Livre blanc sur la défense et la sécurité nationale : « La diminution de la superficie des glaces de mer en Arctique n'est pas sans conséquences stratégiques, et la perspective d'une utilisation régulière de nouvelles routes maritimes arctiques se rapproche[1]. » La transition environnementale conduisait à redonner à l'Arctique une dimension stratégique.

1. Livre blanc sur la défense et la sécurité nationale 2013, rendu public le 29 avril 2013.

Le 9 janvier 2013, Michel Rocard fut reçu par le nouveau ministre de la Défense, Jean-Yves Le Drian, pour évoquer l'éventualité de missions de la Marine nationale dans les mers arctiques pendant l'été. Les deux hommes politiques se connaissaient bien. Le ministre, absorbé par la préparation de la loi de programmation militaire, accueillit son ami en disant :

« Alors mon cher Michel, il paraît que tu veux me parler des manchots !

— Non, monsieur le ministre, mon cher Jean-Yves, plutôt des pingouins, je veux dire de la conjoncture dans les hautes latitudes de l'hémisphère Nord. »

Le recours à la métonymie était audacieux, tant la confusion règne dans les esprits entre les pingouins volants de la zone Arctique (famille des Alcidés) et les manchots inaptes au vol de la zone Antarctique (famille des Sphéniscidés)[1].

« Bon, monsieur le ministre, nous sommes venus te voir pour te demander ton soutien, poursuivit Michel. La situation est simple : si nous voulons que la France soit à la table des discussions sur la gouvernance de l'océan Arctique, il faut que nous y assurions une présence nationale même limitée. Notre pays ne possédant pas de navire polaire de recherches, il conviendrait de s'appuyer sur les moyens de la Marine nationale, qu'en dis-tu ?

— Écoute, Michel, répondit le ministre avec une mine un peu froissée, je me débats avec des coupes budgétaires

1. Cette confusion est entretenue par l'existence en langues anglaise, espagnole et allemande d'un seul vocable – respectivement, *penguin*, *pingüino* ou *pinguin* – pour les désigner indifféremment.

énormes dans la nouvelle loi de programmation militaire. On parle d'une suppression de plus de 23 000 emplois pour les prochaines années. Et toi, tu viens me parler des manchots... Euh, des pingouins ! Je vais en parler un peu à mon chef d'État-major de la Marine et vous verrez cela ensemble. Bon, à part ça, comment ça va ? »

Les deux hommes avaient subitement repris leur identité privée et échangeaient, toute garde baissée, des informations et des impressions sur le climat politique ambiant. En sortant du bureau du ministre, Michel me lança avec un air satisfait : « Tu vois, frangin, ça sert d'avoir de vieux amis !

En janvier 2013, le directeur du Centre d'études stratégiques de la Marine à Paris, le capitaine de vaisseau Loïc Finaz, me proposa d'intégrer la réserve citoyenne de la Marine pour y présider un groupe de travail baptisé « Alidade » sur les nouveaux enjeux maritimes dans l'Arctique. J'acceptai, un peu gêné, car issu d'une famille de gauche qui cultivait une tradition antimilitariste, j'avais été, à dix-huit ans, exempté du service militaire. Et voilà que j'étais subitement accoutré d'un uniforme de capitaine de frégate qui me valait d'être gratifié par les officiers d'un « Bonjour, commandant ! », suivi d'un stage de formation pour officier de réserve.

Je compris que la Marine avait trouvé là une occasion de récompenser symboliquement les civils de leur travail bénévole à son service. Michel se moquait un peu de moi en me donnant du « Alors, comment ça va, le frégaton ? ». Cependant, il m'alerta sur l'opportunité que représentait ce travail de prospective, puisque le rapport sur les nouveaux enjeux dans l'Arctique qui en découlerait serait le premier du genre à circuler dans les services de la Marine nationale.

Le groupe de travail Alidade était composé d'une douzaine de réservistes que je présidais avec le vice-amiral d'escadre Patrick Hébrard, ancien Pacha[1] du porte-avions Clemenceau. Nous commandions une prospective aux services de la zone marine Atlantique dont le périmètre de compétence s'étend potentiellement jusqu'à l'Antarctique et l'Arctique.

Deux mois plus tard, le 9 mars 2013, Michel Rocard et moi étions invités à déjeuner par le chef d'État-major de la Marine, l'amiral Bernard Rogel. Il engagea sans tarder la conversation autour du projet de missions Grand Nord de la Marine nationale, expliquant qu'il fallait arbitrer entre l'achat d'un navire à coque renforcée sur étagère ou la rénovation des remorqueurs haute mer, Tenace et Malabar, qui devaient être retirés du service dans les prochaines années.

« Vous savez, monsieur Rocard, en tant que sous-marinier, j'ai calculé que j'avais passé, en cumulé, trois années sous l'eau. Et il nous est arrivé de nous aventurer un peu sous la banquise… Je sais que votre conseiller réserviste prépare pour nos services un rapport sur les enjeux maritimes dans l'Arctique. Ça m'intéresse, mais vous vous en doutez, ce n'est pas une priorité de premier ordre pour la Marine.

— Monsieur le chef d'État-major, répondit Michel avec un air interdit et en marquant une pause, nous sommes d'accord ! L'Arctique comme priorité de second ordre et de moyen terme me semble être la bonne mesure des choses. Mais c'est déjà beaucoup, car cette priorité était jusqu'à

1. Le « Pacha » est le surnom donné au commandant d'un navire.

présent absente de l'écran radar des services français. Ma nomination comme ambassadeur pour l'Arctique et l'Antarctique en témoigne. »

Entre la poire et le fromage, l'amiral Rogel se pencha vers Michel et lui glissa :

« Quel dommage, monsieur Rocard, que vous ne soyez pas encore Premier ministre ! Vous m'auriez signé un chèque pour un deuxième porte-avions !

— Vous avez bonne mémoire, amiral, j'avais en effet soutenu en 2008 le projet d'un second porte-avions qui a ensuite été abandonné. J'avais proposé d'en financer la construction par une réduction du budget de la dissuasion nucléaire française. Je ne suis pas sûr que vous me suiviez dans cette voie ? »

Michel Rocard était un des rares hommes politiques français à prôner la suppression de la force de dissuasion nucléaire. Il disait qu'elle ne servait plus à rien quand la plupart des responsables politiques français considéraient à l'inverse qu'elle était l'assurance-vie de la France et contribuait à la paix. D'aucuns avaient interprété cette opinion isolée de Michel en invoquant une « culpabilité d'être le fils du père de la bombe atomique, Yves Rocard[1] ».

La mine un peu renfrognée, le chef d'État-major de la Marine changea diplomatiquement de sujet et nous raccompagna vers l'escalier d'honneur.

Un an et demi plus tard, le 6 juin 2014, le vice-amiral d'escadre Jean-Pierre Labonne, préfet maritime de l'Atlantique,

1. Isabelle Lasserre, « Dissuasion nucléaire : le cavalier seul de Michel Rocard », *Le Figaro*, 21 juin 2012.

invita la mission Pôles à Brest pour présenter la prospective opérationnelle sur l'Arctique commandée par le groupe Alidade. « La Marine étant l'unique acteur étatique capable de déployer des moyens maritimes en Arctique, expliqua un officier supérieur, elle devra travailler dans une logique interarmées, interministérielle mais également internationale [...] Il pourrait être opportun de renforcer les coques des futurs navires de la Marine nationale, les bâtiments de soutien et d'assistance hauturiers, qui doivent remplacer les remorqueurs de haute mer voire les Frégate de taille intermédiaire. »

Ces conclusions confortaient pleinement l'intuition stratégique de Michel : « Un effort rationnel dans la durée qui, par des missions d'amélioration de connaissances et d'influence, développe l'aptitude de nos forces armées à se déployer dans l'Arctique, afin d'être prêtes quand elles devront agir[1]. » Michel buvait du petit-lait.

À l'issue de cette présentation, une surprise attendait l'ancien Premier ministre : un cocktail à bord du remorqueur de haute mer Tenace, à l'initiative de son commandant, le capitaine de corvette Éric Fauquet. On lui proposa de participer à une mission Grand Nord à l'été 2014 : il s'agirait d'embarquer en suivant la nouvelle route maritime qui relie l'océan Atlantique à l'océan Pacifique, en sinuant le long de la côte nord de la Russie. Rien n'aurait pu faire plus plaisir à Michel. Mettre à l'épreuve les positions russes concernant la réglementation de

1. « La maritimisation de l'Arctique », rapport du groupe Alidade sur l'Arctique remis en juin 2015, Centre d'études stratégiques de la Marine, contribution de CECLANT.

la « route maritime du Nord » constituait pour lui une « mission de diplomatie flottante ».

Michel avait beau revendiquer une prise de distance vis-à-vis de la vie institutionnelle française et affectionner les voyages dans les espaces naturels les plus reculés, partout où il allait, dans tout ce qu'il entreprenait, il agissait, ressentait et réfléchissait en homme d'État, serviteur de l'intérêt général.

Une fois le ministère de la Défense positionné, l'ambassadeur des pingouins devait prêcher la cause de l'Arctique auprès d'autres acteurs institutionnels. Entre la pêche, les besoins en expertise scientifique, le développement non encadré du tourisme boréal et la protection de l'environnement et de la biodiversité marine, il nous faudrait plusieurs années pour mener à bien ce travail de sensibilisation. De plus, cette approche en silo ne permettait pas de développer une vision synthétique et multisectorielle de la conjoncture arctique rendue nécessaire par l'intrication des différents enjeux. En janvier 2012, la mission Pôles proposa la création d'un comité interministériel consultatif sur les affaires polaires. Cette proposition fut soumise à notre ministre des Affaires étrangères Alain Juppé, avec lequel Michel entretenait des relations rapprochées depuis que le Président Nicolas Sarkozy les avait tous deux nommés à la tête de la commission du Grand Emprunt[1].

1. Le dispositif du Grand Emprunt a été lancé en 2009 par le Président Sarkozy pour relancer l'économie un an après la crise financière de 2008, selon un programme d'investissement d'avenir (enseignement supérieur et formation, recherche, modernisation industrielle, développement durable, économie numérique et santé et biotechnologies).

Cette responsabilité fut perçue comme une « proximité politique[1] » avec le président de la République dont Michel s'était publiquement défendu dans les colonnes du *Télégramme* en mars 2009. Il faudrait faire avec. J'aurais pour ma part préféré préserver la neutralité politique de l'engagement écologique de Michel sur les pôles. C'eût été un schéma moins équivoque pour conduire et conter l'action de Michel sur les pôles dont j'avais à cœur de préparer la postérité.

Par ailleurs, l'ambassadeur pour les pôles rechignait à ajouter à la comitologie de l'administration, accusée de multiplier des comités thématiques avec des réunions de pure forme, sans grande portée opérationnelle. Sur ce point, il faut dire qu'il portait un héritage assez lourd : celui de son père Yves Rocard, qui avait écrit un pamphlet intitulé *Coordination*, diffusé à l'époque sous le manteau, pour stigmatiser le ridicule des « comités de toutes sortes » qui pullulaient dans l'industrie, dans l'administration et dans le monde de la recherche. « Ces comités qui partout croient remplacer l'incompétence de l'individu par un pouvoir de décision réparti sur plusieurs. [...] Juger, critiquer, contrôler est l'occupation normale de qui n'a pas la responsabilité de produire, de construire, de décider, de risquer[2] », expliquait Yves Rocard.

Michel concédait que son père n'y était pas allé de main morte, mais affirmait qu'il avait raison sur le fond. C'est

1. « Rocard, ambassadeur des Pôles dès mercredi », *Le Télégramme*, 13 mars 2009.

2. Yves Rocard, *Coordination*, Quatre Seigneurs, Grenoble, 1969, première édition à compte d'auteur en 1946.

dans ce petit pamphlet caustique publié à compte d'auteur en 1946, que Michel m'avait offert un jour, que figure une déclaration qui deviendra plus tard, pour lui, assassine : « Celui qui sait fait ; Celui qui ne sait pas enseigne ; Celui qui ne sait pas enseigner, administre ; Qui ne sait administrer, organise ; Qui ne sait organiser, coordonne ; Qui ne sait coordonner (... oserons-nous l'écrire ?) devient ministre[1]. » De cette critique des ronds de cuir et de la bureaucratie, Michel avait conservé deux préceptes : « Le véritable chef est celui qui est couplé à la réalité[2] » ; et « pour bien faire fonctionner l'administration, il faut parfois la court-circuiter ». Ce dernier précepte ne serait pas toujours facile à gérer pour moi qui avais la responsabilité des relations avec notre administration et le cabinet ministériel.

Je proposai à Michel de structurer le comité sur les enjeux arctiques autour d'un objectif concret et ambitieux. Les « Arctic Eight » – c'est-à-dire les huit États membres du Conseil de l'Arctique – avaient adopté une stratégie sur la région circumpolaire-Nord au cours des sept dernières années[3]. Plusieurs États extérieurs à la zone boréale, dotés d'un statut d'observateur au Conseil de l'Arctique, en l'occurrence, l'Allemagne[4], les

1. *Ibid.*, p. 65-66.

2. *Ibid.*, p. 24.

3. La Norvège, facilitateur et acteur majeur dans la coopération sur l'Arctique, est le premier État membre du Conseil de l'Arctique à avoir publié en décembre 2006 une stratégie arctique intitulée « Stratégie du gouvernement norvégien sur le Grand Nord ».

4. « Éléments pour une politique Arctique de l'Allemagne – Assumer ses responsabilités et dimensionner les opportunités », Bureau fédéral des affaires étrangères, novembre 2013.

Pays-Bas[1], le Royaume-Uni[2] ou la Corée du Sud[3] – sans oublier l'Union européenne à laquelle nous avions donné l'impulsion initiale – avaient eux-mêmes présenté des éléments de stratégie. La France pourrait se lancer à son tour.

Michel adopta l'idée dans la minute même où je le lui exposai. Le document, baptisé « Feuille de route nationale sur l'Arctique », serait renommé, suivant un tropisme incurable de l'administration, en un acronyme sans couleur ni saveur – la « FRNA ».

Le ministre Alain Juppé répondit qu'il soutenait pleinement ce projet, mais qu'il s'opposait à ce que cette commission soit abritée dans un service du Premier ministre, car les Affaires étrangères ne voulaient pas perdre la main sur le dossier « Pôles ». Michel, qui avait été le grand pilote de l'interministériel quand il était le locataire de Matignon, soupirait et me disait qu'il ne fallait pas trop s'étonner, car l'administration voyait toujours dans l'interministériel une menace de ses prérogatives. Qu'à cela ne tienne. Nous abandonnâmes la référence à l'interministériel et rebaptisâmes le comité « commission interservices consultative sur les affaires polaires », l'acronyme restant, lui, inchangé. Et le tour était joué.

La nouvelle commission polaire allait impulser une dynamique de concertation et d'émulation inédite entre cinq

1. « Éléments de politique – Les Pays-Bas et les régions polaires 2011-2015 », gouvernement néerlandais, 2011.

2. « S'adapter au changement – politique du Royaume-Uni sur l'Arctique », Foreign and Commonwealth Office, 2013.

3. Plan directeur de la politique arctique de la République de Corée, ministère des Océans et des Pêches, 2013.

ministères. Un vrai coup de filet pour Michel qui s'était imaginé engloutir plusieurs années de sa mission et de sa vie, à un âge un peu avancé, dans d'interminables démarches. Quoi de mieux qu'une stratégie interministérielle sous l'égide d'une figure charismatique et très respectée au sein de l'administration, pour redonner à une nation polaire un peu endormie une impulsion autour de cette priorité de second ordre, laissée jusqu'alors aux seules mains de la communauté scientifique ? Les réunions organisées en grande pompe dans la prestigieuse salle à manger de l'hôtel du ministre rassemblèrent plus d'une vingtaine de collègues et ne désemplirent pas… jusqu'à l'arrivée du nouveau ministre Laurent Fabius avec qui Michel entretenait des relations exécrables.

IX

Embarquement pour la route maritime du Nord

Quelques mois après notre réunion de travail à Brest, en août 2014, nous nous envolâmes vers Tromsø en Norvège, à 69° 39' de latitude Nord, pour rejoindre le remorqueur de haute mer Tenace. Cette ville du Grand Nord est la porte d'entrée des expéditions vers l'archipel arctique du Svalbard, puis vers le pôle Nord.

Nous arrivâmes bientôt au pied de l'imposant remorqueur de 51 mètres. Lorsque l'ancien Premier ministre s'engagea sur la coupée, l'officier de quart ordonna « Sur le bord ! » et le maître de manœuvre – ou « gabier » dans le jargon de la Marine – lança le coup de sifflet réglementaire dont la durée varie selon le rang des officiers ou des autorités montant à bord. Avec un ancien Premier ministre, le sifflet dura trois à quatre secondes avec trois coups allongés et deux coups brefs, soit l'équivalent d'un amiral.

Éric Fauquet, commandant du Tenace, nous accueillit en haut de la coupée au garde à vous. Michel le salua chaleureusement et lui dit que cet hommage lui allait droit au cœur mais qu'il suggérait de faire plus simple pendant son séjour à bord du remorqueur.

« Commandant, j'ai été Premier ministre, c'est vrai, nul n'est parfait ! Mais c'est du passé ! Appelez-moi Michel !

— Comme vous voudrez monsieur le Premier ministre ! »

Michel eut beau renouveler plusieurs fois son invitation, rien n'y fit. Dans l'armée et surtout à bord d'un navire de guerre, le protocole hiérarchique garantit aussi le déroulement réglé des manœuvres et des opérations. Michel devait être installé dans la cabine du commandant et moi, dans celle du second capitaine. Nous contestâmes ce privilège, mais le commandant insista pour qu'on occupe les deux plus grandes cabines du quartier des officiers.

Un peu plus tard, Éric Fauquet nous expliqua que l'objectif de cette mission Grand Nord était le franchissement des portes de Kara. Ce détroit s'étend sur une trentaine de kilomètres de long et sépare la mer de Barents et la mer de Kara, entre l'extrême nord des terres russes et l'archipel de la Nouvelle-Zemble. C'est la porte d'entrée de la route maritime du Nord (ou « passage du Nord-Est ») qui relie l'océan Atlantique à l'océan Pacifique par les mers périphériques arctiques russes, sujettes au recul des glaces.

Nous voulions y tester le positionnement des autorités russes. La question sensible qui se jouait à travers cette mise à l'épreuve était celle du caractère obligatoire pour les navires étrangers de recourir à l'assistance technique de brise-glaces russes – à environ 35 000 $ la journée – pour emprunter la route maritime du Nord. Cette question engageait le « droit de passage inoffensif[1] » prévu par le droit de la mer, dont

1. Un courrier du 17 juin 2014 du commandant de la zone Atlantique adressé au chef d'état-major de la Marine avait résumé cet objectif

jouissent tous les navires de guerre et marchands en transit dès lors qu'ils ne portent pas atteinte à la paix, au bon ordre ou à la sécurité de l'État côtier.

Au-delà de cet enjeu d'équilibrage entre intérêts nationaux et intérêt général dans la réglementation russe sur la route maritime du Nord, suspectée de servir une politique d'appropriation de l'Arctique, il fallait compter avec un contexte international très dégradé. Après l'invasion puis l'annexion de la Crimée par la Fédération de Russie, accusée de violer le droit international et la souveraineté de l'Ukraine, la situation constatée en août 2014 se dégrada encore avec les combats engagés par des soldats russes dans le Donbass aux côtés des séparatistes. Le commandant Éric Fauquet nous avoua, un peu gêné, qu'en raison de cette escalade militaire, il

---

de mise à l'épreuve du respect du droit international par les autorités russes : « La Russie a délimité son territoire autour de ses îles par la proclamation de lignes de base droites qui encadrent les principaux détroits. Celui des portes de Kara en particulier, mais également ceux de Vilkitski et de Laptev. Elle considère donc que le tracé de la Route maritime du Nord à ces endroits passe par ses eaux intérieures, et qu'elle peut y exercer totalement sa souveraineté. Cela lui est contesté par ceux, au rang desquels les États-Unis, qui au contraire estiment que les détroits sont internationaux et que par conséquent, le régime de navigation du transit sans entrave doit s'y appliquer. Le franchissement du détroit de Kara permettrait de mettre à l'épreuve l'obligation de l'État côtier (art. 8, para. 2, CNUDM) d'accorder le droit de passage inoffensif dans les eaux devenues des eaux intérieures à la suite du tracé des lignes de bases droites. Ce franchissement constituerait un précédent utile. En tout état de cause, il serait intéressant d'observer la réaction russe à l'annonce de notre intention d'exercer le droit de passage inoffensif dans le détroit de Kara. »

attendait toujours le choix définitif de son état-major concernant la route à suivre pour le Tenace.

Au cours de l'après-midi qui suivit, Michel s'enferma dans sa cabine pour lire et écrire comme à son habitude, et vint me chercher à deux ou trois reprises pour s'en griller une sur le quai, puisque le remorqueur était un espace non-fumeur. À chaque fois que nous nous aventurions sur la coupée, Michel était gratifié du cérémonial du sifflet d'honneur qu'il trouvait franchement déplacé, s'agissant d'une pause cigarette.

Le lendemain, au petit matin, le navire largua les amarres. Nous ressentions jusque dans nos entrailles les vibrations de la coque qui témoignaient de la puissance et du couple phénoménal de ce remorqueur doté de deux moteurs diesel de 2 300 chevaux, capable de tracter un sous-marin nucléaire lanceur d'engins. Le commandant, d'un calme olympien, conversait avec Michel à la passerelle tout en contrôlant la manœuvre.

La première journée de mer serait consacrée à des simulations pour mettre à l'épreuve du froid le matériel et les hommes. C'était là un des objectifs affichés de la mission Grand Nord du Tenace. Le commandant nous expliqua que les bâtiments de la Marine nationale n'étaient pas conçus ni équipés pour naviguer en eau froide et affronter la glace, et que les équipages étaient peu coutumiers des opérations de conduite et d'entretien spécifiques à ces régions. À ces latitudes, les cartes marines étaient moins précises en raison d'une hydrographie lacunaire. Quant aux systèmes de positionnements, notamment par satellites, ils étaient moins performants. Enfin, les systèmes de communication traditionnels, haute-fréquence ou satellite, étaient régulièrement perturbés.

Le « technique » n'était pas pour Michel un support subalterne à la décision politique. Qu'il s'agisse d'une réglementation sur la pêche, d'une taxe fiscale ou, en l'espèce, d'un protocole de sécurité, le technique était à ses yeux le lieu de structuration de la décision politique. Cela tombait bien, car au-delà de l'utopie politique d'un traité sur l'Arctique, l'enjeu de la gouvernance recouvrait pour l'essentiel des dossiers trop techniques pour intéresser les décideurs politiques. Michel restait « couplé à la réalité », selon le précepte de son père. Lors de ses conférences, même assisté d'une présentation PowerPoint qui rassemblait à peu près toutes les données chiffrées, Michel citait de mémoire la superficie de l'océan Arctique (14 millions de km^2), le pourcentage des réserves mondiales d'hydrocarbures non encore découvertes (22 %), l'année de création du Conseil de l'Arctique (1996), etc.

Un peu plus tard dans la matinée, le commandant du remorqueur Tenace lança le premier exercice de repêchage suivi lorsqu'une personne tombe à l'eau. Au mois d'août, dans la partie nord-est de la mer de Norvège, la température de l'eau avoisine les 6-7 °C et tombe à 2-3 °C en hiver. Et dans une eau polaire à la température de la glace fondante, la température avoisine -1,8 °C. Le service de santé des Armées retenait la règle empirique selon laquelle un individu normalement constitué peut rester dans l'eau sans risque autant de minutes qu'il y a de degrés. Par exemple, dans une eau à 8 degrés, la durée de l'immersion sécurisée est de huit minutes.

Un mannequin flottant fut jeté par-dessus bord et le marin lança l'alerte : « Homme à la mer ! Homme à la mer ! » Aussitôt, à la passerelle, un officier déclencha un minuteur et releva la position satellite du navire tandis qu'un marin sur le pont mit à l'eau un flotteur pour repérer le lieu de la chute. Deux marins sautèrent dans un zodiac qui s'élança aussitôt en direction de la bouée, le mannequin n'étant déjà plus visible. Michel, sur le pont supérieur, se délectait du spectacle en fumant une Gauloise, l'air captivé.

Soudain, le signal de repêchage du mannequin fut transmis par talkie-walkie à la passerelle. « Dix-sept minutes ! C'est beaucoup trop dans une eau polaire ! commenta l'officier en charge de l'exercice. Hé ! Les gars ! J'aurais pas aimé être à la place du mannequin ! Vous avez repêché un macchabée ! Faut revoir entièrement le protocole ! »

Dans l'après-midi, la passerelle fut prévenue qu'Emmanuel Macron cherchait à joindre Michel. Le navire était hors du réseau GSM et le commandant proposa aussitôt à l'ancien Premier ministre de dérouter le navire pour se rapprocher des côtes. « Il ne manquerait plus que ça, commandant ! Dérouter un navire de la Marine nationale en mission pour me permettre une communication personnelle. Vous le savez, je ne suis plus aux affaires depuis longtemps. Cette communication attendra ! » Nous étions le 26 août 2014, jour de la nomination d'Emmanuel Macron aux fonctions de ministre de l'Économie.

Plus tard, Michel et moi assistâmes à un deuxième exercice d'alerte incendie en milieu froid. L'officier lança le « top départ » et quelques minutes plus tard, deux marins équipés de combinaison ignifugée surgissaient sur le pont arrière pour maîtriser le faux incendie. Munis de moufles, les deux marins-pompiers avaient toutes les peines du monde à actionner les lances. Des gants étaient nécessaires. Ce constat semble trivial, mais au-delà de l'enjeu de construction de bâtiments gris capables de naviguer dans des mers encombrées par les glaces, ces exercices donnaient la mesure de l'inadaptation des équipements et des protocoles de sécurité de la Marine nationale en milieu froid.

Le soir, dans le carré des officiers, un verre de whisky à la main, son spiritueux favori, Michel déclara au commandant que la mer de Norvège n'était pas si polaire que ça, puisqu'on n'avait pas croisé un seul morceau de glace de mer depuis notre départ de Tromsø. Il nous expliqua que la mer de Norvège constituait en effet une exception, car bien que située en zone polaire, c'est-à-dire au-delà du cercle polaire arctique (66° 33' latitude Nord), cette zone marine ne gelait jamais en hiver, et c'est pourquoi nous ne rencontrions pas de glace résiduelle en été.

Michel raconta que pour s'être rendu en plein été en mer de Weddell, une autre mer polaire située dans l'hémisphère opposé, il avait eu tout le loisir de voir à quoi ressemblait une mer de haute latitude jonchée de morceaux de banquise fondue. Alors pourquoi n'était-ce pas le cas de la mer de Norvège ? Le commandant répondit avec l'amabilité naturelle qui était la sienne que la mer de Norvège, polaire par sa latitude, était alimentée par la dérive nord Atlantique, plus spécifiquement la branche du courant norvégien, véritable fleuve océanique sous-marin, qui apportait des eaux relativement chaudes en provenance du Gulf Stream. C'est pourquoi la mer de Norvège, tout comme la mer de Barents qui jouxte la Norvège et la Russie, ne gèle jamais en hiver. Le commandant se leva et revint un instant plus tard avec, à la main, une carte en projection polaire de l'extension hivernale de la banquise arctique.

« Vous voyez, monsieur le Premier ministre... Pardon, avec votre autorisation, Michel... À la fin de l'hiver boréal, au mois de mars, la banquise couvre tout le bassin Arctique. À l'inverse, toute une partie de la mer du Groenland, la mer de Norvège et la mer de Barents sont, elles, en eaux libres. Les Russes ont mis à profit cette situation en établissant dès les années 1910, à Mourmansk, un grand port maritime qui présente la propriété, rare en Russie arctique, d'être libre de glace pendant tout l'hiver, permettant à leurs navires de guerre ou de commerce un accès ininterrompu à la mer de Barents.

— Vous apportez de l'eau à mon moulin, commandant, répondit Michel d'un air satisfait. Si la latitude du cercle arctique n'est pas un critère universellement applicable pour délimiter la zone géographique de l'Arctique, alors il y a tout lieu de s'interroger sur la définition adoptée par le Conseil de l'Arctique selon laquelle les États membres de ce Conseil sont ceux qui ont des mers ou des terres situées au-delà du cercle polaire... Quand on regarde cette question de près, des mers de moyenne latitude comme celle d'Okhotsk, qui borde la Russie et l'océan Pacifique, ou le golfe du Saint-Laurent, dans l'est du Canada, sont plus arctiques que la mer de Norvège puisqu'elles sont entièrement gelées en hiver. Vous me voyez venir, cher Éric : la conclusion de tout cela est que la définition de l'Arctique adoptée par le Conseil est politique et recouvre une alliance entre plusieurs pays de cette zone complexe et un peu floue, davantage qu'une définition fondée sur la géographie qui prendrait en compte l'une des principales caractéristiques d'un espace polaire, à savoir la glace et le froid hivernaux.

— D'ailleurs, complétai-je, ce flou se retrouve également dans la définition d'un État riverain de l'océan Arctique. »

En effet, d'un point de vue océanographique, la zone marine arctique étant presque totalement fermée, elle est davantage une mer annexe[1] de l'océan Atlantique qu'un océan. L'Islande argumentait dans cette voie, expliquant que « la région Arctique s'étendait du pôle Nord jusqu'à l'Atlantique Nord avec lequel elle était intimement connectée[2] » et revendiquait sur cette base un statut d'État riverain de l'océan Arctique. Ce statut lui était contesté par les « Arctic Five », les cinq puissances autoproclamées riveraines de l'océan Arctique, à savoir la Norvège, les États-Unis, la Russie, le

1. « L'examen d'une carte de la Terre vue du pôle Nord révèle que l'océan Glacial Arctique, contrairement à l'océan Austral, est une mer polaire centrale presque totalement isolée de l'océan mondial, à l'exception de ses communications avec l'océan Atlantique. Sur le plan de l'océanographie physique, il est donc assez usuel de considérer ce bassin comme une mer annexe de l'océan Atlantique » (Maxence Revault d'Allonnes, *Les Océans*, PUF, coll. « Que sais-je ? », 1995, p. 72).

2. « La région Arctique s'étend du Pôle Nord à l'Atlantique Nord avec lequel elle est intimement connectée. L'Arctique ne doit pas être limité à une définition géographique étroite, mais être vu comme une zone plus vaste, lorsqu'il s'agit de prendre en compte les enjeux écologiques, économiques, politiques et de sécurité qui s'y jouent » (Résolution parlementaire de la politique Arctique de l'Islande, § 3, 139e session législative, 28 mars 2011).

Groenland/Danemark et le Canada. Or, si l'on appliquait le critère de la limite d'extension de la banquise hivernale ou celui de la limite hydrologique entre les eaux atlantiques relativement chaudes et salines et les eaux arctiques relativement froides et moins salines, l'Islande avait autant de légitimité que la Norvège à être considérée comme un État côtier de l'océan Arctique. Michel conclut cet échange d'une formule qui faisait partie de son répertoire d'ambassadeur des pingouins : « Le moins que l'on puisse dire est que la géopolitique de l'Arctique ne fait pas grand cas du radical "géo", vous ne trouvez pas ?

— Je n'avais jamais regardé les choses sous cet angle-là, monsieur Rocard, cher Laurent, vous avez parfaitement raison, c'est imparable », répondit le commandant.

C'étaient des moments comme ceux-là qui faisaient le sel de notre mission. Les pieds dans l'Arctique, à bord d'un navire de guerre, avec un Pacha aussi passionné que nous par les pôles, avec bons vins et pousse-café, et un Michel en pleine forme, déchaînant sa puissance d'analyse dans un régime de fraternité intellectuelle où tous sont traités comme des alter ego, indifféremment de leur fonction, leur âge ou leur rang.

Le lendemain matin, nous nous rendîmes dans le carré des officiers pour prendre notre petit déjeuner et découvrîmes un commandant assis sur la banquette, les yeux dans le vague avec un air un peu penaud. « Monsieur le Premier ministre, cher Laurent, j'ai une mauvaise nouvelle à vous annoncer. » Il avait reçu au petit matin un message du cabinet du chef d'état-major de la Marine lui demandant d'annuler le franchissement des portes de Kara en raison de l'escalade militaire de la Russie dans l'est de l'Ukraine qui se muait en une guerre frontale avec Kiev. Nous ne pûmes cacher notre déception mais Michel dit aussitôt au commandant : « Ben, c'était un risque à courir, commandant ! Un exercice de diplomatie flottante dans l'Arctique russe avec un Président Poutine qui colonise militairement un pays voisin en vue de l'annexer, ça brouille franchement le positionnement pacifique de cette mission. La politique de reconquête des anciens territoires de l'URSS du Président Poutine aura, entre autres conséquences, le détricotage de l'équilibre politique du régime d'exception de paix et de coopération qui prévalait dans l'Arctique depuis la fin de la guerre froide. »

Le Tenace suivrait une autre route. Le remorqueur devait remonter le long de la côte ouest de l'archipel russe de la Nouvelle-Zemble et irait ensuite chercher la glace de mer sur la côte est de l'archipel norvégien du Svalbard pour une mise à l'épreuve du navire et de ses équipements. Le commandant nous prévint que cette nouvelle route ne comprenait pas de possibilité de débarquement et que nous devions choisir entre un prochain arrêt à Kirkenes ou une navigation sans escale de plus de deux semaines. Nos agendas ne nous permettaient pas de rester si longtemps loin de Paris et nous abandonnâmes à contrecœur la mission Grand Nord dans la petite ville de Kirkenes, située près de la frontière russe.

Le lendemain, en fin de matinée, nous quittâmes le navire au son du sifflet d'honneur et le commandant sur le quai nous salua très chaleureusement. Je réclamai une photo souvenir qui montrait les trois compères côte à côte, devant l'étrave de l'imposant remorqueur.

De retour à Paris, je contactai le rédacteur en chef du magazine *Marine & Océans* et lui proposai un témoignage écrit de Michel sur cette mission Grand Nord à valeur symbolique, signe de ce que la France renouait un peu avec son passé de nation polaire. Michel se mit à l'écriture et rédigea dans un délai record un texte intitulé « La France ouvre sa route dans le Grand Nord[1] ».

Cet embarquement à bord du remorqueur Tenace eut pour nous des airs de coup d'envoi. Nous le vécûmes comme les prémices d'un tournant opérationnel de la politique française dans l'Arctique. L'enjeu, dans les années à venir, serait de maintenir le pavillon français dans cette zone vouée à gagner en importance géostratégique.

Quelques années plus tard, le pari semblait gagné. « Des déploiements réguliers [de la Marine nationale] ont eu lieu dans le Grand Nord, zone stratégique où notre présence est essentielle[2] », expliqua en janvier 2017 le vice-amiral d'escadre Denis Béraud. Et en septembre 2018, un bâtiment de soutien et d'assistance hauturier de la Marine nationale, le Rhône, franchit pour la première fois, en seulement dix-sept jours, la mythique route maritime du Nord, longeant les côtes septentrionales de la Sibérie, sans assistance d'un brise-glace russe, comme c'est généralement le cas pour les navires

1. Michel Rocard, « un magnifique commencement », *Marine & Océans*, n° 245, octobre-décembre 2014, p. 21.

2. Denis Béraud, major général de la Marine, « Une marine océanique sur tous les théâtres », éditorial, numéro hors-série du magazine *Cols Bleus* de la Marine nationale, janvier 2017.

de commerce. Le franchissement de cette route maritime par un navire sans brise-glace apporta une preuve supplémentaire de l'ouverture d'une nouvelle connexion interocéanique entre le Pacifique et l'Atlantique pendant la saison d'été.

Et pourtant, le combat sera encore long. Depuis l'exploit du Rhône en 2018, les missions Grand Nord de la Marine nationale dans l'Arctique russe ont été abandonnées et le déclenchement de la guerre en Ukraine le 24 février 2022 acheva de « geler » pour une durée indéterminée cet exercice militaire de diplomatie flottante dans l'Arctique de l'Est. Depuis 2019, seules les missions Grand Nord dans l'Arctique de l'Ouest furent maintenues.

X

Un Arctique ou plusieurs ?

Les dénominations *État de l'Arctique* et *région de l'Arctique* forgées par le Conseil de l'Arctique pour structurer la coopération post-guerre froide dans les hautes latitudes de l'hémisphère Nord ne doivent pas masquer la complexité et la fragile unité de cet espace géographique. La déclaration fondatrice de ce forum intergouvernemental créé en 1996 ne comporte d'ailleurs aucune spécification relative à sa délimitation. Il s'agit d'un accord multilatéral de coopération entre huit États souverains. *État de l'Arctique* est donc à entendre au sens d'« État membre du Conseil de l'Arctique ».

Au fil des années, cette alliance politique a développé une communication qui a brouillé le registre de la géographie et celui des relations internationales. « En lien avec la création du Conseil, les différents membres ont adopté une définition politique commune. Selon cette définition, l'Arctique comprend tous les espaces situés au nord du cercle polaire arctique et les huit États associés, le Canada, le Danemark/Groenland, la Finlande, l'Islande, la Norvège, la Fédération de Russie et les États-Unis[1]. »

1. Stratégie de la Suède pour la région Arctique, ministère des Affaires étrangères de la Suède, 2011, 1.3.

Comme Michel et Éric Fauquet l'avaient évoqué sur le remorqueur, cette référence au cercle polaire arctique pose question dans le cas de l'Islande dont l'ensemble du territoire est situé à l'extérieur de cette zone, à l'exception d'un caillou de 5 kilomètres carrés, l'île Grimsey, miraculeusement positionné sur le parallèle 66° 33' Nord. La relative inconsistance de cette définition éclate au grand jour quand on compare ce critère de latitude aux limites administratives des zones arctiques nationales fixées par les différents États de la zone boréale, au point qu'aucune représentation cartographique cohérente ne puisse en être dérivée. Au Canada, la limite administrative du « Nord » est la latitude 60° Nord, qui marque la limite sud de trois territoires septentrionaux canadiens : Nunavut, Territoires du Nord-Ouest et Yukon. En appliquant cette limite aux pays nordiques, on serait conduit à inclure des villes comme Oslo (59° 54' N) ou Helsinki (60° 10' N) dans la zone circumpolaire-Nord, alors que le climat qui règne dans ces métropoles est de type continental.

Face à cette pluralité de limites administratives liées à des contingences historiques, le Conseil de l'Arctique a choisi de s'abriter derrière un critère géodésique universel : le cercle polaire arctique défini comme l'inclinaison de l'axe de rotation de la Terre par rapport au plan dans lequel s'effectue l'orbite de la Terre autour du Soleil. Ce parallèle marque la limite sud des régions où, au moins un jour dans l'année, le soleil ne se couche pas (jour polaire) ou ne se lève pas (nuit polaire). Au niveau du cercle arctique, le jour polaire est uniquement observé au solstice d'été, le 21 juin, et la nuit polaire au solstice d'hiver, le 21 décembre. Le nombre de jours et de nuits polaires annuels augmente à mesure que l'on se rapproche du pôle Nord : deux mois à la latitude 70° Nord, quatre mois à 80° et six mois au pôle. Il en va de même dans les hautes latitudes de l'hémisphère Sud avec le cercle polaire antarctique. Pendant l'été polaire, du fait de l'inclinaison de la Terre, les rayons solaires rasants traversent une vaste couche d'atmosphère, absorbant beaucoup d'énergie, et l'énergie solaire reçue se répartit sur une surface relativement importante. De plus, la neige et la glace renvoient comme un miroir une grande partie des rayons du Soleil. Ainsi, au total, les régions polaires perdent davantage d'énergie qu'elles n'en reçoivent.

Le critère de latitude est ainsi déterminant dans la caractérisation du climat polaire. Ce parallèle délimite un espace Arctique d'une superficie de 21 millions de kilomètres carrés dont les deux tiers, soit 14 millions de kilomètres carrés, sont occupés par l'océan Arctique et 7 millions de kilomètres carrés par des terres émergées. Ce critère est cependant loin d'être suffisant pour délimiter la zone Arctique marquée par de forts contrastes régionaux.

L'un des indicateurs couramment appliqués par les climatologues est celui de l'isotherme 10 °C où la température ne dépasse jamais 10 °C en été. Ce critère conduit à délimiter un espace Arctique irrégulier qui passe au nord du cercle polaire sur l'Asie, sur la côte norvégienne et sur l'ouest de l'Amérique du Nord, alors qu'il descend en dessous du 60e parallèle dans le détroit de Béring, dans le nord-est du Canada (terre de Baffin, détroit d'Hudson) et au Groenland. Cette délimitation révèle un contraste régional assez marqué entre l'Arctique de l'Est (continent asiatique) et l'Arctique de l'Ouest (continent américain, Groenland). Incidemment, l'espace Arctique ainsi délimité inclut une grande partie du territoire de l'Islande quand la totalité du territoire continental norvégien en est exclue.

Un autre critère applicable uniquement aux terres émergées est celui de « la ligne de l'arbre » qui marque la limite à partir de laquelle les arbres ne poussent plus (la toundra) et qui suit en grande partie les inflexions de l'isotherme 10 °C. La limite extérieure de la zone boréale couvrant en deux endroits opposés des zones marines (Pacifique Nord et Atlantique Nord), le critère de l'étendue maximale de la banquise hivernale conduisant à exclure des mers arctiques et à inclure des mers subarctiques, intéresse aussi l'exercice de délimitation de la zone boréale. Ces différents critères mettent à mal le critère de latitude (66° 33' Nord) qui détermine cependant un régime d'ensoleillement spécifique de l'espace polaire[1].

Enfin, un autre critère utile pour délimiter les terres émergées arctiques est la présence de pergélisol, à savoir le sol gelé en permanence pendant au moins deux années consécutives, qui atteint par endroits plusieurs centaines de mètres de profondeur et qui peut dégeler superficiellement en été.

Ces différents critères ont chacun leur pertinence. Une définition géographique de l'Arctique mobilise une combinaison de ces indices pour caractériser le degré d'« articité » des

1. Ces anomalies par rapport au découpage zonal des climats terrestres suivant la latitude affectent les différentes zones climatiques de la planète (zone tropicale, zone tempérée, etc.) et sont liées à différents paramètres : altitude, courants marins, vents, distance avec la mer, etc.

zones concernées. En clair, cela revient à raisonner en termes de niveaux de gris plutôt qu'en termes de ligne de démarcation. Selon cette méthode, « certains lieux pourront s'avérer "plus arctiques" que d'autres mais leurs différences seront de degré et non de nature[1] ». Cette approche a été développée par le géographe Louis-Edmond Hamelin, pour caractériser le niveau de « nordicité » des territoires canadiens septentrionaux. Le concept de « nordicité » comprend dix indices (latitude, moyenne de température en été, type de végétation, population permanente, activité économique, etc.) dont la combinaison permet de distinguer différentes zones du Nord canadien : le Moyen Nord, le Grand Nord et l'Extrême Nord. Le Moyen Nord s'étire du Yukon au Labrador et comprend de nombreux lacs et zones boisées. Il regroupe environ 90 % de la population nordiste du Canada. Le Grand Nord est d'un point de vue biogéographique « arctique », car il est caractérisé par l'absence d'arbres, la faible chaleur de l'été et un faible peuplement largement dominé par les communautés autochtones inuites. Enfin, l'Extrême Nord, région hyper-nordique, pays de glace permanente où les nuits de 24 heures durent environ 140 jours à l'extrémité nord des terres canadiennes, vide mis à part quelques postes de présence scientifique.

L'approche multicritère appliquée au Nord canadien peut être utilisée pour l'Arctique circumpolaire. Un travail en ce sens a été conduit en 2004 par le groupe AMAP[2] du Conseil

1. Joan Nymand Larsen & Todd C. Edwards, *Arctic Social Indicators (ASI)*, 2009, p. 32.

2. Arctic Monitoring and Assesment Programme (AMAP) est un des six groupes de travail du Conseil de l'Arctique.

de l'Arctique. La zone Arctique ainsi délimitée est un continuum à l'intérieur duquel on peut distinguer trois « Arctiques » selon une valeur d'articité décroissante : le Haut-Arctique, le Bas-Arctique et le Subarctique (voir carte p. 5). Le Haut-Arctique couvre l'océan Arctique central, l'archipel arctique canadien et le Groenland, alors que le pourtour nord du continent eurasiatique et l'ouest de l'Amérique du Nord relèvent du Bas-Arctique. S'agissant de la partie marine, la zone AMAP inclut des mers nordiques qui s'étendent vers le sud jusqu'à la latitude 51,1° Nord, avec la Baie de James au Canada.

Cette complexité propre à l'approche multicritère conduit à faire de la « définition politique commune » du Conseil de l'Arctique, reposant sur le seul critère de latitude (le cercle polaire arctique), une convention, au sens du droit international public, et d'un point de vue scientifique, une pétition de principe.

Depuis plusieurs décennies, la question de la délimitation de l'espace Arctique connaît un tour inédit avec le recul des glaces boréales. Le retrait de la banquise arctique estivale, la disparition des glaces de mer les plus âgées, le dégel du pergélisol ou la fonte accélérée de la calotte glaciaire du Groenland sont autant de symptômes du réchauffement climatique qui affectent la zone avec une intensité quatre fois plus élevée, sur la période récente, que l'augmentation de la température moyenne à la surface du globe. La disparition des vieilles glaces épaisses au profit de glaces de première année dans les mers arctiques russes facilite grandement la progression des navires le long de la route maritime du Nord pendant l'été.

Cette géographie en rapide évolution suscite l'intérêt des États limitrophes et de la communauté internationale pour cette zone émergente où se dessinent des perspectives commerciales et économiques inédites avec de nouvelles routes maritimes, une nouvelle province énergétique ou encore de nouvelles zones de pêche. Cette conjonction entre défis et opportunités n'est pas pour rien dans la sensibilité politique de l'enjeu d'une définition de l'Arctique.

L'indétermination de la région Arctique se retrouve également au niveau lexical. Articuler la notion de « Nord » (en anglais, *North*) utilisée par les Canadiens avec celle de « Grand Nord » (en langue bokmål, *Nordområdene*) forgée par les Norvégiens, celle d'« Arctique russe » (en russe, *Ruskaya Arktika*) ou encore celle de « terres septentrionales » de la Suède (en suédois, *Norrland*) est un exercice des plus malaisé. Un spécialiste est arrivé à la conclusion que l'expression *Nordområdene* (en anglais, *High North*) utilisée dans les documents officiels norvégiens, et notamment dans la *Nordområdepolitikk* (« Stratégie pour le Grand Nord »), ne possède pas d'équivalent dans la littérature académique ou dans la communication politique hors de la Norvège : « Du point de vue terminologique et conceptuel, il y a une absence de compréhension mutuelle entre des interlocuteurs norvégiens et non-norvégiens qui débattent des enjeux de gouvernance relatifs à des lieux auxquels on se réfère à loisir, au moyen des vocables « Arctique/Subarctique/Arctique européen/Grand Nord/Extrême Nord ou encore Régions circumpolaires[1] ». »

Cette absence de correspondance renforce le constat selon lequel, au lieu de s'appuyer sur une représentation

1. Odd Gunnar Skagestad, « The High North – an elastic concept in Norwegian Arctic policy », *Geopolitics in the High North*, 2014.

géographique cohérente et unifiée, la « définition politique commune » du Conseil de l'Arctique conforte une représentation disparate de la zone boréale comme juxtaposition de zones septentrionales nationales définie selon des critères variables. L'exemple du « Grand Nord/*High North* » norvégien, taxé de « concept élastique » par le chercheur Odd Gunnar Skagestad, trahit cette prédominance d'une représentation nationale intéressée sur l'Arctique.

Cette multiplicité de visages de l'Arctique, sur le plan géographique, n'est pas sans lien avec le régime des relations internationales qui prévaut au sein du Conseil de l'Arctique, à savoir un régime de coopération reposant essentiellement sur du droit mou[1] qui ménage les disparités et l'autonomie des puissances étatiques en jeu. De la revendication islandaise d'un statut d'État côtier à la revendication chinoise d'État du proche-Arctique, ces positionnements sont autant de symptômes des fondements mal assurés de la définition commune de l'Arctique qui ménage en même temps qu'elle trahit la prévalence des intérêts nationaux sur une approche concertée et scientifiquement fondée.

Un blogueur de l'université de Washington avait publié un billet caustique intitulé « "Un Arctique" ou plusieurs ? » dans lequel il stigmatisait une coopération de façade : « "Un Arctique" signifie que l'Arctique circumpolaire peut et doit être compris au sens d'une région unique et cohérente. Cette

1. Les huit États membres du Conseil de l'Arctique ont négocié trois accords de coopération juridiquement contraignants : sauvetage et recherche en mer (2011), réponse à des marées noires (2013) et coopération scientifique (2017).

expression donne à penser que l'Arctique est un espace bien défini avec un ensemble d'enjeux et de défis communs et suggère que les populations et les décideurs politiques ont une vision partagée de l'avenir de cette zone. Ainsi entendu, cet idéal masque la réalité d'une zone où les différences surpassent les similitudes et où un accord sur le futur souhaitable pour cet espace reste à trouver[1]. »

À la question de la délimitation s'ajoute la question de la pertinence de parler de l'Arctique comme d'une région internationale. Nombre de spécialistes ont exprimé des doutes à ce sujet : « Traiter l'Arctique comme une région distincte ne va pas intuitivement de soi. À la différence d'autres régions plus familières comme l'Asie du Sud-Est, le Moyen-Orient ou l'Amérique du Sud, l'Arctique consiste principalement en une juxtaposition de segments septentrionaux de territoires nationaux dont les centres de gravité [centres économiques, métropoles, population, PNB…] sont concentrés pour l'essentiel beaucoup plus au sud[2]. » C'était là, pour Michel et moi, ce que nous avions nommé le « modèle périphérique de l'Arctique », en référence au modèle centre/périphérie utilisé par les géographes.

S'agissant de la population dans la zone Arctique, le constat est assez vite fait. Avec environ 4 millions d'individus, répartis sur une superficie de 7 millions de kilomètres carrés de terres émergées, l'Arctique est la zone de la planète la moins densément peuplée (0,5 habitant/kilomètre carré) – que l'on

1. Wilfrid Greaves, « One Arctic or many ? », Université de Washington, 8 juin 2016.

2. *Arctic Human Development Report*, publié par Stefansson Arctic Institute, 2004, p. 17.

n'ira pas comparer à l'Antarctique puisque ce continent ne possède pas de population permanente. Cette moyenne est en réalité peu significative, car elle masque un fait important, à savoir que les populations arctiques sont concentrées dans un nombre limité de villages ou de villes isolés au milieu d'immenses espaces naturels sauvages et désertiques. Cette particularité ménage une ambiguïté dommageable dans les discussions. L'espace Arctique n'est pas le désert blanc et glacé associé aux ours polaires qui prévaut dans notre imaginaire collectif entretenu en France par l'aventurier Jean-Louis Étienne qui nous conte avec bonheur ses « voyages au bout du désert blanc[1] ». L'Arctique est un espace habité par des populations, en particulier des communautés autochtones installées là depuis plusieurs milliers d'années.

Le Haut-Arctique est la partie de l'Arctique la moins peuplée, l'essentiel des populations se concentrant dans le Bas-Arctique. Incidemment, s'il fallait chercher un espace reflétant le « désert blanc » cher au cœur de Jean-Louis Étienne, c'est dans l'Extrême Nord de la classification canadienne, pays de glace permanente où les nuits de 24 heures durent 140 jours à l'extrémité, que l'on pourrait le trouver. Quoi qu'il en soit, même traitées séparément, les sous-régions du Haut-Arctique et du Bas-Arctique répondent au même constat, tant la proportion des terres habitées est beaucoup plus faible que celle des espaces sauvages et désertiques.

Le cas du Groenland est à cet égard paradigmatique. Comprise pour l'essentiel dans le Haut-Arctique, la plus

1. Pierre Fliecx, « Mon voyage au bout du désert blanc », *Le Figaro*, 16 avril 2010.

grande île non continentale au monde, avec une superficie de 2 millions de km^2, compte environ 56 000 habitants. Le Groenland est le pays enregistrant la plus basse densité de population au monde avec 0,03 habitant par kilomètre carré. Ce vaste territoire est presque entièrement recouvert par une immense calotte glaciaire désertique dont l'épaisseur atteint trois kilomètres au centre, et les rares foyers de population sont concentrés dans quelques villages ou villes, majoritairement sur la côte ouest. Le Groenland est certes habité par des peuples autochtones depuis au moins 4 500 ans, mais ce territoire est bien pour l'essentiel un immense désert blanc où évoluent des ours polaires.

Ce qui vaut pour le Groenland vaut à peu près pour les autres territoires de l'espace Arctique. Dans le « Nord canadien vaste et vide[1] » par exemple, à cheval entre le Haut et le Bas-Arctique, la densité de population est de 0,02 habitant par kilomètre carré au Nunavut, de 0,07 habitant par kilomètre carré dans le Yukon, et de 0,03 habitant par kilomètre carré dans les Territoires du Nord-Ouest. La population totale de 118 160 nordistes est là encore concentrée dans quelques dizaines de petites agglomérations réparties sur un territoire de plus 3 500 000 kilomètres carrés. L'essentiel du Nord canadien est ainsi constitué d'espaces naturels sauvages et inhabités, d'une rare beauté, même en été où la toundra rappelle les photos des paysages lunaires et désolés rapportées par les astronautes.

L'Arctique américain, l'Alaska, entièrement situé dans la zone du Bas-Arctique, compte environ 730 000 habitants

1. Jessica Murphy, « PM lays out national dream for the North », orilliapacket.com, 25 août 2012.

concentrés dans quelques agglomérations perdues dans un immense territoire de 1 718 000 kilomètres carrés, soit une densité de population de 0,4 habitant par kilomètre carré. À elle seule, la ville d'Anchorage concentre près de 40 % de la population de l'Alaska. Dans l'Arctique russe dont la côte nord est située dans le Bas-Arctique, le reste tombant dans le Subarctique, la situation est assez similaire, avec une population totale d'environ 1 900 000 individus – presque la moitié de toute la population de l'Arctique circumpolaire – répartie sur un gigantesque territoire de 3 420 000 kilomètres carrés. La densité de population moyenne y est de 0,5 habitant par kilomètre carré. Près de 45 % de la population du nord de la Russie est concentrée dans trois grandes villes septentrionales : Mourmansk (environ 305 000 habitants), la plus grande ville du monde située au nord du cercle polaire arctique ; Norilsk (environ 170 000 habitants), ville-usine d'exploitation des ressources minérales ; et Arkhangelsk (environ 350 000 habitants), ville portuaire située à la latitude de 64° Nord. L'Islande n'échappe pas à ce schéma, avec près des deux tiers de la population du pays (~331 000 hab.) concentrés dans l'agglomération de Reykjavik, le dernier tiers se répartissant sur un territoire sauvage de 103 000 km^2. Enfin, dans les territoires septentrionaux des pays nordiques, relevant du Subarctique, la densité de population est de 0,8 habitant par kilomètre carré pour la Laponie suédoise, 1,7 habitant par kilomètre carré pour la Laponie finlandaise et 4,1 habitants par kilomètre carré pour la Norvège septentrionale.

Très peu peuplés, les territoires nationaux de l'Arctique représentent un poids démographique très faible : 0,009 % pour le Danemark, 0,002 % pour les États-Unis, 0,01 %

pour la Russie, 0,03 % pour le Canada[1]. Soit à peu près le poids démographique des outre-mer relativement à la démographie nationale de la France.

Isolés et perdus dans des immensités naturelles, les villages et les villes arctiques sont fortement dépendants des agglomérations du sud habitées et industrialisées. À l'exception de Reykjavik (Islande)-Anchorage (Alaska) et de Reykjavik-Kangerlussuaq (Groenland), il n'existe pas de liaison aérienne entre un territoire national et un autre de l'Arctique circumpolaire. Par exemple, on se rend à Iqaluit au Nunavut, dans l'Arctique canadien, en passant par Ottawa ou Québec. On se rend à Nuuk, la capitale administrative du Groenland, en passant par Copenhague puis par Kangerlussuaq ; on se rend à Mourmansk, à Norilsk ou à Archangelsk, via Moscou ou Saint-Pétersbourg et on se rend à Anchorage en passant par Seattle.

L'Arctique se présente donc comme un immense anneau de territoires naturels parsemés sporadiquement de foyers de vie non connectés entre eux, mais reliés à une ou plusieurs grandes villes subarctiques du même territoire national. D'où une représentation de l'Arctique comme nuage de microcosmes éparpillés vivant en paraposition[2] qui conforte la description de l'Arctique comme juxtaposition de segments septentrionaux de territoires nationaux sans communication entre eux. Ce constat met à mal la référence à l'Arctique comme à une région, dans la mesure où l'activité intrarégionale entre les pays qui en font partie est une caractéristique fondamentale d'une région internationale.

1. ArcticStat.org.
2. Sans liaison entre eux.

À cette dépendance à l'égard des foyers de vie situés au sud du même territoire national, s'ajoute l'éloignement. L'Alaska, à l'instar d'Hawaï, est un État coupé des États-Unis. Il faut traverser le Canada pour s'y rendre (2 331 kilomètres séparent la ville de Seattle de celle d'Anchorage) et cette situation pèse dans l'isolement politico-géographique du 49e État des États-Unis. Une anecdote illustre cette situation qui n'est pas sans rappeler celle des outre-mer. En août 2015, Michel et moi nous rendîmes à Anchorage pour représenter la France à la conférence internationale Glaciers présidée par le Président Obama qui rassemblait vingt-et-une délégations étrangères. La presse américaine[1] salua ce déplacement historique en soulignant qu'il s'agissait de la première visite d'un président américain en Alaska. Racheté en 1867 par les Américains aux Russes, l'Alaska a adhéré à l'Union en 1959, et quarante-six ans se sont donc écoulés avant qu'un président américain n'y pose le pied. Cela en dit long sur le poids politique et économique de l'Arctique américain aux États-Unis.

Le Groenland, l'île du bout du monde perdue dans le Haut-Arctique, conforte bien sûr cette comparaison avec les territoires ultra-marins. En dehors de son ancienne colonie du Groenland, ce petit État de la Scandinavie est un pays de moyenne latitude où règne un climat tempéré. Il faut environ 4 h 50 d'avion pour relier Copenhague à Kangerlussuaq au Groenland, auxquelles il convient d'ajouter 55 minutes pour relier la capitale Nuuk.

1. « In Alaska, Obama becomes 1st president to enter the Arctic », CBS News, 2 septembre 2015.

Même quand les villages arctiques sont adjacents au reste de leur territoire national, ils restent éloignés des premières grandes villes de moyennes latitudes et demeurent des îlots de vie perdus au milieu d'une immensité naturelle quasi inhabitée. Le cas de la Laponie suédoise illustre bien cette situation. Située à l'extrême nord-est du pays, dans le Norrland, la Laponie suédoise est un vaste espace naturel fait de montagnes et de forêts, couvrant un quart de la superficie du pays. La ville arctique de Kiruna, située à la latitude 67° Nord et peuplée de 22 000 habitants, doit son existence à l'exploitation du plus grand gisement de fer au monde par la société LKAB. Grâce à cette manne, la ville est dotée d'un aéroport, d'un chemin de fer et d'une route qui la relient à Luleå, le grand port et centre sidérurgique suédois sur la mer Baltique.

En octobre 2011, nous nous rendîmes à Kiruna où se tenait la 13e réunion ministérielle du conseil euro-arctique de la mer de Barents. La réunion avait été organisée dans une salle perdue dans les centaines de kilomètres de galeries de la mine de fer à plus de 1 300 mètres de profondeur. Quelle ne fut pas notre surprise d'apprendre qu'à la faveur d'une extension de la zone d'exploitation souterraine du gisement, la municipalité avait pris la décision de déplacer à peu près la moitié de la ville à 5 kilomètres, y compris la gare, l'hôtel de ville, un tronçon de la voie ferrée, des réseaux d'électricité et des canalisations. Les bâtiments historiques, notamment une ravissante et imposante église orthodoxe en bois, avaient été démontés pièce par pièce et remontés un peu plus loin. Michel, qui avait été pendant dix-sept ans le maire de Conflans-Sainte-Honorine, n'en revenait pas : « Voilà un bel exemple de confusion entre l'économie et le politique ; ici, le pouvoir industriel s'est quasiment substitué au pouvoir communal ! »

Nous découvrîmes ce jour-là un nouveau concept. Environnée de montagnes et d'espaces sauvages, Kiruna était une de ces villes-usines entièrement nées de l'industrie que l'on rencontre dans l'Arctique circumpolaire[1]. Elle accrédite la représentation d'un territoire national arctique comme espace sauvage, réservoir de ressources pour l'État de tutelle dont le centre de gravité démographique et économique est situé dans les moyennes latitudes. Sur ce point, le Canada avait été très clair : « Le Nord est non seulement une terre d'une beauté pure et majestueuse qui a inspiré des générations d'auteurs, d'artistes et d'aventuriers, qui abrite une riche culture façonnée au cours des millénaires par la sagesse des peuples autochtones, mais il a aussi le potentiel d'être un atout économique transformateur pour le pays[2]. »

Il ne faut que 1 h 20 de vol pour relier Stockholm à la ville arctique de Kiruna, mais à part ce survol aérien, l'isolement est total. Comme le souligne une équipe de chercheurs : « L'isolement géographique implique une rupture, une discontinuité physique matérialisée par exemple par une étendue d'eau séparant l'île du continent, mais aussi par le

1. La ville fermée de Norilsk en Russie avec les gisements de nickel ou de palladium ; le village de Sabetta sur la péninsule de Yamal, en Russie, avec le champ de gaz naturel ; les campements de Prudhoe Bay ou de Dead Horse en Alaska avec un gisement de pétrole, etc.

2. Déclaration du Premier ministre Stephen Harper, 18 août 2009, Iqaluit, Nunavut.

caractère accidenté d'un relief, la rudesse du climat ou par un vaste espace naturel sauvage dénué d'infrastructures. Les territoires isolés se caractérisent par leur exclusion ou la faible intégration de leur économie aux flux financiers et commerciaux majeurs, [...] à moins que la présence de matières premières ne leur assure une intégration aux circuits économiques nationaux ou internationaux[1]. »

Ainsi précisée, la géographie de la zone circumpolaire-Nord prend un tout autre visage. L'Arctique, circonscrit par le cercle polaire arctique, n'est pas une région, pas plus que l'Équateur, autre parallèle remarquable. Ils déterminent tous deux une zone climatique caractérisée par un régime d'ensoleillement spécifique. Si l'on parle en abrégé d'une région (du cercle) polaire alors que l'on ne s'aventurerait pas à invoquer une région de l'Équateur, c'est qu'à la différence de ce dernier, le cercle polaire arctique (ou antarctique) circonscrit une calotte sphérique, alors que le découpage zonal (suivant le sens des parallèles) de l'espace terrestre conduit, aux plus basses latitudes, à individualiser des zones climatiques sous forme de ceintures ou de bandes (zone tempérée, zone tropicale, etc.). La représentation cartographique en projection polaire des toits du monde, là où convergent les méridiens, se prête ainsi à une confusion entre zone climatique et zone géographique. Par ailleurs, au plan géomorphologique, la zone Arctique se présente comme une Méditerranée arctique, une mer centrale presque

1. Ingrid Peuziat, Louis Brigand, Federico Arenas, Andres Núñez et Alejandro Salazar, « L'isolement géographique : contrainte ou opportunité pour les territoires ? Regards croisés en Patagonie chilienne », *Norois*, 225, 2012, p. 47-59.

entièrement enserrée par des continents. Cette configuration se retrouve par exemple dans la région de la Baltique ou dans la région de la Méditerranée. Mais à la différence de ces dernières, l'absence d'interconnexions et d'activités économiques intrarégionales entre les pays de la zone Arctique rend caduque la référence à l'espace boréal comme à une région internationale. Si la Baltique et la Méditerranée sont marquées par une pollution forte de leur mer centrale, en raison de la pression anthropique considérable qu'elles subissent, la mer centrale polaire est, elle, du point économique et commercial, une zone blanche. Et pour cause, l'Arctique est encore pour une large part un des derniers espaces vierges et sauvages de notre planète.

Finalement, l'absence d'une politique régionale commune ou, à tout le moins, de politiques régionales concertées de la part des Arctic Eight conforte la représentation de plusieurs Arctiques juxtaposés : « Plutôt que de parler de l'Arctique, il nous faut reconnaître qu'il y a plusieurs Arctiques ou plusieurs régions arctiques différentes. Les environnements naturels, les développements historiques, de même que les enjeux économiques, sociaux ou politiques varient d'un territoire arctique à un autre, et l'Arctique tient par conséquent une place différente dans les politiques publiques et la politique étrangère de chacun des huit États de l'Arctique[1]. »

Les territoires arctiques se laissent ainsi décrire comme des dépendances des États de tutelle localisés dans les moyennes latitudes. Si les Arctic Eight ont cru avantageux de forger l'expression « État de l'Arctique » pour mieux afficher leurs

1. Petra Donata, « The Arctic – A diverse and Evolving Region », Friedrich-Ebert-Stiftung, Berlin, Germany, septembre 2015.

prérogatives légitimes d'États subarctiques dotés de territoires situés dans la zone boréale, cette dénomination brouille le caractère périphérique de la zone circumpolaire-Nord.

C'est là la signification du modèle périphérique de l'Arctique que Michel présentait invariablement en introduction de ses conférences. L'orateur savait ménager ses effets. Il commençait par présenter une carte classique du monde en projection Mercator (voir carte p. 3) sur laquelle l'Arctique circumpolaire apparaissait comme la juxtaposition de prolongements évanescents de pays situés dans les moyennes latitudes. Puis il présentait une deuxième diapositive montrant la zone Arctique en projection polaire (voir carte p. 4), c'est-à-dire centrée sur le pôle Nord.

Enfin, à la surprise générale, Michel présentait un document très daté, la première carte du pôle Nord réalisée en 1569 par le géographe flamand Gerhard de Kremer dont il prenait la peine de préciser qu'elle n'avait *a priori* qu'un intérêt historique. L'Arctique y était représenté avec une montagne aimantée au centre entourée d'une mer circulaire et de quatre îles gelées et séparées par des fleuves. Michel se lançait alors avec appétit dans sa démonstration : « Mon propos est simple : d'un point de vue scientifique, la carte en projection polaire est la représentation idoine pour traiter la géographie, le climat, la géomorphologie, l'hydrologie de la zone boréale. Mais d'un point de vue géopolitique et géoéconomique, c'est la projection de Mercator qui est la plus proche de la réalité. J'en veux pour preuve que si l'on mettait au centre de l'Arctique une montagne magnétique, un gouffre béant, ou ce que la fantaisie humaine a pu encore imaginer au cours des siècles qui ont précédé l'exploration de cette zone du monde reculée, la dynamique de l'Arctique circumpolaire en serait inchangée. Il n'y a de zone Arctique qu'au sens d'une juxtaposition de territoires nationaux septentrionaux répartis autour d'un immense désert marin d'eau libre ou gelée, éloignés des centres de gravité des pays de tutelle situés dans les moyennes latitudes. »

Et de terminer sa présentation, comme il en avait le secret, par une note d'humour : « Rassurez-vous, en dépit de mon âge quelque peu avancé et de ma relative inculture scientifique, je n'accorde aucun crédit à la croyance moyenâgeuse d'une montagne aimantée au milieu de l'Arctique ; même si pour ma part, c'est vrai, je ne m'y suis encore jamais rendu ! » Un ambassadeur pour les pôles qui ne s'est jamais rendu au pôle Nord ni au pôle Sud géographiques ; il faudrait un jour combler cette lacune.

XI

Grand-papa et papa au secours des ours blancs

Le hasard voulut qu'une petite-fille de Michel et ma fille aînée soient scolarisées dans la même école élémentaire et, à deux reprises, dans la même classe. Elles résumaient la situation en disant que grand-papa et papa s'étaient associés pour voler au secours des ours blancs menacés par la fonte de la banquise. L'ours polaire comme symbole de l'Arctique… Nous n'avons plaidé la cause de ce mammifère qu'une unique fois, mais cette lecture enfantine nous rappelait la déclaration d'un aventurier singapourien, Khoo Swee Chiow, premier Asiatique à avoir réalisé le grand chelem de la conquête du pôle Nord, du pôle Sud et des sept sommets du monde : « Je redoute le jour où mes enfants me diront : “Papa, toi qui es allé au pôle Nord, pourquoi tu n'as pas sauvé les ours blancs[1] ?” »

L'ours polaire fascine et occupe une place privilégiée dans l'imaginaire et la culture du peuple inuit. En os de baleine, en serpentine, en argilite ou en stéatite, les sculptures inuites

1. « L'Appel des Pôles/*The Call of the Poles* », le Cercle Polaire publishing, décembre 2009, p. 129.

d'ours polaire dansant en équilibre sur une patte ont, au fil de nos expéditions, colonisé les étagères de nos domiciles respectifs et pour ma part, la chambre de ma fille. Hasard de la vie cette dernière a été conçue à Qikiqtarjuaq, au Nunavut, dans l'archipel arctique du Canada, lors d'un safari photo en traîneau à chiens conduit par un septuagénaire inuit étonnamment vaillant, chasseur d'ours renommé, Pauloossie Kineloossie, en compagnie de celle qui deviendrait ma femme. En souvenir de cet heureux événement, notre fille aînée a reçu pour second prénom « Nanuq » qui signifie « ours polaire » en inuktitut, la langue des Inuits du Canada.

Au-delà de son charisme, l'ours polaire connaît une notoriété moins heureuse. Le retrait de la banquise boréale, qui est l'habitat et le lieu de chasse de ce grand mammifère, constitue l'un des effets les plus spectaculaires du changement climatique. Les photos d'ours polaire perché en équilibre sur un morceau de glace flottant trop petit pour lui ont envahi les médias pour illustrer le phénomène de recul de la banquise boréale. Soit dit en passant, c'est une représentation non pertinente puisque même lorsque la glace est abondante, un ours polaire peut toujours choisir de se percher sur un petit morceau d'iceberg dont la taille ne cesse de varier en fonction des cycles de gel et de dégel. Mais enfin, passons, ainsi va la communication avec le grand public anonyme, qui se nourrit *ad nauseam* de symboles et de clichés.

L'ours polaire était devenu l'icône du changement climatique et là était l'essentiel, tant le développement économique de cette zone émergente était conditionné par le recul des glaces.

En 2013, on s'interrogeait sur le niveau de protection qu'il convenait d'appliquer à l'ours polaire. Ce débat devait avoir lieu au mois de mai à Bangkok[1] lors de la réunion annuelle de la Convention sur le commerce international des espèces de faune et de flore sauvages menacées d'extinction (CITES). L'enjeu était l'inscription de l'ours polaire dans la liste des espèces menacées d'extinction, ce qui reviendrait à en interdire tout commerce international (fourrure, trophées, dents, griffes, etc.). Cette proposition était soutenue par les États-Unis et la Fédération de Russie, États riverains de l'océan Arctique très protecteurs de l'ours polaire, à la différence du Canada[2] et du Groenland/Danemark qui prônaient une chasse durable.

Le spécialiste de biologie animale et membre-fondateur du Cercle Polaire, Stéphane Hergueta, rédigea une note de synthèse sur l'évolution des populations d'ours polaires dans l'Arctique canadien qu'il remit à notre président d'honneur. Michel hésitait à soutenir la cause de l'ours polaire dans le camp des défenseurs des animaux ou dans celui des partisans de la régulation commerciale. En effet, l'intérêt de l'ambassadeur de France chargé de l'Antarctique pour la protection des ours polaires tenait à la compétence géographique de

1. La convention CITES signée à Washington, le 3 mars 1973, compte 183 parties et constitue un instrument international « essentiel à la protection de certaines espèces contre une surexploitation par suite du commerce international ».

2. « Le Canada cherche à mieux faire comprendre les intérêts, les préoccupations, la culture et les pratiques des résidents du Nord, par exemple, en ce qui concerne les phoques et les ours blancs », Stratégie pour le Nord du Canada, 2011.

sa mission, et aussi à son épouse Sylvie, dont il admirait le dévouement pour la cause animale au sein de la Fondation Brigitte Bardot.

À leur domicile, dans leur ravissante chaumière de la grande banlieue de Paris, on ne comptait pas moins d'une quinzaine de chiens et une vingtaine de chats rescapés de l'abandon ou de la maltraitance par Sylvie. Certains étaient même rapatriés d'un lointain séjour en compagnie de son époux et Michel leur manifestait une réelle affection.

L'enjeu, pour le pilote de la mission que j'étais, consistait à éviter des interférences trop directes entre les actions de la Fondation Brigitte Bardot, réputée pour sa radicalité et le pouvoir d'influence de sa présidente, et l'agenda de notre propre mission. Michel décida d'assumer sa fonction d'ambassadeur arctique tous azimuts et écrivit à la ministre de l'Écologie Delphine Batho :

> Madame le Ministre, chère Delphine, je sais que la position est européenne puisque c'est l'Union qui nous représente à la CITES, et je crois savoir que nous ne prévoyons pas de suivre la suggestion américaine de promouvoir l'ours polaire dans la liste des espèces menacées d'extinction. Cette position s'appuie sur l'approbation donnée par le comité scientifique spécialisé de la CITES à une analyse canadienne reprenant largement les conclusions d'experts inuits. Résumée au plus court, cette position s'inspire d'observations des communautés inuites, qui ne notent dans leur environnement aucune réduction du nombre d'ours blancs.

> Le Cercle Polaire, une ONG francophone à dominante scientifique, qui m'appuie dans ma tâche d'ambassadeur pour les pôles, a entrepris des recherches sur le sujet. Elle a ainsi interrogé M. Ian Stirling, canadien, l'un des experts les plus réputés sur l'ours blanc. Ce dernier prend quelques distances avec la position officielle. Le rapport de l'ONG le Cercle Polaire que je joins à cette lettre explique pourquoi. Je le trouve convaincant.
>
> (…) De mon propre point de vue, qui exclut toute expertise et se fixe sur la diplomatie, il y a un vif intérêt à se rapprocher des positions américaines chaque fois que c'est possible, et surtout à ne pas ouvrir de conflits inutiles avec les ONG, qui sont souvent pour nous un grand soutien[1].

La démarche courtoise de Michel interférait sans que nous ne le sachions avec une autre, elle, assez véhémente, engagée un mois plus tôt par Brigitte Bardot, présidente de la fondation éponyme, auprès de Delphine Batho :

> Madame la Ministre, cette proposition [inscription de l'ours polaire dans la liste des espèces sauvages menacées d'extinction] visant à freiner la disparition des ours polaires avait déjà été présentée lors de la précédente conférence des Parties, en mars 2010, à Doha… la France s'y était opposée ! L'UE avait alors choisi de ne pas défendre l'ours par stratégie politique envers le

1. Courrier de Michel Rocard à la ministre de l'Écologie, du Développement Durable et de l'Énergie, Delphine Batho, 20 janvier 2013.

Canada, après l'adoption de l'embargo européen sur les produits dérivés du phoque.

Madame la Ministre, vous n'êtes pas sous le gouvernement Sarkozy alors ne faites pas preuve de la même lâcheté que vos prédécesseurs. (...) La biodiversité doit se défendre ailleurs que dans des salons ou de beaux discours, la France a une politique désastreuse dans le domaine de la défense des animaux, ce n'est pas nouveau mais c'est de pire en pire... J'aimerais tant que vous m'apportiez la preuve du contraire[1].

Le courrier se terminait abruptement, sans formule de politesse. Braquée par la lettre de « BB », la jeune ministre décida de résister aux pressions dont elle était l'objet, en reprenant la position de l'ancien gouvernement. L'opération de lobbying politique avait lamentablement échoué faute d'avoir respecté des formes élémentaires de cordialité. Verser dans la litanie du « tous pourris » auprès des responsables politiques ne fonctionnait pas. Les marchands de manteaux de fourrure l'avaient emporté sur les protecteurs de la biodiversité arctique, mais cet échec révélait surtout aux yeux de Michel un déni climatique en dépit de ses effets avérés.

Comme on pouvait s'y attendre, en l'absence d'une coalition internationale forte et organisée, la proposition américaine fut rejetée à la conférence de Bangkok en mai 2013. L'enjeu conservait toute son actualité. Aux dires du biologiste canadien Ian Stirling, « au milieu du XXIe siècle, voire

1. Courrier de Brigitte Bardot à Delphine Batho, 28 décembre 2012, mis en ligne sur le site de la Fondation Brigitte Bardot.

un peu plus tard, les deux tiers de la population actuelle d'ours polaires [~ 20-25 000 individus] auront très vraisemblablement disparu[1] ». Les réunions suivantes de la CITES ont abouti à la même conclusion, à savoir que le commerce international encadré de l'ours polaire ne constitue pas une menace pour les équilibres des populations, en particulier au Canada qui concentre près de 16 000 individus dont environ 350 sont chassés annuellement.

Arguant d'une chasse durable, le Canada repousse l'argument selon lequel, si les prélèvements d'ours polaires ne constituent pas en eux-mêmes la cause de leur déclin, ils ne manqueront pas, à terme, d'être affectés par les effets du changement du climat de l'Arctique sur leur habitat, à savoir la banquise. Au nom d'une approche de précaution, il conviendrait d'en interdire toute exploitation commerciale. Mais les pays partisans d'une chasse durable répondent que la CITES n'a pas vocation à traiter des effets du changement climatique sur l'environnement de la faune, et ce d'autant que l'ours polaire… n'est pas enregistré dans la liste de la CITES qui répertorie les espèces sauvages menacées d'extinction. On aura relevé le cercle vicieux.

Un jour que nous étions invités à déjeuner à la résidence de l'ambassadeur du Canada Lawrence Cannon, ancien ministre des Affaires étrangères en charge de la « stratégie pour le Nord » de son pays, le diplomate nous fit part de son embarras à l'égard des campagnes d'affichage « gore » de la Fondation Brigitte Bardot contre les abattages de bébés phoques ou

1. Ian Stirling, « Ours blanc : chronique d'une extinction annoncée », *Pôles Nord & Sud*, n° 2, Été 2009, p. 20-35.

le commerce de la fourrure à Paris. On y exhibait des femmes portant de la fourrure, couvertes par le sang encore frais des animaux sacrifiés. Cannon déplorait que l'ONG occidentale ne prenne pas en compte la dimension humaine de l'Arctique, à savoir la pêche et la chasse durables pratiquées depuis des millénaires par les communautés autochtones. Selon lui, cette vision révélait un « manque de sensibilité aux intérêts ou aux perspectives des peuples et des États de l'Arctique[1] ».

« Mon cher collègue, je me félicite des relations que nous entretenons depuis plusieurs années. J'espère qu'elles ne seront pas ternies par mon mariage. Mon épouse Sylvie fait un travail remarquable au sein de la Fondation Brigitte Bardot. Mais soyez rassuré, nous ne parlons jamais politique à la maison ! » À ces mots, l'ambassadeur du Canada se délivra de son embarras par un éclat de rire nerveux.

L'ours polaire constituait une curiosité géopolitique de la deuxième moitié du XXe siècle. Alors que la guerre froide avait gelé la coopération entre les puissances antagonistes, tout particulièrement en Arctique où était concentré un immense arsenal de destruction nucléaire, les cinq États subarctiques circumpolaires (Canada, Danemark, États-Unis, Norvège, URSS) signèrent un accord sur la conservation des ours polaires à Oslo, en Norvège, le 15 novembre 1973. Pour mémoire, la coopération régionale dans l'Arctique circumpolaire a été bâtie, pour l'essentiel, dans les années 1990, sur les décombres de la guerre froide. Cette convention prévoyait

1. Énoncé de la politique étrangère du Canada pour l'Arctique : Exercer notre souveraineté et promouvoir à l'étranger la Stratégie pour le Nord du Canada, 20 août 2010.

que « chaque Partie contractante s'engage à mettre en œuvre des actions appropriées pour protéger les écosystèmes dont font partie les ours polaires [...] en accord avec les pratiques de conservation fondées sur les meilleures données scientifiques disponibles[1] ». Avec le temps, cet accord régional prendrait une dimension mondiale, puisqu'« il est aujourd'hui avéré que les activités humaines détruisent la banquise dont les ours polaires et bien d'autres espèces des deux zones polaires dépendent pour leur survie[2] ».

La nécessité d'une coopération tenait au mode de vie de ce mammifère arctique : à la différence des autres ours terrestres, l'ours polaire n'a pas de territoire fixe. La couverture de glace de mer flottante, sujette à une grande variabilité, conditionne la disponibilité des proies – principalement, les phoques annelés – et la localisation des habitats. L'ours polaire transcende les territoires nationaux ou les zones économiques exclusives de l'espace arctique, même si, selon les spécialistes, il existe dix-neuf sous-populations relativement bien circonscrites[3]. Seul un accord régional incluant les cinq États limitrophes de la zone maritime arctique pouvait apporter le cadre concerté à même de préserver ce prédateur mobile progressant sur une banquise dérivante, elle-même en perpétuelle évolution au fil du cycle de gel et dégel. Depuis

1. Accord sur la conservation des ours polaires, article II, Oslo, 15 novembre 1973.

2. Ian Stirling, *L'Appel des Pôles*, le Cercle Polaire, 2009.

3. Selon l'Union internationale pour la conservation de la nature, ces 19 sous-populations d'ours polaires ne représentent pas à proprement parler des unités démographiques distinctes, mais plutôt des domaines d'observation (en anglais, *management units*).

plusieurs années, il arrive que quelques individus isolés et déroutés atteignent les côtes islandaises où, en l'absence d'un accord avec l'Islande, et pour des raisons de sécurité, lorsqu'ils approchent des foyers d'habitations, ils sont abattus.

À la fin des années 2010, l'ambassadeur du Royaume de Norvège en France, Rolf Einar Fife, réputé pour avoir fait aboutir une négociation qui stagnait depuis quarante ans avec les Russes pour délimiter leurs eaux en mer de Barents, mobilisait souvent l'accord de 1973 sur la conservation des ours polaires pour accréditer l'existence d'un régime d'« exception arctique » où la coopération aurait transcendé les fortes tensions stratégiques qui divisaient le monde. Michel prenait systématiquement le contre-pied de cette thèse, expliquant que si le seul et unique accord négocié entre les puissances subarctiques rivales était un accord de conservation des ours polaires, enjeu dérisoire et marginal au regard des intérêts politiques, économiques et stratégiques des États concernés, cela donnait au contraire la mesure du gel de la coopération qui avait prévalu pendant la guerre froide.

Michel comparait souvent cet accord au protocole du Traité sur l'Antarctique relatif à la protection des phoques, signé en 1972, à Londres, qui témoignait à ses yeux d'un régime de coopération minimaliste. Selon une lecture cynique de la vie internationale, Michel soulignait que lorsque des États qui coopèrent concentrent leurs travaux sur des sujets animaliers à faible poids économique et à haute valeur symbolique, c'est le signe que la logique d'intérêt général pèse peu dans les relations internationales.

Au-delà de cette divergence avec l'ambassadeur de Norvège qui mettait un soin à cultiver le mythe de l'« exception arctique », « Hautes latitudes, basses tensions », selon un slogan choisi du ministère des Affaires étrangères de la Norvège, nous retenions que la coopération dans l'Arctique était née de la volonté de conjurer le passé stratégique de la zone Arctique qui avait prévalu pendant la guerre froide. Un discours du secrétaire général du parti communiste de l'Union soviétique, Mikhaïl Gorbatchev, à Mourmansk, en 1987, constituait un repère historique majeur de cette bascule géopolitique : « Ce dont le monde peut être absolument sûr, c'est de la détermination de l'Union soviétique de tout faire pour éviter que le nord de notre planète, les régions polaire et subpolaire, et tous les pays du Nord, ne soient jamais plus une zone de guerre, et établir là-bas une authentique zone de paix et de coopération fructueuse[1]. »

L'ours polaire au cœur de l'accord de 1973 se posait donc comme un enjeu régional animalier qui avait transcendé les logiques militaires et stratégiques qui divisaient le monde pendant la deuxième moitié du XXe siècle. Cette circonstance historique participa à l'aura dont ce grand mammifère arctique jouit dans l'opinion publique, même s'il faut préciser que la première réunion des États signataires de l'accord sur la conservation des ours polaires de 1973 n'eut lieu que... 34 ans plus tard, en 2007. Ce qui donnait largement raison à la lecture réaliste de Michel.

Le plus grand des carnivores terrestres présente une adaptation très poussée et spécifique à la banquise arctique. Pendant

1. Mikhaïl Gorbatchev, Discours à l'occasion de la cérémonie de remise de l'Ordre de Lénine et de la médaille de l'Étoile d'Or à la ville de Mourmansk, Mourmansk, 1er octobre 1987.

des millénaires de relative stabilité climatique, quand son habitat ne fondait pas si tôt au printemps et ne gelait pas si tard à l'automne, la banquise constituait un terrain de vie et de chasse confortable. L'ours polaire est ainsi victime de son adaptation à la glace de mer, car il est incapable de diversifier son alimentation – à l'instar de son ancêtre le grizzly – et de traquer les phoques qui nagent sous l'eau bien plus vite que lui.

« Dans les décennies à venir, les perspectives de l'ours polaire dépendront certainement de notre capacité à stabiliser puis à réduire nos émissions de gaz à effet de serre[1] », écrit le spécialiste canadien Ian Stirling. La conservation de l'ours polaire, espèce endogène vivant exclusivement dans la zone marine et côtière de l'océan boréal, constitue ainsi un défi global, tant aux plans environnemental et climatique qu'au plan économique (commerce international).

Selon le dernier rapport du groupe de spécialistes sur l'ours polaire[2] de l'Union internationale pour la conservation de la nature publié en 2015, parmi les dix-neuf sous-populations d'ours polaires, six seraient stables, une en augmentation, trois en déclin. Quant aux neuf autres, elles échappent au diagnostic en raison de la rareté voire de l'absence de données disponibles, notamment dans le bassin arctique central, le plus vaste domaine d'observation. Toutefois, les ours polaires y sont rares, puisqu'ils évoluent principalement sur la banquise des mers arctiques périphériques

1. Ian Stirling, *op. cit.*
2. « The IUCN Red List Of Threatened Species », *Ursus maritimus*, Polar Bear, 2015.

et autour des îles. À signaler cependant qu'il arrive qu'un ours polaire errant soit observé[1] à des latitudes relativement proches du point de convergence des méridiens, le pôle Nord géographique.

Nous l'avons souvent espéré. En dépit de multiples missions de terrain au Nunavut, au Groenland, sur la banquise au camp Barneo situé à une centaine de kilomètres du pôle Nord ou à Ny-Ålesund, dans l'archipel arctique norvégien du Svalbard, territoires fréquentés par les ours polaires, nous ne croisions jamais celui qu'on surnomme le « seigneur de l'Arctique ». C'était un peu frustrant – et cela contrariait aussi la lecture que la petite-fille de Michel et ma fille aînée faisaient de notre engagement.

Jusqu'à ce jour d'octobre 2011 où, au Nunavik, à l'extrême nord du Québec, une excursion combla nos attentes et bien plus. Le Cercle Polaire avait été invité à bord du navire Le Boréal de la compagnie Ponant pour sensibiliser les passagers à la nouvelle conjoncture Arctique. Par une belle après-midi ensoleillée, nous embarquâmes sur un zodiac en direction de l'île Akpatok dans l'archipel arctique canadien, à la latitude 60°N.

Au loin, nous aperçûmes de hautes falaises de calcaire blanches au pied desquelles s'étendait un vaste plateau surélevé d'environ un mètre cinquante par rapport au niveau de la mer. À cette période de l'année, l'île était entièrement nue, sans aucune trace de son manteau hivernal de glace ou

1. R. Van Meurs et J. F. Splettstoesser, « Farthest north polar bear », *Arctic 56*, 2003.

de neige. Cette formation rappelait les falaises d'Étretat, avec une végétation basse typique de la toundra, qui concourait à donner à ce lieu de bout du monde un caractère de profonde désolation où chacun pouvait nourrir l'impression d'être le premier à y poser le pied.

Le zodiac échoua sur la plage – dans le jargon des plaisanciers, on dit *beacher* – pour débarquer à sec les passagers. Une fois à terre, il fallait escalader une pente assez raide de gros galets. L'opération promettait d'être un peu périlleuse pour Michel. Sans lui demander – car j'aurais immanquablement essuyé un refus poli de sa part –, je me positionnai derrière lui et mis mes mains sur son dos. Une fois parvenus sur le plateau, nous nous sommes subitement regardés les uns et les autres, ébahis et inquiets : une douzaine d'ours polaires, femelles et petits oursons, manifestement amaigris par plusieurs mois sans graisse de phoque, progressaient en contrebas des falaises, à une centaine de mètres à peine. Nous étions aimantés par le spectacle, mais aussi conscients du danger que nous encourions en cas de confrontation rapprochée avec l'un de ces super-prédateurs carnivores. Sans nous concerter, nous nous accordâmes quelques minutes d'observation en silence. Michel affichait son éternelle grimace figée exprimant un étonnement mêlé d'amusement.

Plusieurs ours, au loin, s'arrêtèrent dans leur progression le long des falaises, et nous observèrent en dodelinant de la tête, pointant leur museau vers le ciel pour renifler notre odeur. Leur pelage blanc était souillé par la terre sur laquelle ils s'étaient sans doute frottés à défaut de banquise qui contribue, à l'inverse, à maintenir leur propreté. Soudain, trois d'entre eux se dirigèrent lentement et en ordre dispersé vers nous. Fallait-il y voir de la curiosité ou une tactique d'attaque collective ?

Le naturaliste qui nous accompagnait, équipé d'un fusil gros calibre qu'il venait d'armer, nous expliqua à voix basse qu'il n'était pas toujours aisé de décrypter les signaux envoyés par un ours polaire. En général, un ours agressif souffle puissamment par le nez, comme un taureau, ou montre les dents tout en grondant et en claquant des mâchoires. Mais il arrive que des ours jouent les curieux en avançant lentement, pour leurrer leur proie et l'attaquer ensuite, lorsqu'elle est à une distance accessible au petit trot. Le naturaliste nous expliqua qu'il fallait rester calme et que si l'on pensait être en danger, il convenait de jeter à terre son bonnet, son écharpe ou ses gants, car en général, l'ours s'arrêtait pour renifler le vêtement, laissant un peu de temps pour nous mettre en sécurité. Pour autant, en dépit de sa masse importante, un ours polaire pouvait courir plus rapidement (jusqu'à 30 km/h) qu'un homme. Il n'en fallait pas plus pour que le naturaliste décide de battre en retraite, les trois ours curieux ou agressifs n'étant plus qu'à environ une cinquantaine de mètres de notre position d'observation.

Je saisis Michel par le bras et l'entraînai vigoureusement avec moi dans la pente, où il dérapa sur les galets en grognant un peu. Nous embarquâmes aussitôt sur le zodiac, et une quinzaine de mètres plus loin, le pilote mit le moteur au ralenti pour prolonger notre observation. Certains avaient un peu blêmi et tout le monde parut soulagé.

Avec la houle assez creusée qui agitait la baie d'Ungava, le zodiac se retrouvait périodiquement sous le niveau du plateau, puis au-dessus, et chaque demi-oscillation dévoilait la progression des trois spécimens qui avaient bientôt rejoint notre position d'observation antérieure. Toujours avec la même nonchalance qui caractérise le roi des animaux de l'Arctique, l'un des trois ours s'engagea, suivant un dérapage contrôlé, dans la pente de galets et se mit à l'eau, résolu à nous rattraper. Le pilote mit aussitôt les gaz pour prendre de la distance. Avec un remarquable nageur comme *Ursus maritimus* – le nom savant de l'ours polaire dit tout de ses qualités –, qui pouvait progresser dans l'eau jusqu'à 10 km/h, un zodiac n'était pas un abri très sûr. Michel, encore sous le choc, lâcha d'une voix un peu éteinte qui ressemblait à un soupir : « Ben dis donc ! Qu'est-ce que vont dire mes petits-enfants ! »

Michèle Therrien, une spécialiste française de la langue et de la culture inuites qui nous accompagnait, excitée et soulagée, reprit ses esprits et cita de mémoire un adage inuit qui soulignait le risque que nous venions de prendre : « Lorsqu'ils sont affamés, les ours polaires n'ont pas peur. Quand ils n'ont pas faim, ils craignent les hommes[1]. » Neil Hamilton, l'ancien directeur australien du programme arctique du WWF, partit dans un fou rire nerveux qu'il ne pouvait réprimer. Et Paula Kankaanpää, directrice du Centre arctique de Finlande, resta un long moment sans voix.

Pour ma part, je venais de vivre un grand moment, que je peux encore convoquer dans ma mémoire comme si c'était hier, mais j'avais été grandement inquiété par l'idée que si un ours nous avait chargés, Michel, incapable de courir, aurait été une proie facile. On m'a plusieurs fois raillé sur le soin que je mettais à aider Michel pendant nos sorties de terrain,

1. Taamusi Qumaq, *Sivulitta piusituqangit*, 1988.

me faisant remarquer qu'il n'était ni mon père, ni mon grand-père. Je n'ai jamais vraiment compris le sens de cette remarque, n'ayant jamais considéré Michel comme un parent adoptif, mais seulement – et c'est beaucoup – comme un ami cher que l'âge avancé rendait moins vaillant. J'avais ramené mon compagnon entier de l'île aux ours d'Akpatok, là était l'essentiel.

Sur le zodiac qui se dirigeait vers le navire, nous savourions, secrètement et en silence, la fierté d'avoir approché le seigneur de l'Arctique que la plupart des gens ne connaissent que par le truchement de témoignages rapportés. Nous pourrions désormais nous vanter d'être des hommes et des femmes qui ont vu l'ours[1]...

1. En référence à l'expression « l'homme qui a vu l'homme qui a vu l'ours » utilisée pour stigmatiser la connaissance par ouï-dire ou par on-dit.

XII

L'Arctique, terre-patrie

À la différence de l'Antarctique qui ne compte pas de populations autochtones, ni de population tout court, l'Arctique est un milieu humanisé. En dépit de conditions de vie extrêmes, des communautés indigènes se sont implantées dans les hautes latitudes de l'hémisphère Nord, pour certaines depuis plusieurs milliers d'années. Nous le tenions de Michèle Therrien.

Lorsque je lui avais proposé de rejoindre le Cercle Polaire, cette Canadienne de naissance et Parisienne d'adoption m'avait répondu, un peu amusée, que si l'objectif de l'association était de sauver la banquise et les ours polaires avec le glaciologue Claude Lorius comme membre d'honneur, je m'étais trompé de porte. Michèle Therrien était reconnue pour ses travaux sur les cultures autochtones du Nunavik et du Nunavut ; elle était une ardente défenseuse de la voix des Inuits. Sa position était claire : ni les chercheurs en sciences humaines et sociales, ni les responsables politiques ne pouvaient traiter de la géographie de l'Arctique sans s'appuyer sur la parole de ses premiers habitants.

Michèle Therrien consentit à devenir membre d'honneur du Cercle Polaire à la condition d'y associer son amie

Henriette Rasmussen, deux fois ministre au Groenland et fondatrice de la Commission permanente des affaires indigènes aux Nations unies. Elle était devenue entre-temps journaliste à KNR, un média public groenlandais. Grâce à elles, cette règle à la fois éthique et politique du « consentement préalable, libre et éclairé[1] » des communautés autochtones ne nous quitta plus. Dans l'élaboration du traité international relatif à la protection de l'environnement arctique, Michèle Therrien et Henriette Rasmussen avaient veillé à ce que la voix autochtone soit représentée au sein des institutions prévues par ce texte[2]. Le forum intergouvernemental du Conseil de l'Arctique fonctionne sur ce principe puisqu'il réunit les Arctic Eight – dotés d'un statut de « membre » – et les « participants permanents », représentants des six grandes communautés autochtones de l'Arctique. La déclaration fondatrice du Conseil de l'Arctique de 1996 précise que la « catégorie de "Participant Permanent" a été créée pour permettre une participation active et une pleine consultation des représentants des communautés autochtones de l'Arctique au sein du Conseil de l'Arctique[3] ».

L'ONU reconnaît la zone Arctique comme une des sept « régions socio-culturelles » au monde. Ce lien entre la géographie de l'Arctique et les communautés autochtones est institutionnalisé, pour ne pas dire instrumentalisé par les

1. Convention sur les peuples autochtones et tribaux, n° 169, Organisation internationale du travail, 1989.

2. Le projet de traité sur l'Arctique prévoyait « un Comité des peuples indigènes de l'Arctique afin d'offrir aux représentants des peuples indigènes de l'Arctique la pleine consultation dans le cadre des décisions prises par la Commission arctique », II-3, le Cercle Polaire, septembre 2008.

3. Déclaration d'Ottawa, 1996, www.arctic-council.org.

États intéressés. À la question « Qu'est-ce que l'Arctique ? », ils répondent que « le peuple Sami constitue le lien entre la Suède et l'Arctique[1] », qu'« au titre du Groenland [dont 89 % de la population est inuite], le Royaume du Danemark a une position centrale dans l'Arctique[2] », que « les municipalités septentrionales de la Finlande sont une partie de la terre des Sami[3] » et que « le Nord canadien, c'est avant tout et au premier chef des gens – les Inuits, et les autres peuples aborigènes ainsi que les nordistes – qui ont fait du Nord leur terre-patrie[4] ».

Mise en avant par les États subarctiques pour y renforcer leur souveraineté, la dimension autochtone justifie parfois à l'inverse une organisation territoriale transfrontalière. La terre des Sami appelée « Sápmi » ou « Samiland », où évoluent les communautés d'éleveurs de rennes (entre 80 000 et 100 000 personnes), couvre un vaste domaine à cheval sur la Norvège, la Suède, la Finlande et la péninsule de Kola en Fédération de Russie. En 1751, la Norvège et la Suède avaient signé un traité, le « Lapp Codicil », souvent présenté comme la « Grande charte Sami » et toujours en vigueur aujourd'hui. Elle autorise les communautés autochtones nomades à traverser librement les frontières dans le cadre de leurs activités

1. Sweden's Strategy for the Arctic region, Ministry for Foreign Affairs, Department for Eastern Europe and Central Asia, 2011.

2. Denmark, Greenland and the Faroe Islands : Kingdom of Denmark Strategy for the Arctic 2011–2020.

3. Finland's Strategy for the Arctic Region, 2013 – Government resolution on 23 August 2013, Prime Minister's Office Publications, 16/2013.

4. Stratégie pour le nord du Canada, ministère des Affaires indiennes et du Développement du Nord, 2009.

pastorales : « Les Sami ont besoin de la terre des deux États. En conséquence, ils disposeront, en accord avec leurs traditions, du droit de déplacer en automne et au printemps leurs hardes de rennes d'un côté à l'autre de la frontière[1]. »

Quant aux Inuits présents au Canada, au Groenland, en Alaska et en Russie, leur voix est portée au sein du Conseil circumpolaire inuit créé en Alaska en 1977. Cet organe de représentation d'une communauté autochtone, d'ailleurs l'un des premiers, était nécessaire depuis la vente de l'Alaska par les Russes aux Américains à la fin des années 1950. Des familles inuites avaient alors été séparées par des frontières de part et d'autre du détroit de Bering, complexifiant les visites de ces proches qui partagent pourtant la même langue et la même culture.

Le Conseil circumpolaire inuit assure à l'international la représentation de cette communauté linguistique et culturelle d'environ 150 000 personnes, notamment au sein du Conseil de l'Arctique et dans certaines instances des Nations unies. Leur prise en compte dans la politique étrangère des États est explicitement revendiquée par les communautés autochtones au sein du Conseil euro-arctique de la mer de Barents : « Le caractère transnational des peuples autochtones constitue un défi considérable. Cela signifie que les politiques nationales, qui ont une incidence sur les peuples autochtones, doivent inclure une perspective de politique étrangère[2]. » Dans

1. Sillanpää Lennard, *The development of Sami Assemblies in Fennoscandia : Towards aboriginal Self-Government*, Ottawa, Indian and Northern Affairs Canada, 1992, p. 6.

2. AHDR, Introduction, 2004, p. 20.

l'Arctique comme partout ailleurs, l'internationalisme des peuples autochtones n'est pas un phénomène nouveau. Il a émergé il y a une quarantaine d'années, au moment où les peuples indigènes avaient besoin du soutien des organisations internationales pour obtenir des droits au sein de leur propre État.

La tension entre une représentation géographique de l'Arctique ancrée dans les traditions et les cultures ancestrales et le découpage de la zone en segments de territoires nationaux septentrionaux, qui remonte à la période de colonisation – *grosso modo*, au début de la deuxième moitié du XXe siècle –, est depuis une quarantaine d'années au cœur des revendications des communautés autochtones auprès de leur gouvernement. La Stratégie pour la région Arctique de la Suède est, à cet égard, d'une rare rigueur historique, puisqu'elle inclut un paragraphe qui s'apparente à une repentance coloniale : « Depuis le Moyen Âge, le pouvoir central de la Suède considère la Laponie comme une partie de son Royaume. Mais les Sami occupent ce territoire depuis des milliers d'années, à l'issue d'une migration venue vraisemblablement de l'Est, il y a environ 5 000 à 8 000 ans. Les Sami sont considérés comme l'une des plus anciennes communautés ethniques du nord de la Suède, au sein de la zone Arctique circumpolaire. Depuis le XVIIe siècle, des terres de plus en plus nombreuses ont été colonisées dans le cadre d'une politique coloniale très active, ouvrant peu à peu à des conflits entre les colonisateurs, les fermiers bûcherons et les industries Sami. »

Selon le rapporteur spécial des Nations unies pour la sous-commission des droits de l'homme, José Martinez Cobo, l'identité autochtone repose principalement sur le rapport aux territoires ancestraux : « Les communautés autochtones (...) représentent aujourd'hui un segment non prédominant de la société [10 % de la démographie arctique] et sont déterminées à préserver, développer et transmettre aux générations futures, leurs territoires ancestraux et leur identité ethnique, bases de leur continuité d'existence en tant que peuples, en accord avec leurs propres modèles culturels, institutions sociales et législations. » Un vade-mecum du forum permanent des Nations unies pour les questions autochtones ajoute que « les peuples autochtones ont beaucoup en commun avec d'autres segments négligés des sociétés – manque de participation et de représentation politiques, marginalisation dans la vie économique, pauvreté, accès insuffisant aux services sociaux et discriminations. En dépit de leurs différences culturelles, les différents peuples autochtones partagent les mêmes problèmes liés à la reconnaissance de leurs droits[1]. »

Dans ce processus historique de reconnaissance, l'inclusion des représentations autochtones au sein des organes de coopération régionale constitue un progrès important : « Une caractéristique unique et innovante du Conseil de l'Arctique est le rôle accordé aux participants permanents. Bien qu'ils ne soient pas considérés formellement comme des "membres", les organes de représentation des peuples autochtones sont impliqués dans toutes les activités du Conseil, selon une égalité de facto[2]. » Cette innovation a fait école : le Groupe de

1. « Qui sont les peuples autochtones ? », Instance permanente sur les questions autochtones, Nations unies, 2006.

2. *Arctic Human Development Report*, 2004, Introduction, p. 20.

travail des peuples autochtones revendique depuis 2010[1] un statut de « participant permanent » au sein du conseil euro-arctique de la mer de Barents.

Sur le plan international, on dénombre une seule convention juridiquement contraignante : la convention n° 169 de l'Organisation internationale du travail sur les « droits des peuples autochtones et tribaux » adoptée en 1989, qui n'a été ratifiée que par un État parmi les sept de la zone circumpolaire-Nord : la Norvège. L'Islande constitue une exception puisqu'elle ne compte pas de communauté autochtone. Un autre instrument international, de droit mou celui-là, c'est-à-dire non juridiquement contraignant, est la Déclaration des Nations unies sur les droits des peuples autochtones adoptée en 2007. Ces dernières années, elle a été signée par l'ensemble des huit États subarctiques. Cette déclaration fixe les « standards minimum pour la survie, la dignité et le bien-être des peuples autochtones du monde entier[2] ».

En dépit de cette reconnaissance internationale, les communautés autochtones continuent d'être l'objet de discriminations dans les lois – c'est peut-être même une caractéristique de leur condition[3]. S'agissant du Conseil de l'Arctique qui a inscrit dans ses statuts la norme internationale du « consentement préalable, libre et éclairé[4] » des com-

1. Résolution du 1er Congrès de Barents des peuples autochtones, Kirkenes, 4-5 février 2010.

2. Déclaration des Nations unies sur les droits des peuples autochtones, art. 43.

3. Groupe de travail international pour les affaires indigènes, IWGIA.

4. UNDRIP, article 19.

munautés autochtones, une anecdote permet d'apprécier la réalité de cette prise en compte. Lors de la sixième conférence ministérielle du Conseil de l'Arctique qui se tenait à Tromsø, en Norvège, en avril 2009, à laquelle l'ambassadeur pour les pôles et moi assistions pour la première fois, un représentant autochtone prit la parole et fit remarquer que la référence aux Arctic Eight (en abrègé, « A8 »), courante au sein du Conseil, ne faisait pas grand cas des organisations autochtones. La présidence norvégienne, le ministre des Affaires étrangères Jonas Gahr Støre, réfléchit un instant et proposa de substituer à cette dénomination celle plus complète de « A8+ ». Depuis, les communautés autochtones sont symbolisées par ce signe « + » accolé au sigle désignant les huit États membres. Cette dénomination en dit long sur le poids plume des représentants permanents en comparaison des huit poids lourds.

En dépit de ce statut concédé aux organisations autochtones, Michel ne s'habituera jamais aux manifestations d'allégeance ritualisées qui jalonnaient les réunions ministérielles du Conseil. « Quand on a connu la guerre d'Algérie, on n'imagine pas retrouver cinquante ans plus tard pareil régime d'affabilité et de politesse excessive de la part des représentants autochtones à l'égard des représentants de leur État de tutelle ; ce rituel de rond de jambe occupe souvent plus du tiers, parfois la moitié, de leur temps de parole. » Michel Rocard était un fervent opposant à la guerre d'Algérie. Auteur d'un rapport sur les conditions des camps de regroupement en Algérie et artisan majeur de la paix en Nouvelle-Calédonie, ce social-démocrate humaniste n'avait pas de mots assez durs pour décrire cette atmosphère de subordination : « Le Conseil de l'Arctique se réunit deux heures tous les deux ans [au niveau ministériel], et ces deux heures sont purement protocolaires, car les peuples autochtones, invités à titre décoratif, accaparent la tribune et multiplient les remerciements[1]. » Par ces mots, Michel ne voulait pas amoindrir leur parole, bien au contraire : rappelons que celui qui s'exprime est l'acteur politique majeur des accords Matignon-Oudinot de 1988, lesquels ont conduit à la pleine reconnaissance de la culture Kanak. D'ailleurs, il le fit savoir. « Je n'ai jamais vu cela. Je vais siéger au Conseil de l'Arctique le petit doigt sur la couture du pantalon, pour serrer la main du président, présenter mes respects, participer au banquet final, écouter les discours des peuples opprimés. Pour moi, c'est tragiquement évocateur des souvenirs que j'ai de la France qui se comportait ainsi avec les notables locaux de ses propres colonies. J'ai décidé ici de ne pas faire de cadeau et affirme donc que la manière dont cela se passe est tout à fait détestable et même relativement déshonorante pour des pays développés. » Et d'ajouter : « J'ose dire que je profite de l'invitation de l'Institut Jean Lecanuet pour pousser un coup de gueule, même si ce n'est pas très diplomate[2]. » Du grand Rocard.

Finalement, la référence au format « A8+ » cache mal l'écrasement de « l'Arctique, terre-patrie » des communautés autochtones sous la représentation de « l'Arctique, nouvelle

1. Intervention de Michel Rocard, Festival international du film ornithologique de Ménigoute (Deux-Sèvres), 31 octobre 2013. Cité in Roger Cans, « Michel Rocard à Ménigoute », *Journalistes, Écrivains pour la Nature et l'Écologie*, 20 novembre 2013.

2. « Quel avenir pour l'Arctique ? », conclusion par Michel Rocard, *France Forum*, hors-série, Institut Jean Lecanuet, novembre 2014.

frontière septentrionale », réservoir de ressources naturelles pour les sociétés subarctiques industrialisées. Cette distorsion s'est notamment manifestée dans la définition officielle de la « zone arctique russe » adoptée par le Président Poutine en février 2013. Elle visait à circonscrire les territoires septentrionaux riches en ressources naturelles considérés comme prioritaires dans la Stratégie de développement de la zone arctique russe et de sécurité nationale jusqu'à 2020. Les minorités indigènes de la République de Carélie – les Caréliens – et de la République de Komi – les Komis – ont été ainsi exclues de la zone Arctique russe. La dimension autochtone pèse peu face aux intérêts économiques et politiques des États subarctiques.

De retour d'un séminaire sur l'Arctique en août 2011, organisé d'une main de maître par Louis Fortier, fondateur du réseau ArcticNet, à bord du brise-glace de la garde côtière canadienne NGCC Amundsen converti en navire de recherche, avec bons vins et bonne chère, nous avons débarqué à Resolute Bay, au Nunavut, l'un des deux villages les plus septentrionaux du Canada qui regroupe environ 200 habitants. Selon notre habitude, Michel et moi avons abandonné l'oasis de vie de Resolute Bay pour faire une longue promenade sans but sur la toundra. Au détour d'une formation rocheuse, nous avons découvert, incrustée dans la pierre, une plaque commémorative sur laquelle était inscrit :

> À la mémoire des Inuits installés ici en 1953 et en 1955. Ils sont arrivés sur ces côtes désolées avec la promesse d'une vie meilleure qui leur avait été faite par le gouvernement. Ils ont enduré une existence d'une extrême dureté et ont dédié leur

vie à l'affirmation de la souveraineté du Canada sur ces terres et ces eaux. Septembre 2010.

Les familles inuites ont été déportées dans ces contrées désertes du Haut-Arctique en vue d'y asseoir par une occupation humaine la souveraineté du Canada. Ce fut un naufrage sanitaire pour la plupart des 87 individus délocalisés. Cette plaque commémorative exprimait la repentance officielle du Canada un demi-siècle plus tard.

Si les décennies qui ont suivi cet épisode sombre de l'histoire de l'Arctique canadien ont consacré l'institutionnalisation de l'identité inuite, la cause autochtone continue, sous des formes atténuées et plus équilibrées, d'être un levier d'affirmation de la souveraineté du gouvernement fédéral sur les territoires du « Nord, vaste et vide[1] » ou très peu habité. Qu'il s'agisse de la revendication canadienne relative aux « eaux historiques[2] » ou de la mise en avant des habitants ancestraux pour barrer

1. Selon une expression de la journaliste canadienne Jessica Murphy, « PM lays out national dream for the North », *Orillia Packet*, 25 août 2012.

2. Le « Régime juridique des eaux historiques » repose, entre autres critères, sur le fait que « l'autorité de l'État doit avoir été exercée de façon continue, pendant un laps de temps considérable » (Commission du droit international, 9 mars 1962). Cette position a été exposée à la Chambre des Communes, le 10 septembre 1985 par le secrétaire d'État aux Affaires étrangères du Canada, Joe Clark : « Ces îles sont réunies et non pas divisées par les eaux qui les entourent. La majeure partie de l'année, elles sont reliées par la glace. De tout temps, les Inuits du Canada ont utilisé et occupé la glace de la même façon qu'ils ont utilisé et occupé la terre ferme » (cité in R. Huebert, « Impact du changement climatique sur le passage du Nord-Ouest », *Isuma*, vol. 2, n° 4, hiver 2001).

la route à l'ingérence de la communauté internationale dans les affaires arctiques, la cause autochtone connaît un niveau d'instrumentalisation au moins aussi élevé que les enjeux de protection de l'environnement. De leur propre aveu, les représentants autochtones s'en satisfont, parce que cela contribue à une reconnaissance indirecte de leurs revendications.

Un exemple illustre cette instrumentalisation. À l'occasion d'une conférence de l'Union européenne intitulée « Arctique durable – approches innovantes », organisée les 15 et 16 juin 2017, à Oulu en Finlande, le commissaire européen Karmenu Vella déclara : « Je suis un résident de l'Arctique ! », rappelant par là que l'Union européenne comprend la Laponie finlandaise et la Laponie suédoise et a donc une légitimité à s'exprimer sur la conjoncture boréale. Invitée à cette conférence, la ministre des Affaires étrangères du Canada, Chrystia Freeland, répliqua en reprenant à son compte le slogan des peuples autochtones : « L'Arctique est notre terre-patrie. » La Stratégie pour le Nord du Canada joue d'ailleurs cette carte à fond : « Le fondement est solide : la souveraineté du Canada dans l'Arctique est bien établie et de longue date. Elle repose sur un titre historique, lui-même fondé en partie sur la présence d'Inuits et d'autres peuples autochtones, qui remonte à des temps immémoriaux[1]. »

Qui n'y voit que la promotion d'un folklore traditionnel passe à côté des rapports de force en jeu.

1. Stratégie pour le Nord du Canada, 2010.

XIII

Objectif : le pôle Nord

Au fil de nos pérégrinations aux confins du monde, dans ces oasis de vie où le voyageur trouve encore refuge, dans des villages, d'anciennes stations baleinières ou des bases scientifiques, l'idée d'aller plus loin encore germa dans mon esprit. Un jour, à l'occasion d'un déjeuner bien arrosé Chez Françoise, la cantine des parlementaires, situé dans l'aérogare des Invalides, où Michel avait lui-même ses habitudes, je lui proposai un projet.

« Et si on allait jusqu'aux extrémités du monde, le pôle Nord et le pôle Sud géographiques ? Qu'en dis-tu ?

— Waouh ! Doucement les basses, frangin ! Comme tu y vas ! s'exclama Michel, le visage un peu échauffé par le vin. Ça demande réflexion », ajouta-t-il.

Finalement, il répondit aussitôt :

« Si tu peux monter ça, j'en suis !

— Si nous y parvenons, je te promets de te faire entrer dans le livre des records ! Tu deviendrais le deuxième homme d'État à avoir atteint le pôle Nord géographique, après le prince Albert II en avril 2006, prolongeant l'œuvre de son trisaïeul, Albert Ier ! Pas mal, non ?

— Arrête tes violons, frangin, tu veux me transformer en statue du Commandeur ? »

Avant la pandémie, une agence privée russe installait chaque année un campement léger sur la banquise boréale dérivante, à environ 89° de latitude Nord, le camp de glace Barneo[1]. Cette station était ouverte pendant un mois, de fin mars à fin avril et accueillait environ 250 touristes qui reliaient à ski de randonnée ou en hélicoptère le pôle Nord géographique.

Nous mîmes à profit les relations tissées avec le représentant spécial du président de la Fédération de Russie, Artur Chilingarov, grand gaillard à la mine hilare et mangée par une longue barbe de pope. Artur Chilingarov, *polarnik* (« polaire[2] », en russe) confirmé, était l'un des membres d'équipage du submersible Mir-1 de l'expédition Arktika qui, le 2 août 2007, lors d'une plongée à 4 261 mètres sous la banquise arctique, avait déposé et photographié un drapeau en titane de la Fédération de Russie. Une première mondiale au plan technologique. La photo fit le tour du monde et fut interprétée par des

1. Depuis plusieurs années, les mauvaises conditions de glace, la pandémie de la Covid et les tensions diplomatiques avec la Russie ont rendu impossible l'exploitation du camp. Le camp de Barneo devrait rouvrir en 2024, selon le journaliste Michael Wenger (*Polar Journal*, 15 décembre 2023).

2. « Polaires » est le nom que se sont donnés les aventuriers et les voyageurs au long cours qui fréquentent les zones de haute latitude. À l'exemple de Jean Malaurie qui écrivait : « Nous, polaires, sommes les veilleurs de nuit face à une mondialisation sauvage. » (*Appel des Pôles*, publié par le Cercle Polaire, décembre 2009.)

diplomates canadiens et danois comme une provocation de la Fédération de Russie pour s'approprier le plancher océanique du pôle Nord. « Nous ne sommes plus au xve siècle. Vous ne pouvez pas aller comme ça, de par le monde, planter votre drapeau et déclarer : "Nous revendiquons ce territoire[1] !" » avait réagi, indigné, le ministre des Affaires étrangères du Canada, Peter MacKay. Artur Chilingarov est connu pour sa provocation et, à l'évidence, cette posture n'était pas pour déplaire aux officiels russes qui lui décernèrent le 10 janvier 2008 le titre de Héros de la Fédération de Russie.

Artur Chilingarov voyait en Michel Rocard son homologue français. De fait, lors de plusieurs conférences internationales, il fut présenté comme l'envoyé spécial du président de la République Nicolas Sarkozy. Grâce au soutien d'Artur Chilingarov, nous obtînmes l'autorisation de nous rendre à Barneo. Ragnar Axelsson, surnommé RAX, photo-reporter à la renommée internationale pour le quotidien islandais *Morgunblaðid*, serait de la partie. Le Cercle Polaire l'avait déjà entraîné en croisière-expédition en Géorgie du Sud en novembre 2010, à bord du navire Le Boréal de la compagnie Ponant.

Michel et moi nous rendîmes au magasin le Vieux campeur dans le quartier latin à Paris pour nous équiper de pied en cap, le tout compacté dans des sacs d'expédition étanches grand froid qui nous suivraient pendant toutes nos pérégrinations polaires. Michel sortit ravi du magasin de sport, comme s'il avait subitement retrouvé ses jeunes années.

1. Peter McKay, Canadian Television (CTV), 2 août 2007.

Le jour dit, nous nous envolâmes via Oslo puis Tromsø en Norvège, vers Longyearbyen, sur l'île du Spitzberg, dans l'archipel arctique du Svalbard, porte d'entrée du Haut-Arctique par où transitèrent de nombreux explorateurs au cours de la conquête du pôle Nord. Comme à chacune de nos escales à Longyearbyen, nous dînions au Huset, restaurant gastronomique inouï, situé à 78° de latitude Nord, tenu par un ancien élève du chef étoilé Paul Bocuse, où des mets de choix à base de renne, de phoque barbu ou de crabe royal rivalisent avec des vins d'exception.

Le lendemain matin, Michel, RAX et moi embarquâmes à bord d'un vieux coucou soviétique, un Antonov-74, un biréacteur capable d'effectuer des atterrissages et des décollages assez courts, à destination du camp de Barneo. Le reportage photo de RAX montre l'ambassadeur auprès des pingouins engoncé dans un équipement grand froid dont il ne voulut pas se défaire pendant le vol, assis à côté du seul et unique hublot de cet avion forteresse. Il était fasciné par le spectacle à la fois monotone et indéfiniment renouvelé de la banquise vue du ciel. Par endroits, elle était recouverte de mares de fonte bleues. Ailleurs, des chenaux détournés par des méandres sinuaient comme de longs cours d'eau. Là où les plaques s'enchevêtraient, des « crêtes de compression » se formaient, donnant à cette apparente patinoire l'aspect d'un champ de bataille travaillé par des forces titanesques.

Nous aperçûmes bientôt des couleurs qui se détachaient de la blancheur immaculée : un campement de quelques tentes plantées çà et là, au milieu de nulle part. Nous atterrîmes sur une courte piste de glace qui imposa à l'avion un freinage assez brutal. Michel s'extirpa de l'avion, chargé de sa sacoche en cuir bourrée de livres qui ne le quittait jamais.

Le froid était saisissant, la température ressentie avoisinant les -30 °C. Le long de la piste, un attroupement attendait l'avion qui devait les ramener au hub d'expédition polaire de Longyearbyen. Nous croisâmes Artur Chilingarov, emmitouflé dans une parka et coiffé d'une volumineuse chapka, entouré d'une cohorte de collaborateurs, qui nous salua chaleureusement avec son air jovial habituel. Après plusieurs poignées de main ponctuées d'éclats de rire et d'amabilités en russe, nous nous quittâmes sans avoir rien échangé de plus. Avec le temps, nous nous sommes habitués à ces interactions chaleureuses avec nos collègues russes, qui tiennent souvent lieu d'échange diplomatique non compromettant.

Nous marchâmes vers le campement où nous étions attendus par le patron de la base, Viktor Boyarski, un autre *polarnik* confirmé, qui salua chaleureusement l'ancien Premier ministre. Nos échanges furent aussi sympathiques que fuyants, comme s'il craignait de commettre un impair avec l'envoyé spécial du Président Sarkozy, qui risquait de remonter aux oreilles des hautes autorités russes. D'ailleurs, le chef du camp nous remit des badges « VIP » afin de nous réserver un traitement particulier. Michel protesta un peu. Après quelques recommandations sur la dangerosité du milieu environnant – risques de gelures, d'ophtalmie des neiges ou d'hypothermie –, Viktor Boyarski porta un toast en l'honneur de M. Rocard : « Monsieur l'envoyé spécial du Président, demain à cette même heure, si le temps le permet, vous serez sur le toit du monde ! Vous verrez, ici, la météo est très changeante. *Za Vaché zdorovié* ("À votre santé !"). »

Le camp de base était très rudimentaire : une grande tente pour les repas et la cuisine, une autre pour les groupes électrogènes, et plusieurs encore qui abritaient des dortoirs d'une vingtaine de lits de camp chacune, surchauffées par de puissantes souffleries. Michel déballa ses affaires sur son lit de camp que nous prîmes soin de choisir proche de l'arrivée d'air chaud. « Et si on allait s'en griller une ? » proposa Michel qui n'avait pas fumé depuis notre départ de Longyearbyen. Lui des Gauloises, moi de fins cigares. Nous avions partagé d'innombrables moments de convivialité de fumeurs dans les endroits les plus inhospitaliers de la planète, mais à Barneo, l'exercice s'avéra plus délicat, car une fois dénudée pour tenir la cigarette, notre main rougissait jusqu'à véhiculer une douloureuse sensation de tenaillement, sans parler de nos visages découverts. Nous n'allâmes jamais plus loin qu'une demi-cigarette.

Autour de nous, des touristes de l'extrême de différentes nationalités s'affairaient pour vérifier une dernière fois leur matériel d'expédition avant le départ pour « le dernier degré Nord ». Ces aventuriers de tout poil partaient du camp de glace Barneo, à environ un degré de latitude du pôle Nord géographique, pour atteindre à ski de randonnée le mythique point de convergence des méridiens de l'hémisphère Nord, en huit à dix jours de marche. Le dernier sport à la mode apparemment.

Nous tombâmes nez à nez sur une connaissance, François Bernard, dit « Ben », guide de haute montagne à Chamonix, premier Français à avoir réalisé le défi des trois pôles : le pôle Nord et le pôle Sud sans assistance, et le mont Everest, avec oxygène. Nous lui souhaitâmes bonne route, mais savions que ce serait pour lui une promenade de santé. Il s'enfonça petit à petit dans ce désert de glace sans bornes. La banquise grumeleuse s'étendait à perte de vue, dans toutes les directions. À l'image de l'infini dont le centre est partout et la circonférence, nulle part, selon la formule de Pascal.

Michel improvisa une promenade en solitaire sur la banquise, les bras croisés dans le dos, penché un peu vers l'avant. Plongé dans la désolation polaire, à la manière des mystiques en retraite, comme pour retrouver, derrière la comédie humaine à laquelle il avait beaucoup sacrifié, le sens de son existence. « Il y avait, dans cet engagement polaire de Michel Rocard, une dimension spirituelle indéniable ; l'éthique protestante était la colonne vertébrale de sa vie, et cette quête des grands espaces vierges où la présence de l'homme est inutile, c'était aussi pour lui une manière de donner une claque à l'orgueil humain[1] », avait commenté un jour la journaliste Christine Oberdorff qui nous a plusieurs fois accompagnés dans nos voyages polaires.

RAX et moi nous tenions en retrait sans quitter Michel des yeux. Il ne manquerait plus que l'ambassadeur auprès des pingouins tombe dans un trou de glace molle, ou qu'il se retrouve nez à nez avec un ours polaire errant et affamé. RAX immortalisa la scène avec le talent de photographe noir et blanc qui est le sien.

Le lendemain, nous n'avions rien d'autre à faire qu'attendre le signal de départ, engoncés dans nos équipements

1. Bénédicte Le Chatelier, « Michel Rocard, ses derniers combats pour la protection des pôles », 12-14 de LCI, 4 juillet 2016.

grand froid. Nous commencions à être gagnés par un sentiment de désœuvrement. Ces lieux désolés et sans but, incompatibles avec toute projection, mettaient à l'épreuve l'animal social en nous et notre vanité. Nous partagions tous les deux un goût inexplicable pour ces lieux décrochés du monde, où le temps semble suspendre son vol. Nous alternions des demi-cigarettes dans l'air glacé avec des cafés fumants sous la tente Mess.

Non loin du camp, une sorte de tipi abritait une expérimentation scientifique conduite par un chercheur russe. Nous allâmes à sa rencontre. Il s'agissait de Sergueï Pisarev, chercheur à l'université de Lomonossov à Moscou, que je connaissais, puisqu'il était membre d'ACCESS[1], un programme scientifique européen consacré à l'étude des effets du changement climatique sur l'Arctique dont le Cercle Polaire était un des participants. Un puits avait été aménagé dans la glace : il était surmonté d'une poulie qui permettait de plonger dans l'eau de mer un instrument équipé de capteurs.

Michel lui dit sa fascination pour cette mobilisation scientifique planétaire autour des effets du changement climatique, mais le chercheur le stoppa net. Il lui expliqua ne pas partager la vision occidentale sur l'origine anthropique du changement climatique. Pour lui, ce dernier répondait à des cycles naturels décennaux encore mal identifiés. À l'instar de ses compatriotes russes, Sergueï Pisarev s'affichait sans complexe en climato-sceptique, tout en bénéficiant allègrement des fonds d'un programme de recherche européen qui tenait

1. Arctic Climate Change Economy and Society (ACCESS), 2011-2015, piloté par l'Université Pierre et Marie Curie.

pour acquis que les activités humaines étaient à l'origine du changement du climat global.

La conversation commença à s'enliser quand, soudain, la voix de Viktor Boyarski retentit, dans un anglais à couper au couteau : « *Last call for boarding to the North Pole !* (Embarquement immédiat pour le pôle Nord !) » Il fallait faire vite car la fenêtre météo était étroite. Nous nous engouffrâmes dans la carcasse d'un hélicoptère de combat soviétique MI-8, capable de voler même si l'un de ses deux turbomoteurs tombe en panne, et nous nous envolâmes vers ce lieu mythique qui nous avait tant fait rêver.

Viktor Boyarski misa sur sa bonne humeur communicative pour faire monter l'excitation des trois novices que nous étions : « Pôle Nord ! Pôle Nord ! 10 minutes ! » L'hélicoptère se posa là où il pouvait, et nous descendîmes de l'appareil où nous tombâmes nez à nez avec l'aventurier belge Alain Hubert, président de la Fondation polaire internationale, qui venait d'accompagner à ski des touristes chinois jusqu'au toit du monde. Décidément, le monde polaire était petit !

Nous nous dirigeâmes vers le point de latitude 90° 00' Nord repéré par un GPS. Nous découvrîmes un coin de banquise comme les autres, que rien ne distinguait du reste, sinon les coordonnées géographiques. L'appareil de géolocalisation ne pouvait se stabiliser sur ce point géodésique sans épaisseur, et on mesura à cet instant la dimension purement conventionnelle de ce totem dérisoire qui, dans l'histoire, avait été l'enjeu de tant de funestes expéditions.

RAX nous immortalisa, Michel et moi, tenant un drapeau de l'association le Cercle Polaire, puis je le photographiai à mon tour, un drapeau islandais à la main. Un premier toast à la vodka au cri de « Vive le pôle Nord ! » (« *Da zdravstvuet Severnyi Poljus !* », en russe) et un autre à la mémoire du héros national Ivan Papanine, chef de la première expédition russe à avoir atteint le pôle Nord, le 21 mai 1937, le tout accompagné d'un morceau de hareng fumé dur comme de la pierre, parce que congelé à l'air ambiant, acheva de faire de nous des *polarniki*.

Quelques jours plus tard, de retour à Paris, j'envoyai un projet de communiqué à l'AFP qui le publia sur son fil d'actualités, enrichi d'un bref entretien téléphonique avec Michel : « L'ex-Premier ministre socialiste Michel Rocard, 80 ans, est devenu lundi le second homme d'État à se rendre au pôle Nord géographique (...). Michel Rocard n'a pas planté de drapeau lors de son passage, comme le font souvent les visiteurs. "Le pôle est dans les eaux internationales ; si j'y avais planté un drapeau, cela aurait peut-être produit un incident diplomatique", avait-il déclaré. Selon ses proches, il devrait se rendre au pôle Sud vers la fin de l'année[1]. »

1. « Michel Rocard, 80 ans, second homme d'État à se rendre au pôle Nord », AFP, 20 avril 2011.

XIV

L'Arctique, pôle de paix et de coopération

Par-delà les rapports de force à l'œuvre, l'Arctique continue d'être marqué par un héritage historique et politique consacrant cette zone comme un « pôle de paix et de coopération » transcendant les frontières. Cet héritage pèse tout particulièrement sur l'archipel du Svalbard dont on oublie souvent qu'il a été, dans l'histoire, bien avant le traité sur l'Antarctique de 1959, la première initiative de création d'une zone géographique neutre, ouverte à la communauté internationale sous condition d'y mener des activités pacifiques.

Jusque vers la fin du XIXe siècle, l'archipel du Spitzberg, rebaptisé plus tard archipel du Svalbard par les Norvégiens, était un territoire sans maître – *terra nullius* – identifié par plusieurs puissances européennes comme un vaste réservoir de charbon, de baleines ou de morses sur lequel plusieurs pays (Suède, Norvège, Russie, Angleterre et plus tard États-Unis) avaient émis des revendications, notamment sur les sites miniers.

En 1907, la Norvège, devenue indépendante depuis peu, proposa à toutes les parties prenantes[1] d'organiser une conférence pour élaborer un projet de gouvernance des activités humaines dans l'archipel, en s'engageant à ne pas mettre en cause le statut de zone internationale ouverte à tous. Trois conférences sur le Spitzberg furent organisées à Christiana au Danemark, et en juin 1914, un projet de traité était soumis à la discussion des parties. Cet avant-projet répondait à plusieurs grands principes : « L'archipel du Spitzberg est une *terra nullius* ouverte aux ressortissants de toutes les nations et constitue une zone neutre. » Une organisation internationale du Spitzberg devait voir le jour. Les négociations avancèrent, mais le déclenchement de la Première Guerre mondiale y mit fin. Au sortir de la guerre, l'ambassadeur de la Norvège, le baron de Wedel-Jarlsberg, joua de son influence pour introduire la question du Spitzberg dans l'ordre du jour de la Conférence de paix de Paris. Et le 9 février 1920, les cinq grands vainqueurs de la guerre (France, Grande-Bretagne, États-Unis, Italie et Japon) et les puissances neutres intéressées (Norvège, Suède, Pays-Bas et Danemark) – l'Allemagne passant à la trappe – signèrent le traité sur le Spitzberg.

Ce texte officialisa l'ouverture internationale de l'archipel du Spitzberg à tout ressortissant des États signataires y menant des activités pacifiques, et sanctionna dans le même temps la « pleine et entière souveraineté de la Norvège ». Aucun droit de propriété ne put dès lors être acquis sur le sol du Spitzberg, seulement un droit d'occupation et d'exploitation. Quant aux

1. Angleterre, France, Russie, Hollande, Belgique, Suède, Danemark et Allemagne.

revendications territoriales qui avaient été émises avant l'entrée en vigueur dudit traité, elles devraient s'en remettre à l'arbitrage d'un tribunal spécifique. Le traité du Spitzberg de 1920 consacrait un mariage inédit et complexe entre souveraineté d'un État et régime international.

Depuis, la Norvège s'est livrée à des contorsions diplomatiques pour respecter « l'égale liberté d'accès » et « l'égalité d'exercice et d'entreprise » de toutes les parties signataires, tout en affirmant vigoureusement sa souveraineté sur l'archipel, qu'elle prit d'ailleurs soin de rebaptiser « Svalbard », peut-être pour mettre quelques distances avec le nom de ce traité qui instituait l'internationalisation partielle de ce territoire. Aujourd'hui, cet accord signé par neuf pays fondateurs compte quarante-six États, étant entendu que les ressortissants de ces pays peuvent résider au Svalbard et y travailler sans visa ni permis de résidence. On aurait pu croire ce dispositif juridique dormant tant il brille par son invisibilité au niveau international, mais les dernières adhésions au traité de Paris (Lituanie, Lettonie, Corée du Sud, Corée du Nord) témoignent du positionnement stratégique dont le Svalbard est l'objet.

L'archipel a par ailleurs accueilli plusieurs bases scientifiques. La France a été le premier pays à y installer un camp d'été en 1963, la base Jean Corbel et plus tard, en 1999, une station, la base Charles Rabot, qu'elle partage aujourd'hui avec l'Allemagne sous le nom de base AWIPEV. Cette station est dotée d'un laboratoire de géophysique, de biologie et de chimie, pouvant accueillir jusqu'à seize chercheurs. Au fil des décennies, le projet de laboratoire scientifique collaboratif cher au cœur des pères fondateurs avait pris forme avec le Centre international de l'Arctique pour la recherche scientifique de Ny-Ålesund, ancienne communauté minière, où dix nations[1] disposent d'une base de recherche et bénéficient d'infrastructures communes gérées par la compagnie d'État norvégienne Kings Bay, à l'image d'un campus universitaire perdu au bout du monde, dans un magnifique fjord, le *Kongsfjorden* (« fjord du roi »).

Michel ne connaissait du Svalbard que la ville de Longyearbyen par où nous avions transité pour nous rendre à la base dérivante russe de Barneo. Il avait retenu de ses échanges avec son ancienne collègue du Parlement européen, Diana Wallis, l'idée que la gouvernance instituée par le traité sur le Spitzberg constituait un modèle intéressant pour l'ensemble de l'Arctique, notamment en ce qui concerne la gestion pacifique des ressources naturelles, la protection de l'environnement et la coopération scientifique[2]. Diana Wallis avait été l'objet de pressions de la part des puissances arctiques européennes, qui n'avaient pas été étrangères à sa démission du Parlement européen en janvier 2012. Michel, rompu au combat politique, jamais ébranlé par des actes d'intimidation, écouta sa collègue. Comme elle, il retenait que le traité de 1920 proposait une articulation originale entre souveraineté et régime international, qui constituait à ses yeux une innovation juridico-politique majeure dans la bataille pour l'organisation de la planète.

1. Allemagne, Chine, Corée du Sud, France, Inde, Italie, Japon, Norvège, Pays-Bas et Royaume-Uni.

2. « *The Spitsbergen Treaty, multilateral governance in the Arctic* », Edited by Diana Wallis and Steward Arnold, p. 6.

J'organisai un déplacement au Svalbard. Nous voyagerions en compagnie de Frederik Paulsen, capitaine d'industrie passionné par les zones polaires, généreux mécène, qui avait relevé le défi de se rendre aux huit pôles de la planète[1]. Il était aussi l'un des membres de l'expédition Arktika qui avait plongé à 4 261 mètres sous le pôle Nord géographique en août 2007 à bord du submersible Mir-1. Un *polarnik* confirmé. À nos côtés également, le parlementaire britannique conservateur James Gray, connu pour son implication dans la défense de la chasse à courre… ce qui promettait des moments un peu délicats avec l'époux de Sylvie Rocard, laquelle avait une sainte horreur de la chasse à courre et la corrida. James Gray faisait là son pèlerinage dans l'Arctique, après avoir été à l'initiative d'un groupe d'étude parlementaire sur l'Arctique à la chambre des communes.

En juillet 2012, Michel et moi nous envolâmes depuis Longyearbyen vers Ny-Ålesund, le village scientifique international situé à 79° de latitude Nord, à bord d'un petit avion. La base de recherche franco-allemande AWIPEV affichait complet à cette période de l'année où les chercheurs affluent et nous séjournâmes dans l'unique hôtel fantôme du village, le Nordpolhotellet (« Hôtel du pôle Nord »), à la sobriété toute nordique, sans personnel, entièrement en bois naturel et où tout était en libre-service.

1. Les pôles Nord et Sud géographiques (points de convergence des méridiens), magnétiques (pôles de l'aimant constitué par la Terre), géomagnétiques (points d'intersection de l'axe de l'aimant avec la surface de la Terre) et d'inaccessibilité (situé à la plus grande distance de toutes terres émergées).

En dehors du Nordpolbar, le « Bar du pôle Nord » qui ouvrait en soirée une seule fois par semaine pour éviter l'abus d'alcool lié au désœuvrement dans cette partie du monde où le soleil ne se couche pas, la cantine était le lieu de convivialité de Ny-Ålesund. Des chercheurs de nombreuses nationalités s'y retrouvaient pour échanger leurs expériences de terrain dans un anglais approximatif malmené par de forts accents étrangers. En dépit des conditions de vie rudimentaires et de l'inhospitalité de l'environnement, ils ne cachaient pas leur passion pour cette zone de l'Arctique, surnommée « la montagne à la plage », en raison des montagnes qui se dressent souvent en à-pics de mille mètres de haut, avec une plage de galets en contrebas. Il existe un nom en norvégien pour désigner ces passionnés du Svalbard, amoureux de cet environnement sans pareil : les *Svalbardsyk* – littéralement, les « malades du Svalbard ».

Une particularité du village de Ny-Ålesund est d'être fréquemment visité par des ours polaires en goguette, attirés par les odeurs de cuisine ou les détritus alimentaires dont ils sont friands en cette période de disette qu'est l'été, où l'absence de banquise les prive de graisse de phoque. Un peu partout sur les bâtiments, une affichette prévenait : « Si vous voyez un ours polaire, prévenez le garde – 790238 – attendez la tonalité et composez le 17. » Les règles de sécurité exigent que l'on circule armé d'un fusil de gros calibre, après avoir totalisé un nombre minimal de points sur une cible de tir. Mais les plus malchanceux le savent : on a beau être un honorable pratiquant du « tir au pigeon d'argile », le jour où il faut viser la poitrine ou le front d'un ours polaire qui charge, c'est une tout autre histoire ! La réglementation du Svalbard était sur ce point très stricte. On est autorisé à faire feu uniquement en situation de légitime défense. En cas d'accident, comme il en arrive un presque chaque année, le gouverneur du Svalbard dépêche sur place un officier de police pour contrôler les modalités d'exécution de l'animal – quand c'est bien l'animal qui a été exécuté par le chercheur ou le touriste, et pas l'inverse…

En dehors de la station franco-allemande AWIPEV de Ny-Ålesund, la France dispose d'une annexe, la base Jean Corbel, du nom du géographe lyonnais, située à presque cinq kilomètres de la première. Spécialisée dans les mesures de physicochimie, de l'atmosphère et de glaciologie, elle peut accueillir huit personnes en été. Parce qu'elle fut la première base scientifique à s'implanter dans la zone en 1963, elle appartient à la France, alors que toutes les infrastructures des pays installées à Ny-Ålesund sont louées à la Kings Bay. La Norvège a trouvé là un moyen de prévenir les tentatives d'appropriation du sol de Ny-Ålesund. Il en va différemment des bases situées dans d'autres endroits au Svalbard qui sont gérées de manière autonome par les pays de tutelle[1].

La visite de la base Jean Corbel est un morceau d'anthologie dans nos carnets de voyages polaires bien remplis. La chercheuse

1. La station de Barentsburg, située à 55 kilomètres à l'ouest de Longyearbyen, dans le Grønfjorden, en est un bon exemple. Accessible en été par bateau et en hiver par motoneige, cette cité minière et colonie civile russe d'environ 400 habitants a été installée au début des années 1930. Elle est dotée d'une centrale électrique à charbon, d'un hôtel, d'une école, d'une garderie et d'un centre de recherche scientifique en lien avec l'académie des sciences russe.

française Madeleine Griselin nous invita à déjeuner. Cette hydro-glaciologue et directrice de recherches au CNRS totalisait une trentaine de séjours dans cette base, soit, en cumulé, environ trois années sur place. Elle s'était notamment distinguée en conduisant la première expédition exclusivement féminine au pôle Nord géographique en février 1986 depuis le Spitzberg.

Nous revêtîmes des combinaisons intégrales étanches orange fluo pour notre trajet en zodiac vers la station Jean Corbel. Un équipement nécessaire quand on sait que la durée de survie dans les eaux arctiques est estimée à sept minutes. Nous slalomâmes pendant une petite heure au milieu des « bourguignons », petits morceaux d'iceberg fondus, direction la péninsule de Brøgger située sur la rive sud du fjord du Roi. Nous arrivâmes devant un immense arc de plage bordant le glacier Loven où Madeleine Griselin nous attendait, accompagnée de deux de ses équipiers dont l'un portait un fusil en bandoulière. Madeleine salua tous les convives et réserva un accueil chaleureux à Michel pour lequel elle avait manifestement de l'admiration.

Svalbardsyk incurable, elle nous avait préparé une visite guidée de plusieurs heures sur son glacier de prédilection : le glacier Loven-Est dont elle connaissait les moindres recoins. Michel écoutait attentivement les explications de Madeleine qui n'eut aucun mal à le tutoyer. C'était pour Michel toujours très gratifiant de se voir traité en confident politique du diagnostic scientifique. Cela le consolait sans doute aussi des mots très durs de son père lorsqu'il s'était inscrit à Sciences Po au lieu de se diriger vers les classes préparatoires scientifiques. Michel et Madeleine firent d'autant plus vite connaissance qu'ils pratiquaient tous deux un parler populaire qui n'excluait ni un vocabulaire technique ni un style parfois châtié. La soirée sans nuit promettait d'être chaleureuse.

Après cette visite, nous nous dirigeâmes vers la « cabane de luxe » où un dîner inouï nous attendait : poulet à la crème aux morilles ! Ce qui, en considération de l'endroit perdu où nous nous trouvions, était pour le moins inattendu. Pour couronner le tout, Frederik Paulsen, surnommé par son entourage le « gentleman des pôles » parce que réputé pour son savoir-vivre, sortit de sa mystérieuse valise porte-violon un mathusalem de Château Angélus 2003, premier Grand Cru classé de Saint-Émilion. Madeleine Griselin avait mis les petits plats dans les grands pour faire honneur au Premier ministre et célébrer son anniversaire. Au moment de repartir tard dans la nuit – mais en plein jour –, Michel remercia chaleureusement notre hôte :

« Je pensais que le meilleur restaurant du bout du monde était le restaurant gastronomique de Longyearbyen, tenu par un ancien élève de Paul Bocuse. Je ferai désormais savoir qu'il existe une autre table excellente plus arctique encore, la base Jean Corbel ! Merci, Madeleine, pour ce moment magique de convivialité polaire… Vous permettez que je vous appelle Madeleine ? »

Michel avait passé une bonne partie de la soirée à chanter tandis qu'elle jouait de la guitare. Madeleine consigna d'ailleurs un récit de ce dîner inouï dans le livre d'or de la base Corbel : « 22 juillet 2012. J'ai l'insigne honneur de recevoir l'ambassadeur des pôles et sa délégation. Après le repas, je sors la guitare et propose que nous chantions ; ce ne sont pas des chanteurs, alors nous entonnons "La Marseillaise" et les Anglais répondent avec

“God Save the Queen”, du jamais vu pour moi. Lui connaît par cœur “Hécatombe” de Brassens et nous voilà chantant “Au marché de Brive-la-Gaillarde”... Soirée ponctuée d’anecdotes de sa vie politique et bien arrosée avec un mathusalem d’Angélus offert par l’industriel germano-suédois. Un grand, grand moment qui se termine à 2 heures du matin sur la plage d’où repart le bateau. [...] Ce fut un privilège pour moi de côtoyer un homme aussi brillant, aussi drôle, aussi vif. Une belle leçon de vie. [...] La bouteille d’Angélus vide est toujours à la base ; que personne ne s’avise de la jeter[1] ! »

De retour de notre mission-expédition à Ny-Ålesund, Michel me fit part de ses impressions que je consignai dans les archives du Cercle Polaire : « Ces paysages de montagne à la mer sont splendides, mais ce qui frappe à Ny-Ålesund, c’est d’abord la densité de scientifiques, extraordinaire convergence de toutes les disciplines, l’ornithologie, la biologie marine, la géologie... Ce qui me paraît significatif, c’est qu’il y a ici une dizaine de nations qui disposent de bases de recherche concentrées sur un même site, et ce mélange interpersonnel est étonnant. On a l’impression qu’émerge une communauté mondiale de la science ; la Chine, le Japon, la Corée du Sud ont leur place aux côtés de la France, de l’Allemagne, de l’Italie ou de la Grande-Bretagne, c’est proprement remarquable ! » Et Michel de songer à l’utopisme arctique de son ancienne collègue Diana Wallis qui rêvait d’étendre le modèle de gouvernance du Svalbard à « l’ensemble de cet espace fragile qu’est l’Arctique ».

1. Madeleine Griselin, « Le privilège d’une magnifique rencontre », hommage à Michel Rocard, juillet 2016.

L'ARCTIQUE, PÔLE DE PAIX ET DE COOPÉRATION

Au-delà du cas singulier de l'archipel du Svalbard, la région circumpolaire-Nord portait l'héritage d'un acteur majeur : Mikhaïl Gorbatchev. Dans le discours de Mourmansk de 1987[1], le premier secrétaire du parti communiste de l'Union soviétique avait entrepris de conjurer le passé stratégique de l'Arctique hérité de la guerre froide en y instituant une zone de paix et de coopération internationale. Gorbatchev avait rappelé qu'il s'agissait de l'endroit où les régions euro-asiatique, nord-américaine et Asie-Pacifique se rencontrent et où les intérêts des États se chevauchent.

Sur le plan géographique comme stratégique, l'Arctique constituait bel et bien un enjeu mondial à ses yeux : « L'Arctique et l'Atlantique Nord ne sont pas seulement le creuset du climat, là où se forment les cyclones et les anticyclones qui influencent le climat de l'Europe, des États-Unis et du Canada, et même ceux de l'Asie du Sud et de l'Afrique. Là-bas, on ressent aussi le souffle glacé de la stratégie arctique du Pentagone. Un immense arsenal de destruction nucléaire potentielle concentré à bord de sous-marins et de bâtiments de surface qui affecte le climat politique du monde entier et qui pourrait se déchaîner à la faveur d'un conflit militaro-politique accidentel dans n'importe quelle autre région du monde. » Pour sortir de ce climat de haute tension stratégique, le Président Gorbatchev avait proposé de renverser la table, en transformant l'Arctique en une zone dénucléarisée, interdite aux activités navales

1. « Mikhail Gorbachev's speech in Murmansk at the ceremonial meeting on the occasion of the presentation of the order of Lenin and the gold star to the city of Murmansk », 1er octobre 1987.

et ouverte à la coopération internationale. Et de lancer dans une formule entrée dans la postérité : « Que le nord du globe, l'Arctique, devienne un pôle de paix. »

C'est aussi dans ce discours qu'il souligna que « l'exploration scientifique de l'Arctique revêt une importance considérable pour l'humanité tout entière » et qu'il appela à la création d'une conférence réunissant toutes les « nations subarctiques[1] » pour coordonner la recherche, à l'origine du forum intergouvernemental du Conseil de l'Arctique.

À l'occasion d'une conférence internationale qui se tint au Luxembourg le 17 mai 2012, j'organisai une rencontre entre Mikhaïl Gorbatchev et Michel. Les deux hommes se retrouvèrent en milieu d'après-midi dans le modeste salon d'une chambre d'hôtel et tombèrent littéralement dans les bras l'un de l'autre. Mikhaïl Gorbatchev était accompagné de son fidèle conseiller francophile Andreï Gratchev. Il proposa aussitôt de profiter de l'heure du thé pour ouvrir une bouteille de champagne qui attendait au frais dans un seau à glace. Au moment de porter le premier toast – qui fut suivi de nombreux autres, selon une tradition de convivialité russe à laquelle Michel sacrifia sans faillir –, l'ancien Président raconta une anecdote qui en dit long sur leur amitié.

Lors de la visite d'État à Paris, en 1988, de Mikhaïl Gorbatchev, à l'invitation du Président François Mitterrand, ce dernier avait demandé à son homologue russe comment il souhaitait compléter l'agenda de son séjour, en marge du

1. En ce temps-là, les pays dotés de territoires septentrionaux étaient qualifiés de « nations subarctiques », lesquelles incluaient aussi des pays proches de l'Arctique sans mer ni terre au-delà du cercle polaire.

dîner à l'Élysée et des entretiens officiels. Au grand dam du Président François Mitterrand, et un peu au mépris du protocole, le Président Gorbatchev avait répondu qu'il souhaitait déjeuner en tête à tête avec le Premier ministre Michel Rocard. En dépit de la légendaire impassibilité du Président Mitterrand, Mikhaïl Gorbatchev raconta, hilare, qu'il avait décelé chez son hôte une contrariété que celui-ci déchaîna contre un conseiller en lui donnant sévèrement les instructions pour organiser cette rencontre.

À cette évocation, Michel partit d'un éclat de rire tonitruant et les deux compères avalèrent leur léger breuvage. Puis, un apéritif un peu plus sérieux à la main, en l'occurrence un verre de whisky sans glace, il expliqua à son ami qu'il avait découvert au cours de sa mission d'ambassadeur pour les pôles que son nom était étroitement associé aux enjeux de paix et de coopération internationale en zone boréale. L'ancien dirigeant soviétique ne parut pas comprendre et se tourna vers son conseiller qui avait l'air lui-même un peu perplexe. « Mon cher Michel, je suis âgé, je perds un peu la mémoire… » expliqua Mikhaïl Gorbatchev.

Nous remîmes à la partie russe deux exemplaires du discours de Mourmansk puis Gorbatchev leva la tête et dit : « Je vais prendre le temps de me relire ; mais, dis-moi, où veux-tu en venir ? » Un peu intimidé par ce géant à l'humeur rigolarde, qui semblait ne pas vouloir embarrasser la convivialité de la rencontre avec des sujets trop sérieux, j'expliquai que le discours de Mourmansk de 1987 avait gagné une autorité considérable en raison de son caractère quasi prophétique, nombre de propositions figurant dans cette déclaration ayant en effet vu le jour pendant les années qui suivirent.

Pour appuyer mon propos, je citai un récent article intitulé : « Comment Gorbatchev a façonné la future politique sur l'Arctique, il y a 25 ans[1]. »

À ces mots, traduits par le fidèle Gratchev, l'ancien dirigeant russe ne parut nullement flatté. Il expliqua qu'il était aujourd'hui loin des affaires et pas vraiment *persona grata* auprès de l'actuel gouvernement russe, mais Michel s'empressa de le rassurer en lui disant qu'il attendait seulement de lui un soutien moral en tant qu'initiateur d'une vision d'intérêt général dans la zone boréale. « Bon, c'est d'accord, mon cher Michel, tu peux compter sur moi. Et maintenant, parle-moi un peu de Sylvie ; comment va-t-elle ? »

Une fois encore, la situation donnait raison à la conviction de Michel selon laquelle la réussite d'une action d'un gouvernement dépend souvent des relations d'amitié. La santé incertaine de Mikhaïl Gorbatchev et la crise diplomatique internationale de l'Ukraine en 2014, qui dégrada les relations entre l'Union européenne et la Fédération de Russie, compromirent le montage d'une action de promotion de l'intérêt général dans l'Arctique qui devait être portée par le duo Gorbatchev-Rocard. De cette initiative, il ne reste aujourd'hui que le souvenir de cette belle rencontre, mais pour peu qu'elle se documente, la nouvelle génération tombera immanquablement sur les jalons de paix que ces deux hommes visionnaires ont légués à la postérité, l'un pour l'Antarctique et l'autre pour l'Arctique.

1. Heater Exber-Pirot, « How Gorbachev Shaped future Arctic policy 25 years ago », adn.com, 1er octobre 2012.

XV

La science au cœur de l'idéal polaire

Depuis la fin du XIXe siècle, les zones polaires, terres et mers parmi les endroits de la planète les plus tardivement explorées, ont été des hauts lieux de la coopération scientifique internationale. Plus que partout ailleurs sur la planète, l'idéal d'un patrimoine scientifique commun à toute l'humanité a été un élément structurant dans l'histoire politique et diplomatique des pôles, au point d'avoir ouvert à des développements inédits en matière de gouvernance.

La naissance de cette tradition de coopération scientifique en milieu polaire fut l'œuvre d'un homme visionnaire et acharné, méconnu des milieux académiques : le lieutenant de vaisseau de la Marine impériale autrichienne Karl Weyprecht. Militaire et scientifique, il consacra une grande partie de sa carrière à la réalisation d'une « œuvre idéale », selon ses propres termes : un projet de recherche scientifique internationale dans l'Arctique qui devrait transcender « les calamités des guerres, les discordes des nations et les entraves des jalousies humaines ».

« L'exploration arctique est de la plus haute importance pour la connaissance des lois de la nature. [...] La clef de nombreux secrets de la nature, expliqua Karl Weyprecht le 18 janvier 1875 devant l'Académie des sciences de Vienne, dont on cherche vainement la solution depuis des siècles – et je ne veux mentionner que le magnétisme terrestre, les courants telluriques et une partie de la météorologie – se trouve au voisinage des pôles terrestres[1]. »

Le projet était franchement utopique car la découverte de l'Arctique constituait à l'époque un enjeu de prestige que se disputaient les grandes nations. Karl Weyprecht ne manquait pas de stigmatiser la vanité et l'inutilité scientifique de leurs explorations : « Aussi longtemps que les expéditions polaires seront considérées comme une course internationale pour l'honneur de l'un ou l'autre pavillon, aussi longtemps qu'il sera surtout question d'avancer de quelques miles vers le Nord, on peut affirmer que ces secrets naturels resteront inviolés. La découverte géographique ou la topographie arctique, qui jusqu'à présent a été placée au premier plan de toutes les expéditions polaires, doit s'effacer devant les grandes questions scientifiques. »

Rappelant que « le pôle géographique n'a, pour la science, pas de valeur plus grande qu'aucun autre point situé dans les hautes latitudes » et que « les séries d'observations isolées n'ont qu'une valeur relative », en comparaison des séries longues de données qui permettent d'établir de solides diagnostics, Weyprecht lança un appel à la création d'une entreprise

1. Marcel Nicolet, secrétaire général de l'AGI 1957-1958, « Genèse de la première année polaire internationale 1882-1883 », *Ciel et Terre*, vol. 72, 1956, p. 101.

de recherche scientifique internationale coordonnée dans la zone circumpolaire-Nord : « Une telle réalisation ne pourra s'effectuer avant que toutes les nations qui se flattent d'être à la hauteur des efforts intellectuels de notre époque se décident à travailler en commun en excluant les rivalités nationales. Pour obtenir des résultats scientifiques décisifs, il faut une série d'expéditions simultanées dont le but soit d'effectuer des observations comparables pendant un an en différents points des régions polaires en utilisant les mêmes appareils et en suivant les mêmes instructions. Ainsi nous obtiendrons la documentation nécessaire pour résoudre ces grands problèmes de la nature et nous récolterons le bénéfice de ce formidable capital de travail, de privation et d'argent gaspillé en vain jusqu'à présent dans les régions polaires. »

Karl Weyprecht multiplia sans relâche ses démarches. Le 1er octobre 1879, ses efforts furent récompensés avec la première conférence polaire internationale qui se tint à Hambourg. Cette réunion présidée par l'Allemagne, à laquelle participèrent des délégués officiels de l'Empire austro-hongrois, du Danemark, de la France, de la Norvège, des Pays-Bas, de la Russie et de la Suède, posa les bases de la première année polaire internationale à l'automne 1882. Le lieutenant Weyprecht ne devait pas connaître la réalisation officielle de son « œuvre idéale » : il décéda le 21 mars 1881.

La première année polaire internationale (API) 1882-1883, qui fédéra le travail de recherche de douze nations[1] avec à la clé treize expéditions dans l'Arctique et deux en Antarctique,

1. Danemark, Norvège, Russie, Suède, Finlande, Allemagne, Autriche-Hongrie, Pays-Bas, France, États-Unis et Grande-Bretagne.

marqua la réalisation de l'utopie polaire de l'Autrichien Weyprecht : faire des pôles des zones d'exception où la concorde internationale s'exprimerait à travers une recherche scientifique concertée. Huit stations furent installées dans l'Arctique pour assurer des observations simultanées relatives à la physique du globe, et surtout à la météorologie et au magnétisme terrestre. Pour coordonner les programmes de tous les pays participants, la Conférence se constitua en Commission polaire internationale sous la présidence de l'explorateur et scientifique allemand Georg von Neumayer. La première API marqua « le début d'une nouvelle démarche de la recherche scientifique systématique et internationale et posa la première pierre d'une science polaire internationale à l'origine d'une dynamique d'internationalisation des pôles[1] ». En dépit d'un objectif international très large et de quelques contributions sud-américaines et japonaises, la première API fut pour l'essentiel une entreprise européenne et nord-américaine.

De la fin du XIXe siècle jusqu'au début des années 1920, la plupart des grandes expéditions polaires furent rangées sous la bannière héroïque d'une nation. « Les terres polaires australes et le pôle Sud lui-même ont été des lieux où la prouesse, la dignité et la grandeur d'une identité nationale pouvaient être réaffirmées. Pour des États comme le nouveau Commonwealth d'Australie en 1901 ou la Norvège devenue indépendante en 1905, l'Antarctique offrait une nouvelle frontière où exprimer

1. Ulrike Spring, Alexandre Simon-Ekeland, « Les années polaires internationales : internationaliser la recherche et les pôles », *Encyclopédie d'histoire numérique de l'Europe*, mis en ligne le 5 décembre 2022.

leur nouvelle autonomie nationale et leur identité. Le nationalisme n'était peut-être pas le seul enjeu pour ces États et quelques autres encore, mais les motivations des éminences qui soutenaient ces programmes antarctiques nationaux comportaient, elles, une composante nationaliste assumée[1]. »

Cette tension entre l'internationalisme de la science polaire et les intérêts nationaux atteste des liens anciens entre la recherche et la politique étrangère qui prévalent encore aujourd'hui.

Cinquante ans plus tard, l'Organisation météorologique internationale lança une deuxième Année polaire internationale qui se déroula pendant les années 1932-1933 pour l'Arctique, et 1933-1934 pour l'Antarctique, de manière à prendre en compte l'inversion des saisons. La 2ᵉ API réunissait la participation de vingt-six nations et avait pour objectifs scientifiques l'amélioration des prévisions météorologiques aux moyennes latitudes à partir des données recueillies aux pôles et l'étude des conditions météorologiques dans les hautes couches de l'atmosphère. L'exploration scientifique des pôles pour eux-mêmes était donc supplantée par l'idée que les « sommets du monde » jouaient dans les équilibres naturels aux plus basses latitudes habitées par les hommes.

Vingt-cinq ans plus tard, l'Année géophysique internationale (AGI) 1957-1958 réunissait près de 5 000 scientifiques de soixante-sept nationalités, y compris l'Union soviétique – ce qui mérite d'être souligné puisque ces années sont marquées par la

1. *Ibid.*

guerre froide – pour conduire des recherches dans les domaines de la météorologie, du géomagnétisme, de la physique de l'ionosphère, des rayons cosmiques et de l'océanographie.

C'est pendant cette 3e Année polaire internationale (AGI 1957-1958) que furent installées les principales bases permanentes en Antarctique, notamment la station américaine Amundsen-Scott créée en janvier 1957 au pôle Sud géographique. Dans le sillage des expéditions polaires françaises dirigées par Paul-Émile Victor[1], la France, sous la direction de Bertrand Imbert, créa une nouvelle base sur la côte de Terre Adélie, la base Dumont d'Urville, pour remplacer celle de Port Martin qui avait brûlé en 1952 et installa la base Charcot à 317 km à l'intérieur du continent, à 2 400 m d'altitude. Les chercheurs français Jacques Dubois, Claude Lorius et Roland Schlich y hivernèrent pour la première fois de février à novembre 1958.

Enfin, la 4e API eut lieu il n'y a pas si longtemps, du 1er mars 2007 au 1er mars 2009, et fut l'occasion d'une mobilisation internationale sans précédent, avec quelque 50 000 scientifiques issus de soixante-trois pays. Au total, deux cent vingt-huit programmes de recherche scientifique dans l'Arctique, dans l'Antarctique ou dans les deux pôles à la fois (programmes dits « bipolaires ») furent conduits, et la France était impliquée dans 60 d'entre eux.

1. En 1946, la Norvège remit en cause le Traité de 1924 attribuant la Terre Adélie à la France au motif qu'aucun Français n'y avait posé le pied depuis sa découverte le 22 juillet 1840 par Jules Dumont d'Urville. La création des expéditions polaires françaises en 1947 remplissait ainsi une mission d'affirmation de la souveraineté française en Terre Adélie.

Pour la première fois, la 4e API comportait un volet important de recherche dans le domaine des sciences humaines et sociales relatives à la zone Arctique. Au cœur de cet effort de coordination scientifique internationale, une thématique dominait toutes les autres : le rôle clé des zones polaires dans les équilibres environnementaux et climatiques à l'échelle globale. Avec la 4e API, la globalisation de la recherche polaire progressa, avec la participation de plusieurs pays asiatiques. Le continent africain, à l'exception de l'Afrique du Sud, resta, lui, en dehors de cette dynamique d'internationalisation.

L'intérêt scientifique de la communauté internationale pour les pôles, ancré dans une tradition séculaire de coopération, constitue aujourd'hui une composante historique forte de la géographie des hautes latitudes. Le statut juridique de l'Antarctique mentionne pour sa part le sixième continent comme « une zone consacrée à la recherche scientifique, en particulier celle qui est essentielle pour comprendre l'environnement global[1] ». En juillet 2005, Gérard Jugie et Yves Frenot, respectivement directeur et directeur-adjoint de l'Institut polaire français Paul-Émile Victor (IPEV), résumaient ainsi cette utopie : « L'Antarctique regorge de secrets à livrer, de données à fournir, si bien qu'on le présente parfois comme un gigantesque laboratoire, un lieu rêvé pour de nombreuses disciplines scientifiques, un idéal polaire, loin de l'agitation du monde et des hommes[2]. »

1. Protocole de Madrid, article 3.1.

2. Gérard Jugie et Yves Frenot, « Les utopies d'aujourd'hui », numéro spécial du *Nouvel Observateur*, juillet 2005.

L'Arctique n'est pas en reste. Lors de la 4e API, la zone boréale reprit la place prééminente qui avait été la sienne lors de la création de la conférence polaire internationale en 1879, volant la vedette à l'Antarctique en concentrant plus de la moitié des programmes de recherche. L'Arctique y fut consacré « canari du changement climatique » en référence à la pratique des mineurs qui mettaient à profit les capacités olfactives de cet oiseau chanteur pour détecter les premières émanations de méthane, inodores pour l'être humain, à l'origine des coups de grisou.

L'Arctique est un amplificateur du changement climatique. De fait, sur le dernier siècle, le réchauffement climatique y a été deux à trois fois plus important que l'augmentation de la température moyenne à la surface de notre planète. Sur la période récente (1979-2012), le réchauffement du climat boréal est quatre fois supérieur au réchauffement global. Selon une formule consacrée : ce qui se passe dans l'Arctique, ne reste pas dans l'Arctique ! Les conséquences du changement environnemental et climatique qui sévit dans la zone circumpolaire-Nord sont sensibles un peu partout à la surface de la planète.

Que la globalisation de la science polaire soit à l'origine d'une dynamique d'internationalisation des pôles était l'idée que le scientifique David Carlson, directeur du bureau international des programmes de la 4e API, avait appelée de ses vœux en 2008 : « L'Année géophysique internationale de 1957-1958 avait mené à la signature du Traité sur l'Antarctique ; espérons que la 4e API aidera la communauté internationale à protéger l'Arctique[1]. » À cette déclaration

1. *Pôles Nord & Sud*, n° 2, le Cercle Polaire, été 2009, p. 12-14.

audacieuse, Michel avait applaudi des deux mains, lui qui promouvait l'ouverture de négociations en faveur d'un traité sur l'Arctique dans le sillage de la 4e API et qui voyait dans la coopération scientifique la pierre angulaire de la diplomatie mondiale sur les enjeux d'environnement global. Notre complice, Diana Wallis, avait elle-même plaidé en ce sens en 2008, en des termes assez lyriques : « L'Arctique a été décrit comme le dernier lieu imaginaire. C'est un lieu spécial pour beaucoup de gens. Nous sommes au beau milieu de l'Année polaire internationale. La dernière commémoration de ce type a vu l'émergence d'une charte pour l'Antarctique[1]. »

Alors que l'archipel du Svalbard était salué comme un modèle de coopération scientifique internationale dans l'Arctique, en particulier le village de Ny-Ålesund, le gouvernement norvégien entreprit en 2016 d'y renforcer sa souveraineté en revendiquant son leadership sur la politique de recherche du Svalbard. Dans le Livre blanc sur le Svalbard, la Norvège rappelait que « le traité du Svalbard ne réglemente pas les activités de recherche », que « les ressortissants des parties au Traité n'ont ni le droit, ni de droit égal, d'y mener des activités de recherche » et annonçait qu'elle entendait « réglementer l'activité de recherche[2] » jusqu'alors placée sous la responsabilité de chaque programme scientifique national

1. Diana Wallis, « Gouvernance de l'Arctique dans un environnement mondialisé », compte-rendu *in extenso* des débats, 8 octobre 2008, Bruxelles.

2. Livre blanc sur le Svalbard, ministère norvégien de la Justice et de la Sécurité intérieure, mai 2016.

– pour la France, il s'agit du conseil scientifique et technologique de l'IPEV, comprenant des experts français et étrangers. « Il est nécessaire de clarifier une orientation pour les types d'activités de recherche qui devraient être prioritaires au Svalbard. Le gouvernement prendra donc l'initiative de développer une stratégie globale pour la recherche au Svalbard[1] », annonçait le Livre blanc.

En janvier 2008, le Cercle Polaire créait un groupe d'études sur la coopération au Svalbard réunissant une dizaine d'experts, pour examiner cette gouvernance menacée. À l'occasion d'un séminaire organisé conjointement avec la Fondation pour la recherche stratégique, Yves Frenot dénonça avec vigueur une « mise en cause de la liberté de recherche[2] », rappelant que la « base franco-allemande AWIPEV est le premier acteur scientifique du Spitzberg, bien devant les autres, y compris la Norvège » et qu'enfin, « la France se situe au 6e rang de la recherche polaire en termes de nombre de publications (2012-2014), et au 2e rang en termes d'indice de citations parmi les pays les plus productifs (2010-2013) ». Il y avait tout lieu de s'interroger sur la capacité de la France et de son partenaire allemand à développer dans les années à venir leur propre stratégie de recherche scientifique.

Dans le même temps, la Russie, toujours encline à titiller les positions norvégiennes sur le Svalbard, avait annoncé qu'elle transformerait son ancien site d'exploitation du

1. La stratégie norvégienne pour la recherche au Svalbard a été publiée en 2018.

2. Yves Frenot, « La liberté de recherche mise en question », *Pôles Nord & Sud*, n° 5, le Cercle Polaire, hiver 2020.

charbon de Barentsburg en une station de recherche ouverte à la communauté internationale. À la réflexion, le renforcement de la souveraineté norvégienne sur le Svalbard, par une réglementation de la politique internationale de recherche, trahissait la tension historique qui a toujours prévalu depuis le XIXe siècle en zones polaires entre la recherche scientifique par essence internationale, et les intérêts nationaux.

Une autre circonstance infligea un cuisant démenti à l'internationalisation de la science polaire. En 2017, le Conseil de l'Arctique entreprit d'asseoir ses prérogatives en instituant artificiellement une séparation entre nations de recherche arctiques et nations de recherche non arctiques, indifféremment de leur niveau de publication scientifique. S'il y avait bien un terrain sur lequel personne n'imaginait qu'on revendiquerait un jour une frontière politique, c'était bien celui de la recherche scientifique.

Pourtant, en 2017, les Arctic Eight signèrent conjointement un accord de renforcement de la coopération scientifique internationale sur l'Arctique[1], en refusant d'y associer les treize États observateurs au Conseil, alors même que ces derniers avaient obtenu ce statut sur la base de leurs activités de recherche liées à l'Arctique. L'idéal polaire de l'Autrichien Weyprecht, porté par une communauté scientifique internationale de 63 pays lors de la 4e API, avait subi là un cruel désaveu.

1. Accord de renforcement de la coopération internationale sur la science dans l'Arctique, signé lors de la conférence ministérielle du Conseil de l'Arctique à Fairbanks, le 11 mai 2017.

Pour contrecarrer cette volonté de mise sous cloche, la communauté scientifique mondiale réclame depuis plusieurs années le lancement officiel d'une décennie des sciences polaires, comme il existe une, par exemple, avec la décennie des Nations unies pour les sciences océaniques 2021-2030. En décembre 2022, les deux grandes organisations de coordination de la recherche scientifique dans l'Arctique et dans l'Antarctique[1] ont annoncé le démarrage officiel de la préparation de la 5e Année polaire internationale 2032-2033.

L'internationale de la recherche polaire n'a pas dit son dernier mot.

1. International Arctic Science Committee (IASC) et Scientific Committee on Antarctic Research (SCAR).

XVI

Pôle Sud, l'étape de trop

Après le pôle Nord perdu au milieu de la banquise boréale, le pôle Sud perdu au milieu de la calotte glaciaire antarctique. L'expédition vers le sixième continent promettait d'être autrement plus délicate à monter. Il fallait combiner les moyens logistiques gouvernementaux de trois programmes antarctiques nationaux (France, Italie et États-Unis) et les moyens logistiques privés coûteux de l'agence Antarctic Logistics Expedition qui devraient faire l'objet d'un financement privé. Notre ami et mécène Frederik Paulsen et son fidèle collaborateur Christian de Marliave, expert en logistique polaire, nous accompagneraient dans cette traversée du continent blanc. Nous entrerons par le secteur est (140° de longitude Est) et sortirons par le secteur Ouest (83° de longitude Ouest) via le pôle Sud géographique où est installée la base scientifique américaine Scott-Amundsen.

Il faudrait résister au froid et à des altitudes avoisinant les 3 000 mètres. L'air y est raréfié et le mal des montagnes guette les visiteurs non acclimatés. À cela s'ajoute l'altitude de vol d'un avion Bastler BT-67 non pressurisé au-dessus de la calotte glaciaire antarctique. Les risques de diminution d'oxygène dans le sang pour un individu âgé, de surcroît fumeur, seraient élevés. Nous emporterions des bouteilles d'oxygène. Même informé de ces conditions difficiles, Michel n'imagina pas un instant abandonner la partie. Le bilan médical obligatoire de l'administration des Terres australes et antarctiques françaises auquel il se soumit fit l'objet d'âpres négociations, mais la détermination de Michel triompha des préventions fortes des médecins s'agissant d'un homme d'État âgé, de grande notoriété, miraculé d'un accident vasculaire cérébral en 2007.

À la veille de notre départ, le ministre des Affaires étrangères m'interpella dans les salons de l'hôtel du ministre du Quai d'Orsay : « Laurent, je vous tiens pour responsable de la sécurité de Michel pendant votre expédition en Antarctique ! Le pôle Sud ? Pourquoi pas la Lune ? Bon, ne commettez aucune imprudence ! » J'eus le sentiment, sur le moment, d'être coupable de nos périlleuses pérégrinations, mais Michel m'expliqua d'un air goguenard que le suivisme n'avait jamais été son fort. Je me gardais bien de révéler le secret qu'il m'avait plusieurs fois confié : « S'il devait m'arriver quelque chose, car après tout j'ai un âge un peu avancé, je préférerais que cela m'arrive dans ces contrées inouïes et désolées plutôt que sur un lit de fin de vie à l'hôpital ! Je te demande seulement de me ramener en France car j'ai ma petite idée d'un endroit en Corse où je veux reposer. » Liés par un pacte d'amitié, nous continuerions à explorer les confins de la planète aussi longtemps que le ciel lui prêterait force.

Nous nous envolâmes jusqu'à Hobart en Tasmanie, port d'attache des rotations du navire polaire l'Astrolabe qui reliait chaque année, cinq fois pendant l'été austral, la station française Dumont d'Urville, pour y acheminer du matériel, du personnel, des chercheurs et le courrier. L'Astrolabe était un navire de 64 mètres de long. Avec ses couleurs rouge, bleu et blanc, il semblait tout droit sorti d'une bande dessinée de *Tintin*. Nous découvrîmes une cabine monacale où nous passerions les neuf jours suivants. Michel s'installa dans la bannette inférieure et moi sur la supérieure, accessible par une échelle. Une petite table accolée à la cloison serait le bureau de fortune de Michel : il y déballa une impressionnante collection de livres et de rapports.

Les premières journées de navigation s'enchaînèrent sans heurts, avec une météo plutôt clémente, ponctuées par les repas servis à heures fixes, en compagnie du directeur de l'Institut polaire Paul-Émile Victor, Yves Frenot, et de nos compagnons de voyage, Frederik Paulsen et Christian de Marliave. Michel passait des heures à la passerelle, assis sur le fauteuil du second capitaine, à scruter la mer sans dire un mot, en s'assoupissant de temps à autre. Le commandant Stanislas Zamora et son équipage, d'ordinaire assez enjoués, respectaient religieusement les siestes de l'ancien Premier ministre, en délivrant les instructions de navigation à voix basse.

Un peu plus tard, alors que nous étions sur le pont arrière embaumant le gasoil et encombré par un hélicoptère sanglé au sol et plusieurs conteneurs empilés, la température de l'air et de l'eau chuta progressivement de plusieurs degrés, signe que l'on approchait du congélateur antarctique. L'odyssée commençait. Les passagers, jusque-là habillés en tenue de ville, partirent chercher dans leur cabine des équipements plus sérieux. Située entre 48° et 61° de latitude Sud, cette

« zone frontale polaire antarctique » est repérable à la présence de brouillard qui signe la rencontre des eaux subantarctiques chaudes et salées et des eaux antarctiques froides et peu salées. Elle délimite des écozones assez bien différenciées : si naviguant là-bas, entre deux eaux, vous apercevez des phoques de Weddell, des manchots Adélie – avec une queue saillante – ou des manchots à jugulaire, c'est sans doute que vous êtes entre le front polaire et l'Antarctique ; en revanche, si vous observez la présence d'éléphants de mer ou d'albatros, vous êtes probablement encore en amont du front polaire. Le commandant nous confirma un peu plus tard, qu'en vingt-quatre heures de navigation à environ onze nœuds, la température de surface était passée de 8,4 °C (50°35'S – 146°12'E) à 1,6 °C (55°06'S – 145°28'E), soit une chute de température de presque 7 °C. Cette traversée embrumée était une expérience étrange : le franchissement de la porte invisible du temple naturel Antarctique.

Michel alla s'équiper d'une grosse parka et d'un bonnet aux couleurs de l'Institut polaire qu'il ne quitta plus. À bord, l'équipage s'amusa de nous voir emmitouflés, en nous prévenant qu'il fallait en garder un peu pour la suite, car nous étions en train de manger notre pain blanc. La réputation légendaire des 50es hurlants ne se démentirait pas : des mers déchaînées et des vents très puissants avec des risées à quarante-cinq nœuds nous attendaient. Le navire Astrolabe, surnommé ironiquement par ses usagers le « Gastrolabe », roulait comme un bouchon de liège dans une mer formée, où saillaient de grosses lames à longues crêtes en panache, ne laissant aux passagers aucun répit. Nombre de chercheurs à bord avaient beau être des habitués des rotations de l'Astrolabe, ils ne parvinrent jamais à s'amariner. La plupart d'entre eux, gagnés par le mal de mer, restaient couchés dans leur bannette, et consommaient exclusivement des bonbons à la menthe et des pommes. Avec une telle cure, les saisonniers perdaient entre trois à cinq kilos pendant la traversée.

Michel, au pied marin, continuait, lui, d'avaler imperturbablement et goulûment ses repas, agrémentés d'un vin rouge – une vraie piquette. Sur les quelque cinquante membres d'équipage et passagers, il n'y avait parfois pas plus de dix personnes autour de la table. Même par 40 degrés de gîte, l'ambassadeur chargé des pôles se lançait plusieurs fois par jour dans la tumultueuse traversée du couloir qui menait au pont arrière, violemment ballotté d'un bord à l'autre, pour savourer le plaisir d'une Gauloise fumée le nez au vent. Le couloir empestait la cuve septique mal étanchéifiée. C'était une odeur nauséabonde que le technicien de bord avait réglée en installant un diffuseur automatique de parfum artificiel à la pêche, à vous tourner le cœur. La douche elle-même empuantissait. Je pestais contre cet air pestilentiel qui s'ajoutait à la nausée provoquée par le chahut du bâtiment, mais Michel, résolu à affronter stoïquement cette épreuve contre laquelle nous ne pouvions rien, me disait : « T'es pas dans un 5 étoiles, frangin ! Faut t'y faire ! »

Après la traversée de mers déchaînées, notre progression fut marquée par le second temps de toute odyssée antarctique – celui redouté par les navigateurs. Depuis le grand pare-brise de la passerelle, nous aperçûmes au loin une bande de terre en plein milieu de l'océan. Cette ligne qui balafrait l'horizon avait toutes les apparences d'une illusion d'optique mais au fur et à mesure que l'on s'en approcha, nous comprîmes qu'il s'agissait d'un immense champ de glaces de mer dérivantes – le *pack*. Le premier contact de l'étrave du navire avec cet amoncellement de plaques décrochées de la banquise côtière et flottant au large du sixième continent révéla très vite que nous nous confrontions à une réalité têtue, dotée d'une haute résistance mécanique. Commença alors un chemin de croix de trois à quatre jours au cours duquel la coque avant du navire percutait violemment des blocs de glace rebelles qui le déviaient brutalement de son cap, en émettant des bruits de tôle assourdissants. Graves pour les percussions et plus aigus pour les frictions, ils trahissaient le dur combat que le modeste navire livrait à ces blocs de plusieurs tonnes qui s'écartaient de l'étrave pour refermer aussitôt le passage derrière la poupe.

Le repos était difficile à trouver car nous avions beau nous caler entre plusieurs coussins, la violence et le vacarme des chocs interdisaient tout sommeil prolongé – seulement une succession de courts assoupissements. À sa respiration sonore, je compris que Michel parvenait à trouver de temps à autre le sommeil. Dans un avion en zone de turbulences, comme à bord d'un navire brisant laborieusement la glace, Michel était sauvé par son sommeil de plomb. Ici, c'était autre chose. Le jour permanent l'ayant délivré de notre mode de vie nycthéméral, Michel, désorienté, se levait au milieu de la « nuit » pour s'installer à sa table de travail et reprendre ses lectures. Calé sur sa chaise, les bras écartés contre l'intérieur des accoudoirs, ses lunettes sur le nez, il était plongé dans une fiction politique. Michel luttait résolument contre les mouvements de la chaise, qui chassait brutalement vers bâbord, puis vers tribord, glissant d'un côté à l'autre du bureau. Cette posture de résistance au déchaînement des éléments manifestait, à sa façon, le tempérament entêté et bien trempé de cet homme de combat politique.

Après plusieurs jours de chahut dans les glaces, vint le répit. Le navire s'extirpa de la zone de pack et retrouva l'eau libre. Nous pénétrions le temple naturel de l'Antarctique et découvrions un paysage irréel, immense cimetière marin jonché d'icebergs tabulaires[1] de taille démesurée. Baigné d'une lumière vive, il s'étendait à perte de vue jusqu'à se confondre avec l'horizon dans lequel on croyait apercevoir des lignes de crête montagneuses, à l'instar des formes laiteuses que l'on croit parfois saisir dans le ciel nuageux. Le spectacle était sidérant. Le navire fendait le miroir d'eau dans un silence absolu, se faufilant parmi les gigantesques sépultures de glace dont la majesté forçait le respect et l'admiration des passagers – même ceux qui n'en étaient pas à leur premier voyage. Sur le pont avant, les passagers qui sortaient de plusieurs jours de réclusion dans leur cabine étaient sans voix. On entendait seulement les déclics à répétition des appareils photos des visiteurs fébriles cherchant à capturer ces scènes irréelles comme si elles risquaient de leur échapper l'instant suivant. Au bout d'un moment, ils se rendaient à l'évidence : la magie de l'Antarctique était partout présente, et les formes de glace, indéfiniment renouvelées.

Cette myriade de formes produites par la seule dynamique du cycle de gel et de dégel, indifférente à la contemplation

1. Les icebergs tabulaires doivent leur forme de table à la désagrégation des plateformes de glaces flottantes, typiques de l'Antarctique.

des hommes, déroutait le visiteur par sa créativité prolifique. Un jeune chercheur accoudé au bastingage déclama à voix haute quelques vers d'Henri Michaux[1] :

> Icebergs,
> Icebergs, cathédrales sans religion de l'hiver éternel, enrobés dans la calotte glaciaire de la planète Terre.
> Combien hauts, combien purs sont tes bords enfantés par le froid.
>
> Icebergs,
> Icebergs, Solitaires sans besoin, des pays bouchés, distants, et libres de vermine.
> Parents des îles, parents des sources, comme je vous vois, comme vous m'êtes familiers[2]...

Le garçon, qui en était à sa deuxième campagne d'été en Antarctique, avait manifestement été gagné par la mystique des pôles.

Christian de Marliave, en tricot de corps sur le pont avant, jouissait du spectacle en se moquant un peu de l'excitation des novices, tant ces contrées désolées lui étaient familières. Voilà trente ans que cet individu hors norme fréquentait ces lieux du bout du monde, boudés par le commun des mortels. Michel et moi l'avions surnommé le « gardien des pôles », parce qu'il concentrait les informations concernant toutes les entrées et les

1. Henri Michaux ne s'est jamais rendu en Antarctique. Il a découvert des icebergs dérivants dans l'Atlantique Nord lorsqu'il s'est fait embarquer comme matelot à vingt-et-un ans, à bord de navires de la marine marchande.

2. Henri Michaux, *La nuit venue*, Gallimard, 1934.

sorties d'individus en zones polaires. Il était chez lui et savourait avec un sourire apaisé ce retour à la « terre commune ».

À ses côtés à la passerelle de l'Astrolabe, Frederik Paulsen, droit comme un « i », du haut de sa taille imposante, scrutait avec intensité l'horizon, comme hypnotisé, ne s'autorisant aucune baisse de vigilance. Cet industriel sexagénaire fortuné avait décidé un jour de se désengager de la direction de son groupe pharmaceutique Ferring pour se consacrer à l'exploration des zones polaires. D'un naturel très réservé, cultivant un rigorisme tout luthérien, il contemplait derrière ses lunettes rectangulaires, avec une expression de ravissement, ce paysage sans pareil.

Le syndrome polaire n'épargnait personne sur le navire qui glissait sans bruit sur une mer d'huile reflétant à la perfection ces monuments de glace. Au fur et à mesure que l'Astrolabe progressait, les lignes de crête montagneuses se firent de plus en plus nettes. Nous distinguions parmi les îles et les îlots de glace une terre d'apparence laiteuse dont nous ne pouvions pas encore deviner l'étendue. Nous nous engageâmes dans l'archipel de Pointe Géologie et aperçûmes les baraquements orange de la station française Dumont d'Urville – couramment nommée « DDU » et que l'on prononce « dédéhu » – perchée sur l'île des Pétrels.

La banquise côtière était encore abondante en cette période de l'année, et le navire parvenait difficilement à se frayer un passage. À ce rythme, il faudrait encore plusieurs jours pour atteindre la station. Le directeur de l'Institut polaire, Yves Frenot, décida de débarquer les passagers sur la banquise et de les faire transporter par hélicoptère jusqu'à « dédéhu ». Michel descendit par l'escalier mobile jeté sur la banquise, chargé de son lourd cartable en cuir. Je tentai de le soulager de ce fardeau, mais c'était peine perdue. Michel progressa lentement sur la banquise accidentée où ses bottes s'enfonçaient dans la glace molle. Après un parcours laborieux et sans assistance, il arriva à hauteur de l'hélicoptère.

Nous survolâmes le glacier bleu de l'Astrolabe pour atterrir au milieu de la station où un comité d'accueil nous attendait : Patrice Godon, directeur de la logistique de l'Institut polaire français, et Arnaud Quiniou, chef de district de Terre Adélie. À ce comité officiel s'ajoutait une colonie de manchots Adélie installés exactement au milieu de la base et un peu partout autour. Ils exhalaient une forte odeur de guano et émettaient des cris singuliers, entretenant un fond sonore très bruyant.

« Bienvenue en Terre Adélie, monsieur le Premier ministre ! Vous voyez, ici, nous partageons l'espace avec les manchots. Ils sont installés là depuis longtemps, bien plus longtemps que nous. La cohabitation est sereine, même si tout le monde ici défend un peu son territoire. Le manchot Adélie, ainsi nommé en hommage à l'épouse du découvreur français de ce morceau de terre, Adèle Dumont d'Urville, nous rappelle un peu chaque jour l'histoire de l'exploration française du sixième continent : pourquoi nous sommes là, nous, Français, sur ce morceau de continent du bout du monde !

— Soyez sans crainte, monsieur le chef de district, ironisa Michel, je veillerai à témoigner à nos amis les manchots le respect qui leur est dû. N'oubliez pas que j'ai été nommé ambassadeur… des manchots et des pingouins. »

À ces mots, le « dista » – c'est ainsi qu'on surnommait le chef de district de Terre Adélie – pouffa de rire, ne sachant pas

Michel Rocard au cours de son baptême en « terre de paix et de science ».
Péninsule antarctique, janvier 2009.

Le père du protocole de Madrid est accueilli en héros
à la base argentine Esperanza.
Antarctique, 30 janvier 2009.

Michel Rocard pendant la croisière de l'Appel des Pôles.
Géorgie du Sud, novembre 2010.

PILOT
Saving the poles

Michel Rocard et Laurent Mayet.
Géorgie du Sud, Atlantique Sud, novembre 2010.

De gauche à droite : le photographe islandais Ragnar Axelsson, dit RAX, Laurent Mayet, Michel Rocard, Stanislas Pottier et l'Australien Neil Hamilton, sur un morceau de banquise dérivante.
Mer de Weddell, Antarctique, décembre 2010.

Michel Rocard et Laurent Mayet au pôle Nord géographique.
18 avril 2011. Rocard est le second homme d'État à s'y rendre,
après le Prince Albert de Monaco.

Michel Rocard à la base dérivante russe Barneo (latitude 89° Nord)
installée sur la banquise arctique. Avril 2011.

Camp Barneo (89°10′ Nord, 121°44′ Est). En route vers le pôle Nord géographique. Avril 2011.

Base franco-italienne Concordia, Dôme C. Antarctique, janvier 2012.

Le navire polaire français Astrolabe. Neuf jours dans les 50es hurlants et les 60es déferlants. Antarctique, janvier 2012.

Le submersible Mir-1, en août 2007. Il déposa le drapeau en titane de la Fédération de Russie par 4 261 mètres de profondeur au pôle Nord géographique.

Laurent Mayet et Michel Rocard, près du village de Ny-Ålesund.
Archipel arctique du Svalbard, juillet 2012.

Le capitaine de corvette Éric Fauquet, Michel Rocard et Laurent Mayet.
Navigation à bord du RHM Tenace dans l'océan Arctique. Août 2014.

s'il pouvait se joindre à l'autodérision de son invité d'honneur. Comme à son habitude, Michel tint à faire une petite mise au point : « Bon, nous allons passer quelques jours ensemble, alors s'il vous plaît, mettez de côté votre protocole et appelez-moi Michel, cela ira très bien comme ça ! » Et comme on pouvait s'y attendre, le dista accusa poliment réception de ce message : « C'est entendu, monsieur le Premier ministre. »

Nous passâmes trois jours à la station « DDU », du 14 au 17 janvier 2012, à visiter les installations et à échanger avec les scientifiques. L'ambiance rappelait celle d'un campus universitaire où chacun s'affaire à ses observations ou à ses mesures tout en partageant la vie réglée de la communauté, soudée par une même passion : l'immersion dans l'immensité glacée et désolée du continent austral. Qu'ils soient chasseur de micrométéorites, spécialiste de la lipogenèse chez le manchot empereur, boulanger-pâtissier ou diéséliste, tous confessaient à côté de leurs objectifs de travail une irrésistible fascination pour le « charme inouï de ces contrées pourtant désertes et terrifiantes » qui laissent une empreinte « si puissante et si tenace, qu'après en être revenus, ils en oublient les fatigues morales et physiques pour ne songer qu'à retourner vers elles[1] », pour reprendre les mots de Jean-Baptiste Charcot.

Être entendu sur cette dimension émotionnelle réputée incommunicable par un homme d'État partageant cette même passion acheva de faire de Michel la coqueluche de « dédéhu » – ce qui n'était pas pour déplaire à l'intéressé

1. Jean-Baptiste Charcot, *Le « Français » du pôle Sud*, Flammarion, 1906.

qui affectionnait les relations simples et sincères, à l'écart du régime agonistique de la vie politique. Au cours de ce séjour convivial, les chercheurs découvrirent leur dette à l'égard de cet ancien responsable politique dont l'action méconnue avait contribué à la consécration de l'Antarctique comme continent pour la paix et la science. Un soir, lors du traditionnel apéritif avant le dîner, une jeune scientifique dont les joues rouges trahissaient une intimidation qu'elle dominait par une arrogance mal assurée, déclara tout de go à Michel : « Monsieur Rocard, au nom de tous mes collègues scientifiques, je n'ai qu'une chose à vous dire : Respect ! » Michel tarda à réagir, un peu ému, et fit pour une fois une déclaration très brève et très sonore : « Merci, mademoiselle ! »

Avant de quitter « dédéhu », l'ancien Premier ministre devait remettre l'insigne de chevalier de la Légion d'honneur au directeur de l'Institut polaire français Yves Frenot. Le dista et moi improvisâmes dans la cantine un décorum républicain de fortune : un drapeau français, qui trônait dans le bureau du chef de district, et un emblème de l'Union européenne feraient l'affaire. Nous étions loin des lambris dorés des palais la République, mais la prestance de Michel fit oublier le prosaïsme de cette salle de cantine.

J'avais préparé pour Michel une intervention très détaillée à propos de la carrière scientifique d'Yves Frenot dont la spécialité était la pédologie, l'étude des sols, et qui avait notamment démontré l'impact des lombrics sur la dégradation des algues brunes Durvillea. « Mon cher Yves, vous êtes à mes yeux la preuve vivante que l'on peut faire une brillante carrière scientifique en se spécialisant sur un sujet insolite, en l'occurrence le ver de terre. N'y voyez aucune malice de ma part, plutôt le signe de mon inculture scientifique en matière de pédologie. » Ça, c'était tout Michel ! Les pieds dans le plat, mais sans arrière-pensée – Yves Frenot le connaissait suffisamment pour le savoir.

Après une belle cérémonie, Michel, enjoué et de la meilleure humeur, termina la soirée un verre de whisky à la main, entouré d'une cohorte de jeunes groupies qui avaient revêtu des costumes de manchot empereur pour immortaliser leur rencontre avec l'insigne invité. En hommage à la visite historique d'un ancien Premier ministre français, la gérance postale de Dumont d'Urville confectionna une édition limitée à quelques centaines d'exemplaires d'un pli sur lequel était inscrit : « Visite officielle de Monsieur Michel ROCARD, Ambassadeur de France pour les Pôles – 62e expédition Antarctique française en Terre Adélie 2012 – Dumont d'Urville Long. 140° 01 E, Lat. 66°40 S – Le 17-1-2012. » Aussitôt émis, ce pli devint un objet-culte pour les nombreux collectionneurs de timbres et de plis émis par les gérances postales des Terres australes et antarctiques françaises.

Le 17 janvier 2012, nous quittâmes la base Dumont d'Urville à bord d'un avion Bastler BT-67 en compagnie de nos deux compagnons de route. Le survol de la calotte glaciaire antarctique donnait l'impression de découvrir un immense glacier sans contrefort montagneux. Au fur et à mesure de notre progression, cette comparaison perdit toute sa pertinence : l'inlandsis Antarctique était unique, solitaire et incomparable, si ce n'est au Groenland dont la calotte est douze fois plus petite. Tandis que ce désert de glace sans vie s'étendait à perte de vue, l'avion prenait progressivement de l'altitude pour épouser la pente du dôme et le bruit des moteurs résonnait fortement dans la cabine. Les quatre passagers admiraient sans voix cette sublime désolation dont l'œil apprenait petit à petit à apprécier la diversité.

Au cours du vol, nous nous soumîmes à un test médical et Michel accusa un niveau de pression partielle d'oxygène dans le sang assez bas. Quand nous fûmes arrivés à la station franco-italienne Concordia située à la latitude 75° sud, qui culmine à 3 233 mètres, les médecins recommandèrent aussitôt à Michel de garder la chambre, équipé d'un masque à oxygène. Un peu éprouvé, Michel se rangea sans broncher à cette recommandation et s'installa dans la couchette inférieure de la cabine double qui nous avait été attribuée. Il ouvrit sa sacoche en cuir d'où il sortit plusieurs livres hérissés de marque-pages et s'y plongea avec délectation. « Moi qui n'ai jamais assez de temps pour lire à Paris, je suis tranquille ici au milieu de nulle part où personne ne peut m'atteindre, je vais me rattraper un peu ! », me lança-t-il, heureux. Yves Frenot me prit à part et me dit que Christian Gaudin, le préfet des Terres australes et antarctiques françaises, ayant appris le souci de santé de Michel, demandait de le rapatrier vers Dumont d'Urville. Je lui fis part de cette recommandation. « Mais bon sang, répliqua Michel, de quoi se mêle-t-il ? Dis-lui que je vais très bien. Pas question en tout cas de rebrousser chemin. Je vais me reposer un peu et ça ira mieux dans quelques heures. »

Surveillé par deux médecins, Michel était entre de bonnes mains. Je décidai d'accompagner Frederik Paulsen et Christian de Marliave pour un aller-retour d'environ 7 heures en avion Bastler à la base scientifique russe Vostok située à 78° de latitude Sud. Le déplacement en valait la chandelle. La base Vostok était notamment connue pour avoir enregistré le 21 juillet 1983 l'une des plus basses températures jamais mesurées à la surface de la Terre, en l'occurrence -89,2 °C. Sur place, le site ne semblait abriter rien d'autre qu'un drapeau russe et une tourelle. En réalité, englacée à plusieurs mètres sous la surface, la station Vostok échappait à l'observation. Nous découvrîmes au hasard de nos déambulations des galeries creusées dans la glace. L'une desservait le quartier vie, avec un salon, une cuisine et des chambres, décorés dans le style d'une vieille datcha russe. L'autre menait au centre technique d'un puits de forage, dit « G5 », lequel, le jour de notre passage, venait d'atteindre 3 738 mètres de profondeur, soit quelques dizaines de mètres avant le lac sub-glaciaire de Vostok, le plus grand lac subglaciaire au monde.

La communauté scientifique internationale conjecturait que ce lac renfermait des formes de vie aquatique très anciennes, peut-être vieilles de plusieurs centaines de milliers d'années. C'est pourquoi elle avait demandé à la partie russe de ne pas forer jusqu'au lac, en attendant de développer une technologie qui éviterait sa contamination par le kérosène et le fréon utilisés pour maintenir l'ouverture dans la glace. Les scientifiques russes se moquaient bien de cette recommandation. Le responsable technique du forage, qui se trouvait parler un peu le français, nous expliqua qu'il ne leur fallait plus que quelques jours pour atteindre le lac de Vostok et qu'ils entendaient bien être les pionniers dans cette exploration. Un bel exemple d'action de recherche concertée...

Dès notre retour à la station Concordia, je me précipitai dans notre cabine pour prendre des nouvelles de mon compagnon. La couchette était vide. Pas d'ancien Premier ministre non plus au centre médical. Tant mieux ! Je poussai la porte de la cantine à l'étage et découvris un Michel ragaillardi, les joues roses, en pleine conférence, debout, un verre de vin à la main, devant un auditoire apparemment captivé, assis autour d'une table jonchée de cadavres de bouteilles de vin. Le chef cuisinier de la station – un Français – et le directeur de l'Institut polaire avaient décidé de marquer la visite d'un ancien Premier ministre, unique dans l'histoire de la base franco-italienne de Concordia, en décongelant le repas de gala prévu pour le Nouvel An et en exhumant quelques bonnes bouteilles de la cave gardée sous clé. À l'évidence, le bon vin, la bonne chère et la convivialité avaient mieux agi qu'un masque à oxygène. Michel termina la soirée dans une forme pétaradante, multipliant les souvenirs de ses combats politiques, qu'il ponctuait de temps à autre de sa voix rauque, signe de sa santé retrouvée, par un commentaire en forme d'aveu : « La politique est un métier de chien ! Mais quand on a ça dans la peau... »

L'étape de trop fut le pôle Sud géographique. Après plusieurs heures de vol à bord d'un LC-130, nous atterrîmes au milieu de nulle part, dans un paysage quasi lunaire, une patinoire qui s'étendait à perte de vue et dans toutes les directions, balayée par des vents violents qui charriaient de la poussière de glace. Nous aperçûmes une grande structure blanche, dont la forme rappelait une soucoupe volante posée sur des vérins hydrauliques. C'était la station américaine Scott-Amundsen, ainsi nommée en l'honneur des deux explorateurs qui atteignirent pour la première fois, à quelques semaines d'intervalles, le pôle Sud en 1911-1912.

L'accès à la station était réservé aux fonctionnaires d'État et nous quittâmes à regret nos compagnons de voyage, Frederik Paulsen et Christian de Marliave, qui furent accueillis dans un campement à l'écart de la base. Nous découvrîmes les entrailles de ce bâtiment digne d'un vaisseau spatial et organisé comme un campus, avec laboratoires, salle de réunion, quartier vie, salle de cinéma, cantine, centre de contrôle technique…

Il était tard, même s'il faisait jour, et Michel accusait mal les 2 850 mètres d'altitude. Il avait l'air très éprouvé et ne pipait mot, lui d'ordinaire si enjoué. Je lui proposai un plateau-repas, mais il ne put rien avaler. Michel passa la nuit à cracher ses poumons, se retournant sans cesse dans son lit. Je veillai à repositionner le masque à oxygène sur son nez qu'il perdait régulièrement dans son agitation. Je craignais le pire. Au milieu de la nuit, je cherchai dans les couloirs de la station endormie le responsable de garde et lui demandai de réveiller le chef de base. Il arriva en pyjama, l'air un peu hagard. Je lui expliquai qu'il fallait rapatrier d'urgence l'ancien Premier ministre français et il prit sans tarder des dispositions pour réserver quatre sièges sur le premier vol du matin. Je retournai aussitôt dans notre cabine pour surveiller l'oxygénation de Michel.

Au matin, la mine défaite, nous partîmes en chenillard vers la piste de glace où stationnait le LC-130 et passâmes devant le mythique pôle Sud géographique repérable à un pieu planté dans la glace. À cause de la mobilité de cette dernière, le pieu est replanté chaque année au vrai pôle Sud (90° 00' Nord) le premier jour de la nouvelle année. Nous fîmes une courte halte pour immortaliser notre passage à ce point symbolique de convergence des méridiens où nous ne reviendrions sans doute jamais. Cette brève séance photo révéla des mines grimaçantes et décavées.

De retour dans le chenillard, je citai à haute voix, pour le divertir un peu, la célèbre exclamation de l'explorateur Robert Falcon Scott lorsqu'il avait atteint le pôle Sud en 1912 : « Grand Dieu ! Que cet endroit est terrifiant et horrible ! » Michel esquissa un timide sourire et s'assoupit. Nous arrivâmes bientôt au pied de l'avion où nous attendaient nos deux compagnons. Nous nous envolâmes vers Union Glacier, un vaste terrain de camping polaire, que nous atteignîmes en milieu d'après-midi. Une fois au niveau de la mer, Michel retrouva un confort de respiration sans assistance, mais semblait encore éprouvé. Nous nous installâmes sans tarder dans une tente, à côté de laquelle était planté dans la neige un petit écriteau sur lequel était écrit : « Prime Minister Michel Rocard ». Un protocole digne des services d'une ambassade que l'on n'imaginait pas trouver dans un terrain de camping perdu au bout du monde.

« On peut jamais être tranquille ! ronchonna Michel. Je crois que je vais faire une petite sieste. » Michel s'engouffra dans son sac de couchage grand froid que je zippai des pieds jusqu'au nez car, avec une température de -20 °C sous la tente, il ne s'agissait pas de laisser dépasser un avant-bras ou une partie du visage. Au terme d'une nuit en plein jour, un masque opaque sur les yeux, Michel s'extirpa difficilement de son épais duvet, la mine reposée. Avec le flegme qui le caractérisait, il lâcha sur un ton détaché : « Je ne serais pas contre un bon p'tit déj ! » Au timbre grave et puissant de sa voix, je compris qu'il s'était refait une santé.

Dans la journée, nous embarquâmes à bord d'un avion-cargo soviétique Ilyushin IL-76 DT, spécialisé dans les décollages et les atterrissages sur des pistes courtes et mal aménagées, autrefois utilisé pour relier les lieux reculés de la Sibérie arctique. Michel passa une grande partie du vol qui nous ramena à Punta Arenas, au Chili, à deviser avec Frederik Paulsen avec qui il s'était peu à peu lié d'une vraie amitié. Un peu plus tard dans l'après-midi, nous prîmes un vol retour vers Paris via Santiago du Chili. Pour la première fois, je constatai que Michel n'était pas mécontent à l'idée de retourner chez lui pour retrouver un peu de réconfort.

De retour à Paris, je rédigeai un communiqué pour l'AFP qui était intégralement repris par *Le Monde* dans son édition du 27 janvier 2012 : « Pôles position – Le record de Michel Rocard » : « L'ancien Premier ministre Michel Rocard vient de réaliser un record. Il est le premier octogénaire à s'être rendu aux deux pôles géographiques du globe. Le socialiste, ambassadeur de France pour les régions polaires, depuis mars 2009, vient de rentrer d'un périple de deux semaines dans l'Antarctique où il a atteint le pôle Sud géographique le 21 janvier. (...) "C'est un endroit tout plat, tout glacé" et "fabuleux", avait déclaré Michel à l'Agence France Presse. À 81 ans, l'ancien Premier ministre a néanmoins reconnu que c'était un "voyage dur", soulignant notamment le "manque d'oxygène" à la base Concordia située à 3 233 mètres[1]. »

Michel était un homme d'État hors-norme, dont la curiosité, l'audace et le goût de l'aventure l'avaient poussé, au soir de sa vie, à une exploration de terrain approfondie des confins du monde, ce symbole de « la Mort sans issue » pour Michaux. Ainsi entendu, le record de Michel était aussi une quête du « lointain intérieur », là où le silence renvoie l'homme à sa fragilité et à son terme. Mais cette dimension était bien trop spirituelle pour les médias qui ne s'intéressent qu'à la partie émergée des « icebergs » du poète Michaux.

Aujourd'hui, je peux l'écrire, même si Michel et moi l'avions caché à nos ministres successifs et à nos familles : nous avons plusieurs fois frôlé la catastrophe car, éloignés de tout centre de secours, un accident de santé eût immanquablement conduit au pire. Nul ne put dire si le malaise foudroyant qui accabla Michel quelques mois plus tard, en mars 2012, à Stockholm, et dont il fut sauvé grâce à l'intervention éclair du service d'urgence de l'Institut Karolinska, était lié à l'épreuve physique qu'il avait subie pendant son périple en altitude sur la calotte glaciaire antarctique. Attentif aux pérégrinations

1. « Pôles Position – Le record de Michel Rocard », *Le Monde*, 27 janvier 2012.

polaires de son aîné, le Président Hollande avait pudiquement résumé cette quête en disant que Michel prenait sa mission très à cœur, « au point de multiplier, au risque pour sa santé, de nombreux déplacements dans des régions particulièrement inhospitalières[1] ».

1. Discours du président de la République François Hollande en hommage à Michel Rocard, Invalides, Paris, 7 juillet 2016.

XVII

Antarctique, notre terre à tous

L'ambassadeur auprès des pingouins avait aussi à faire auprès des manchots. Les affaires antarctiques étaient loin d'être le long fleuve tranquille que laissait supposer l'expression un peu lénifiante de « terre de paix et de science ». Nos expéditions polaires avaient achevé de faire de Michel un authentique connaisseur de terrain et il avait appris à relever les entorses et les aménagements de la doctrine officielle du Traité sur l'Antarctique.

« En ce triste XXIe siècle où toutes les négociations engagées dans le monde ont échoué (climat, armes nucléaires, réglementation financière et bancaire), expliqua Michel dans un billet d'humeur en 2014, l'Antarctique et sa gestion deviennent exemplaires et uniques. Mais certains États signataires du Traité sur l'Antarctique comme la Chine ou la Russie parlent déjà de saisir l'occasion prévue par les textes de rouvrir des négociations en 2048 pour sortir du moratoire sur l'exploitation minière. C'est un vrai danger. Et il n'y a pas de droit collectif. Or, visites, voyages et tourisme croissent… Il n'y a pas de police collective de la sécurité et de l'environnement.

Ne rêvons pas. L'Antarctique a toujours besoin de nos efforts[1]. »

Michel avait coutume d'introduire ses conférences sur les zones polaires en annonçant d'entrée de jeu : « Les deux pôles n'ont rien d'autre en commun que le froid. Pour le reste tout est différent. Un continent et un océan. Un voisinage surencombré au Nord et une absence totale de voisinage, et notamment d'électeurs, au Sud, ce qui a permis d'avoir des résultats politiques significatifs[2]. » L'explorateur britannique Ernest Shackleton qualifiait l'Antarctique de « continent le plus froid, le plus venteux, le plus sec et le plus sombre de la planète ». En bref, la terre de tous les extrêmes. Grand comme vingt-cinq fois la France métropolitaine, il est aussi le continent le plus isolé des autres, puisqu'il se situe à environ 3 600 kilomètres des côtes sud-africaines, à 1 000 kilomètres des côtes sud-américaines et à 2 600 kilomètres de la Tasmanie en Australie. Encerclé par l'océan Austral, le continent Antarctique est presque entièrement recouvert par une calotte glaciaire (ou inlandsis) d'une épaisseur moyenne supérieure à 2 000 mètres, à l'exception de certaines zones de la péninsule Antarctique non englacées.

Isolé géographiquement, le continent l'est aussi par la rareté des réseaux de transports aériens intercontinentaux. Il n'existe que quelques aéroports en Antarctique capables

1. Michel Rocard, « Ne rêvons pas. L'Antarctique a toujours besoin de nos efforts », *Pôles Nord & Sud*, le Cercle Polaire, n° 4, janvier 2014, p. 68.

2. « Quel avenir pour l'Arctique ? », conclusion par Michel Rocard, *France Forum* hors-série, Institut Jean Lecanuet, novembre 2014.

d'accueillir des vols intercontinentaux en provenance du sud du Chili ou de l'Argentine, de l'Afrique du Sud ou de la Nouvelle-Zélande. Cette logistique aérienne est quasi exclusivement réservée aux scientifiques, le tourisme continental restant une activité marginale. Et pour cause : l'Antarctique est un immense désert de glace, parsemé de quelques infrastructures, regroupées pour la plupart dans quatre clusters[1]. Il faut environ huit heures d'avion et à peu près autant de jours de bateau pour relier l'Afrique du Sud, la Nouvelle-Zélande ou l'Australie à l'Antarctique, quand deux heures d'avion ou deux jours et demi de bateau sont requis pour traverser le passage de Drake qui sépare la botte de l'Amérique du Sud (Punta Arenas au Chili ou Ushuaïa en Argentine) de la péninsule Antarctique.

La plus ancienne station de recherche toujours en activité est la base argentine d'Orcadas, installée sur l'île Laurie depuis 1904. Aujourd'hui, l'Antarctique compte quatre-vingt-quatre bases opérées par quarante nations. Trente-neuf d'entre elles sont concentrées sur la péninsule Antarctique, trente-cinq sur la côte et trois permanentes à l'intérieur du continent : la base américaine Scott-Amundsen, la base russe Vostok et la base franco-italienne de Concordia. Ce réseau d'infrastructures permet d'accueillir annuellement environ cinq mille

1. Les quatre principaux clusters sont : le détroit de *McMurdo* (États-Unis et Nouvelle-Zélande), les collines *Larsemann* (Australie/Roumanie, Chine, Inde et Russie), l'île du *Roi Georges* (15 bases opérées par l'Argentine, le Brésil, la Chili, la Chine, l'Allemagne, la Corée du Sud, le Pérou, la Pologne et la Russie) et la *Terre de la Reine-Maud* (Afrique du Sud, Allemagne, Belgique, Finlande, Inde, Japon, Norvège, Pays-Bas, Royaume-Uni, Russie et Suède).

techniciens et scientifiques au plus fort de l'été austral, dont deux mille sur la seule base américaine de Murdo. Ils sont de passage, soit dans le cadre d'une campagne d'été, soit d'un hivernage d'au moins un an. En hiver, la présence scientifique tombe à mille personnes. L'Antarctique est donc un continent inhabité qui ne compte que des usagers temporaires, même si quarante des bases assurent une présence permanente suivant un roulement continu de personnel. Ainsi que l'avait résumé Alan Hemmings, un des rares spécialistes de la géopolitique de l'Antarctique, avec qui nous entretenions une complicité fructueuse : « L'Antarctique n'est ni la terre, ni la terre-patrie, ni le territoire métropolitain de quelque puissance que ce soit. Personne ne “vit” en Antarctique, au sens où l'on utilise ordinairement cette expression[1]. »

D'un pôle à l'autre, comme en écho, à quarante-cinq années d'écart, l'Antarctique avait réalisé l'utopie qui animait les fondateurs de la conférence Christiana de 1914, lorsque ceux-ci négociaient les termes d'un accord qui devait faire de l'archipel arctique du Svalbard une terre internationale ouverte à tous. En Antarctique, seules les activités pacifiques sont autorisées et toute mesure à caractère militaire est interdite. Dans le traité sur le Spitzberg, la référence à des activités pacifiques visait l'extraction minière ou l'exploitation des ressources vivantes à des fins économiques. Faute d'avoir codifié l'activité de recherche, la Norvège

1. Alan D. Hemmings, Sanjay Chaturvedi, Elizabeth Leane, Daniela Liggett et Juan Francisco Salazar, « Nationalism in Today's Antarctic », *The Yearbook of Polar Law Online*, 5 décembre 2015.

faisait valoir que « les ressortissants des Parties au Traité n'ont ni le droit, ni de droit égal, d'y mener des activités de recherche[1] ».

À l'inverse, l'Antarctique a consacré la « liberté de la recherche scientifique et la coopération internationale à cette fin[2] ». En lisant le préambule du Traité sur l'Antarctique, on reconnaît l'idéal d'une recherche scientifique transcendant les discordes, défendu dès 1875 par l'Autrichien Weyprecht, une « entreprise internationale de recherche scientifique qui devait transcender les calamités des guerres et les discordes des nations » : « Persuadés qu'il est conforme aux intérêts de la science et au progrès de l'humanité, lit-on dans le texte fondateur de la gouvernance de l'Antarctique, d'établir une construction solide permettant de poursuivre et de développer cette coopération en la fondant sur la liberté de la recherche scientifique dans l'Antarctique telle qu'elle a été pratiquée pendant l'Année géophysique internationale [la troisième Année polaire internationale][3]. » À deux siècles d'écart, notre ambassadeur pour les pôles rappelait cette filiation : « Le rêve d'une terre de paix et de science est né à la fin du XIXe siècle dans l'Arctique ; mais c'est en Antarctique, au milieu du XXe siècle, que ce rêve est devenu réalité. »

Si Michel avait succombé au charme des « nuits enchanteresses de l'hyperboréal[4] », l'animal politique ne cachait pas sa

1. Livre blanc sur le Svalbard, ministère norvégien de la Justice et de la Sécurité intérieure, mai 2016.
2. Traité sur l'Antarctique, article 2, 1959.
3. *Ibid.*, préambule.
4. Henri Michaux, « Icebergs », *La Nuit remue*, Gallimard, 1934.

fascination pour le statut juridique du sixième continent dont il entendait tirer quelques leçons pour l'autre pôle, mais aussi, dans une autre mesure, pour le monde habité et industrialisé. Cette posture lui valut bien des sarcasmes. Dans un billet virulent intitulé « Michel Rocard le mondialiste est de retour avec la gouvernance mondiale » à propos de son action en faveur d'un traité sur l'Arctique, un bloggeur dont les activités étaient soutenues financièrement par l'ambassade de la Fédération de Russie à Paris avait expliqué que « Michel Rocard fai[sai]t partie de l'association climatiste et mondialiste le Cercle Polaire dont le seul objectif n'est pas la préservation de l'Arctique mais bien l'instauration d'une gouvernance mondiale sur cette région en vue de pérenniser "le gel du pouvoir mondial" par un groupe d'États[1] ».

Cette diatribe contre le « Nord global » cachait mal son allégeance à la vision souverainiste russe, et Michel avait appris à se faire prudent sur ce sujet. Avec le Traité sur l'Antarctique, il ne craignait pas les foudres des pourfendeurs de l'internationalisme. Cette vision, perçue par certains comme donquichottesque, fut pleinement confortée par les déclarations de la secrétaire d'État Hillary Clinton, à l'occasion du cinquantième anniversaire du Traité, à Washington, en avril 2009 : « Le génie du Traité sur l'Antarctique tient à son actualité, avait-elle expliqué. Il a été rédigé pour répondre aux défis d'une certaine période de l'histoire, et représente aujourd'hui un outil décisif dans nos efforts pour comprendre une menace urgente de notre temps, à savoir le changement climatique qui perturbe des communautés humaines, des espèces animales et végétales, [...] un peu partout à la

1. « Ice Station Zebra », Zebrastationpolaire.over-blog.com, 17 juin 2010.

surface de notre planète. [...] L'Antarctique mais également l'Arctique offrent aux nations du XXIe siècle une opportunité de travailler ensemble, comme nous l'avons fait cinquante ans plus tôt. » Et de lancer un appel à la coopération internationale : « Dans l'esprit du traité et à la lumière des découvertes importantes qui ont été faites pendant l'Année polaire internationale, décidons de poursuivre ensemble l'œuvre accomplie avec de la recherche scientifique de haut niveau et des mesures audacieuses aux deux extrémités de notre planète, dans le Sud et dans le Nord. »

La secrétaire d'État termina son intervention en faisant valoir que cette action de coopération était « surtout » nécessaire « pour la beauté de notre planète que nous partageons au quotidien et pour les générations futures qui devraient pouvoir elles-mêmes [en] profiter ». Cette référence à la beauté des zones polaires pouvait surprendre dans un discours de politique étrangère, cantonné en général à la froide *realpolitik*, et passer pour une petite envolée lyrique, mais Michel y souscrivait et savait qu'elle s'appuyait sur une disposition du Traité qui consacrait la « préservation de la valeur intrinsèque de l'Antarctique », au nom de ses « qualités esthétiques » et de « son état naturel[1] ».

De retour de Washington, le nouvel ambassadeur pour les pôles se dit ragaillardi par l'intervention de Mme Clinton. « Tout y était ! » avait-il déclaré, ravi. Nous pourrions désormais adosser notre action à la vision de la ministre des Affaires étrangères des États-Unis ; ce n'était pas rien. Michel

1. Protocole de Madrid, article 3.1, 1991.

eut la faveur d'un entretien avec Hillary Clinton, lors de la 7e réunion ministérielle du Conseil de l'Arctique qui se tint à Nuuk au Groenland, le 12 mai 2011. Elle lui confirma son soutien inconditionnel à une coopération internationale ouverte en zones polaires, alors même que la présidence danoise du Conseil de l'Arctique choisit cette année-là de marginaliser les représentants des États extérieurs à la zone boréale, en les reléguant au fond de la salle, sans place attitrée et sans autorisation de prise de parole.

Au fil des années, dans les réunions annuelles du Traité sur l'Antarctique[1], à Buenos Aires en 2011, à Hobart en Tasmanie, en 2012, à Bruxelles en 2013, à Brasilia en 2014, à Sofia en Bulgarie en 2015 ou à Santiago du Chili en 2016, Michel souligna systématiquement combien la situation du sixième continent contrastait avec le climat de discorde ou de délitement de la vie internationale : « Pour qui suit attentivement les affaires du monde, l'Antarctique fait figure d'exception et console un peu du désordre global. Où d'autre en effet rencontre-t-on pareil niveau d'harmonie internationale ? Sait-on que la plupart des négociations – régulation financière, non-prolifération des armes nucléaires, changement climatique – initiées depuis la fin de la deuxième moitié du XXe siècle ont échoué ? Et nul ne peut dire si ces négociations ont quelques chances de succès dans les prochaines années[2]. » Quitte à passer pour un romantique impénitent, Michel ajoutait souvent sa touche personnelle : « Mesdames

1. Réunion des Parties consultatives au Traité sur l'Antarctique (RCTA).

2. Intervention en séance plénière de l'ambassadeur de France chargé des pôles Michel Rocard, à la 38e RCTA, à Sofia en Bulgarie, le 1er juin 2015.

et messieurs les délégués, pour que l'Antarctique ne reste pas seulement cette chose abstraite, la *res antarctica* sur laquelle nous planchons chaque année pendant nos réunions, je vous invite à vous rendre en Antarctique, où je me suis rendu une ou deux fois, pour mesurer par vous-même ce qui se cache derrière ce montage juridique original : une nature d'une beauté inouïe ! Vous verrez, quand on a passé quelque temps dans ce genre de paysage, on est gagné par une sorte de respect à l'égard de ce morceau de nature inviolée, qui justifie en retour nos efforts de gestion concertée. »

Une autre figure politique majeure avait succombé au charme de ces paysages « rares et magnifiques[1] » : le secrétaire général des Nations unies Ban Ki-moon. À son retour d'un séjour[2] dans l'île du Roi Georges en péninsule Antarctique, en compagnie de son épouse, en novembre 2007, Ban Ki-moon fit une vibrante déclaration qui resta dans les mémoires et qui ne manqua pas d'inquiéter plusieurs États membres des Nations unies : L'Antarctique, « merveille de la nature, est par-dessus tout notre terre à tous[3] ! ».

Quelques années plus tard, le 25 janvier 2012, dans son discours de réélection à la tête des Nations unies, Ban Ki-moon alla plus loin encore en proposant de « travailler avec

1. Ban Ki-moon, « L'Antarctique appelle une action contre le changement climatique, déclare Ban Ki-moon », Centre d'information des Nations unies, 11 novembre 2007.

2. Ban Ki-moon est le premier secrétaire général des Nations unies à s'être rendu en Antarctique.

3. Ban Ki-moon, *op. cit.*

les États membres pour faire de l'Antarctique une réserve naturelle mondiale[1] », omettant que parmi les cent quatre-vingt-treize États membres des Nations unies, sept, dont la France, revendiquaient un statut d'État « possessionné[2] » en Antarctique (voir carte p. 6). Même un secrétaire général des Nations unies tenu à la plus grande prudence et à la plus grande réserve, eu égard aux intérêts divergents des nombreux pays qu'il représentait, n'avait pu s'empêcher de traiter l'Antarctique comme un patrimoine naturel mondial échappant à toute emprise nationale.

Michel avait reconnu en Ban Ki-moon un puissant allié potentiel. Le 13 décembre 2012, j'organisai une rencontre avec le secrétaire général des Nations unies dans ses bureaux à New York. Nous décidâmes d'y entraîner une figure de l'astronomie, Jean Audouze, qui se trouvait être le président de la commission nationale française de l'Unesco. Michel proposa au secrétaire général des Nations unies de prendre l'initiative d'une conférence internationale de l'Unesco sur l'Antarctique pour redynamiser la coopération scientifique, au ralenti depuis la fin de la 4e Année polaire internationale. Nous placions beaucoup d'espoirs dans cette rencontre. Ban Ki-moon l'écouta attentivement, un sourire accroché au bord des oreilles. Lorsque Michel eut terminé sa présentation, le secrétaire général regarda un instant son conseiller juridique,

1. Ban Ki-moon, Discours de présentation du plan d'action quinquennal du secrétaire général des Nations unies, 11 janvier 2012.

2. Les sept États possessionnés en Antarctique : Argentine, Australie, Chili, France, Royaume-Uni, Norvège et Nouvelle-Zélande.

puis nous remercia avec affabilité et nous dit qu'il ne tarderait pas à répondre à cette proposition intéressante.

Au sortir du bâtiment, Michel s'alluma une Gauloise et nous regarda, Jean Audouze et moi, d'un air entendu qui exprimait une colère rentrée face à ce rendez-vous aussi creux qu'expéditif. « L'homme politique le plus puissant du monde est aussi celui dont la parole est réduite à la neutralité en raison des intérêts divergents des pays membres de l'ONU. Si vous voulez mon avis, y'a peu d'espoir que ça aboutisse ! » lâcha-t-il.

L'après-midi qui suivit, nous fûmes convoqués à une réunion improvisée par les six ambassadeurs des États possessionnés au sein du Traité sur l'Antarctique. La nouvelle de notre démarche s'était vite répandue. Ils demandèrent d'une seule voix à Michel d'abandonner ce projet de conférence de l'Unesco, en arguant que les Nations unies et le Traité sur l'Antarctique ne faisaient pas bon ménage. Ils lui rappelèrent un épisode cuisant survenu en 1982, quand le Premier ministre de Malaisie, Mahathir bin Mohamad, avait proposé de faire de l'Antarctique un « patrimoine commun de l'humanité[1] », proposition qui faisait fi des prérogatives des États possessionnés revendiquant une portion du continent. Cette initiative avait été plébiscitée par les pays en voie de développement, africains pour la plupart, qui avaient trouvé

1. La notion de patrimoine commun de l'humanité a été consacrée par la Convention des Nations unies sur le droit de la mer de 1982, pour ce qui concerne les fonds marins internationaux (la « Zone ») et ses ressources. Ceux-ci doivent être utilisés à des fins pacifiques et dans l'intérêt de l'humanité tout entière, particulièrement les pays les moins riches.

là l'occasion de dénoncer l'appropriation des richesses de l'Antarctique par un « club d'États nantis » – le Nord global, encore lui. Il avait fallu pas moins de vingt-trois ans pour venir à bout de cette proposition « poil à gratter » qui était inscrite chaque année à l'ordre du jour de l'Assemblée générale des Nations unies.

Avec cette réunion téléphonée, le cabinet de Ban Ki-moon avait trouvé un moyen efficace de transmettre indirectement à l'ancien Premier ministre une réponse négative. Honteux et confus, nous nous consolâmes dans un steak house réputé de la 52e rue, avec un verre de vin californien. En fin d'après-midi, nous repartîmes vers Paris, jurant, mais un peu tard, qu'on ne nous y prendrait plus.

Michel venait de mesurer la complexité des équilibres politiques consacrés par le Traité sur l'Antarctique. Une revendication territoriale restreinte à sept États cohabitait avec la reconnaissance internationale de l'Antarctique comme « terre de paix et de science », « ouverte à l'adhésion de tout État membre des Nations unies[1]… ». C'était à n'y rien comprendre. Le secrétaire général des Nations unies pouvait se complaire dans des déclarations enflammées sur « l'Antarctique, notre terre à tous », à la condition que ses propos ne recouvrent ni n'engagent aucun contenu juridique précis. C'est là tout l'art de la diplomatie qui consiste à faire avancer une cause, à pas feutrés et à visage masqué, en évitant toute opposition frontale. Mais Michel avait été formé, lui, au combat politique, où les acteurs affichent leurs positions respectives, en vue de négocier un compromis émergeant

1. Traité sur l'Antarctique, article XIII, 1er décembre 1959.

nécessairement d'un rapport de force, et qui ne saurait être le résultat d'un jeu de poker menteur.

Au Conseil de l'Arctique, lors de la sixième réunion interministérielle qui se tenait à Tromsø, en Norvège, en avril 2009, il avait expliqué aux ministres des Arctic Eight qu'on ne pouvait continuer à s'inquiéter sérieusement du changement climatique sans envisager l'abandon de tout ou partie des ressources hydrocarbures off-shore dans les sous-sols de l'Arctique. Un autre exemple : lors de la 34ᵉ réunion annuelle du Traité sur l'Antarctique à Buenos Aires, en juin 2011, il avait affirmé qu'étant donné la demande croissante en matières premières, il n'était pas déraisonnable de penser que les acteurs économiques s'emploieraient à repousser les frontières de l'exploration… comme en Arctique. Michel mettait invariablement les pieds dans le plat, espérant engager une confrontation ouverte. Ce style politique, cordial et combatif à la fois, a été condensé, avec un grain de sel, par François Hollande : « Michel Rocard, vous avez toujours été un homme de combat : du refus de la guerre d'Algérie, hier, jusqu'au sauvetage des pôles aujourd'hui, vous n'avez cessé de vous engager très tôt. À dix-huit ans, vous êtes secrétaire national des étudiants socialistes – ils ne devaient pas être nombreux mais enfin, vous en étiez –, et puis aujourd'hui, bien au-delà de la limite d'âge, vous êtes, toujours ambassadeur de France[1]… »

Si un ministre des Affaires étrangères ou *a fortiori* le secrétaire général des Nations unies n'avait d'autre choix que de soutenir une politique de *statu quo* visant la préservation

1. Discours du président de la République pour la remise de décoration à Michel Rocard, Élysée, 9 octobre 2015.

d'équilibres politiques complexes, ménageant ainsi la chèvre et le chou, Michel, nommé sur proposition d'une ONG, était quant à lui au service d'une diplomatie d'intérêt général. Celle-là n'était pas réductible au seul jeu intergouvernemental et entendait relayer les alertes de la communauté scientifique. Selon Michel, l'État n'était pas l'acteur exclusif des relations internationales ; il était aussi la courroie de transmission des intérêts de la société civile sur la scène internationale[1]. Et de ce point de vue, la combinaison d'une mission diplomatique et d'une ONG, le Cercle Polaire, qui relayait le message de la communauté scientifique, représentait une alliance intéressante, même si celle-ci était perçue par certains de nos collègues du Quai d'Orsay comme un « mélange des genres ». Si Michel ne s'en était jamais réclamé, lui qui avait en horreur les « ismes » chers aux intellectuels de fauteuil, sa pratique des relations internationales répondait sur bien des points à la vision de l'« internationalisme libéral[2] » héritée du Président Woodrow Wilson : une diplomatie franche et transparente plutôt qu'une diplomatie de dupe ; une logique d'intérêt général partagé non réductible au seul jeu des puissances, basé sur l'équilibre des forces ; et une diplomatie non exclusivement centrée sur l'État où « les questions de territoire

1. La théorie des relations internationales distingue la conception « réaliste » selon laquelle l'État est l'acteur exclusif des relations internationales et la conception « libérale » d'après laquelle l'État représente les individus sur la scène internationale.

2. Le courant de l'« internationalisme libéral » a connu une illustration dans un discours du Président américain Woodrow Wilson délivré au Sénat le 8 janvier 1918 qui comporte quatorze points, connus sous le nom de « quatorze points de Wilson ».

ou de souveraineté ne peuvent être réglées sans le libre consentement des populations concernées[1] » ou sensibilisées. En Antarctique comme dans l'Arctique, rappelait le diplomate wilsonien, « l'intérêt général n'est pas la conjugaison des intérêts nationaux mais l'intérêt général de la planète[2] » qui appelle une « diplomatie mondiale » non réductible à une stratégie de maximisation de l'intérêt national au sein d'un système international.

Une fois l'élan de l'Année polaire internationale passé, les affaires polaires avaient été reléguées dans les enceintes intergouvernementales de la réunion du Traité sur l'Antarctique et du Conseil de l'Arctique. Là, l'intérêt général recouvrait le sens d'un équilibre des puissances dominé par l'intérêt national égoïste. Le premier était contraint par un système juridique international, le second par un régime de coopération de type consultatif.

L'association le Cercle Polaire tenta, à sa mesure, de redynamiser cet élan en lançant une campagne internationale dans une cinquantaine de pays : l'Appel des Pôles. La révolution technologique de l'Internet avait démultiplié le pouvoir de communication au point de transformer l'opinion publique en un « intrus significatif dans ce monde de

1. Ces trois orientations correspondent respectivement aux premier, cinquième et quatorzième points du discours de Wilson.

2. Intervention de Michel Rocard, conférence ministérielle de présentation de la Feuille de route nationale sur l'Arctique, 14 juin 2016, Quai d'Orsay, Hôtel du Ministre.

monstres froids[1] » que sont les États. Un intrus capable de peser dans des « Affaires étrangères » de plus en plus affaires de tous, ainsi que le martela la campagne de l'Appel des Pôles toujours active aujourd'hui : « L'avenir de la gouvernance des zones polaires dépendra pour beaucoup du capital d'empathie dont ces dernières bénéficieront auprès de l'opinion publique internationale[2]. »

Le Cercle Polaire collecta les témoignages de cent personnalités réparties dans quelque quarante-cinq pays, sensibilisées par la beauté et la fragilité des zones polaires. Le résultat de cette initiative est un florilège de déclarations enflammées, exaltées, utopistes, solennelles, pathétiques ou idéalistes publiées dans un recueil qui témoigne de l'existence d'une conscience mondiale de la fragilité des pôles, incarnée par... une poignée d'individus disséminés à la surface de la planète : le géophysicien sud-coréen Yeadong Kim, la photographe italienne Lucia Sala Simion, la juriste française Anne Choquet, le philosophe suédois Aant Elzinga, le prince consort Henrik de Danemark, le géographe sud-africain Ian Meiklejohn, l'ancien ministre Hubert Védrine, le professeur Jean Malaurie ou encore le chimiste chilien José Retamales.

Porté par cet élan, Michel s'affirmait au fil des années comme un fervent promoteur de la gouvernance collective du continent blanc, passant sous silence les prérogatives des États possessionnés. Et peu importe si la France était dans le lot. L'Antarctique était à ses yeux une « utopie réalisée », née de

1. Bertrand Badie, « L'opinion à la conquête de l'international », *Raisons politiques*, n° 19, 2005.

2. www.lecerclepolaire.com

« deux miracles politiques, aussi improbables et incroyables l'un que l'autre, le Traité sur l'Antarctique et le protocole de protection de l'environnement ». Comme l'avaient développé Gérard Jugie et Yves Frenot dans un article de presse intitulé « L'utopie antarctique » : « On a voulu faire de l'Antarctique une terre [...] exempte des maux dont souffre le reste de la planète. Faut-il dès lors parler d'une utopie antarctique ? Sans doute, mais à la condition de ne pas réduire l'utopie à une rêverie irréelle et irréaliste, sans fondements et sans moyens. La préservation du caractère exceptionnel de l'Antarctique repose sur une série d'accords internationaux et de protocoles[1]. »

1. Gérard Jugie et Yves Frenot, « Les utopies d'aujourd'hui », « L'utopie antarctique », numéro spécial du *Nouvel Observateur*, juillet 2005.

XVIII

Le miracle du Traité sur l'Antarctique

L'histoire du Traité sur l'Antarctique ne laissait pas de nous surprendre, car celui-ci avait été négocié, en pleine guerre froide, par douze pays fondateurs[1], dont les deux superpuissances rivales de l'époque, l'Union soviétique et les États-Unis d'Amérique. Il n'avait clairement pas bénéficié d'un contexte géopolitique favorable, contrairement à ce que certains académiques laissent accroire[2]. Michel, qui pratiquait volontiers l'hyperbole, le décrivait comme un « miracle politique », ajoutant que, si c'était à refaire, cet accord aurait peu de chances d'aboutir, car « nous sommes en ce début de XXIe siècle dans une période de renforcement des méfiances internationales, des ego des politiques nationales », ce qui l'inquiétait beaucoup, expliquait-il.

1. Les douze pays dont des scientifiques s'étaient livrés à des activités dans et autour de l'Antarctique pendant l'Année géophysique internationale (AGI) 1957-1958.

2. Florian Aumond, « Les enjeux géostratégiques de l'Antarctique : la coopération à l'épreuve », *Diplomatie*, 5 juillet 2021.

Juridiquement parlant, le continent blanc et toutes les îles[1] situées au-delà du 60e parallèle sud sont un espace international « réservé exclusivement à des fins pacifiques », « dans l'intérêt de l'humanité tout entière ». Le jour de la signature du Traité sur l'Antarctique, le 1er décembre 1959 à Washington, un quotidien américain[2] annonça en Une : « La guerre froide a été gelée dans les glaces de l'Antarctique ». La formulation était heureuse car le Traité sur l'Antarctique gelait en effet les revendications territoriales conflictuelles et les usages militaires menaçants. Le processus de ces négociations fut paradoxal, puisque la maximisation de la puissance chez chaque bloc rival avait finalement conduit à un choix collectif d'internationalisation négative. Pour le comprendre, il faut faire un peu d'histoire.

À la suite des découvertes de l'Antarctique, sept États avaient revendiqué successivement une portion du continent blanc sous forme d'un secteur angulaire : le Royaume-Uni en 1908, la Nouvelle-Zélande en 1923, la France en 1924 avec la Terre Adélie, l'Australie en 1933, le Chili en 1940 et l'Argentine en 1943. Pour le Royaume-Uni, la France et la Norvège, cette revendication se fondait sur le principe de la découverte d'un territoire sans maître, autrement dit *terra nullius*, alors que pour le Chili et l'Argentine, elle reposait sur la théorie de la continuité territoriale, la péninsule Antarctique étant conçue comme la continuation de leur territoire plus au sud, en raison de l'analogie

1. À l'exception des îles Shetland du Sud et des îles Orcades du Sud.
2. « Cold War Thaws in Antarctic », *Cleaveland Plain Dealer*, édition du 1er décembre 1959.

géologique entre les Andes et la chaîne trans-antarctique. La Nouvelle-Zélande[1] a plusieurs fois fait valoir que son territoire national insulaire et l'Antarctique avaient une origine commune dans la mesure où ils étaient tous deux réunis au sein du supercontinent Gondwana, il y a de cela… cent quatre-vingts millions d'années. Tous les arguments étaient bons !

Dans les années 1940-1950, les revendications des États prirent un tour conflictuel. En 1943, les Britanniques lancèrent l'expédition militaire Tabarin pour répondre aux revendications de l'Allemagne nazie sur la Nouvelle-Souabe. Le 18 janvier 1949, des coups de feu furent échangés entre Argentins et Chiliens dans la péninsule Antarctique. Et d'autres acteurs avaient leur mot à dire : nouvellement entrés sur la scène internationale, les pays du tiers-monde refusaient le partage du sixième continent au profit des anciens colonisateurs, taxés de « club d'États nantis ». Plus contraignantes encore étaient les positions des deux superpuissances rivales, les États-Unis et l'URSS, qui ne revendiquaient aucun territoire, ne reconnaissaient aucun titre et imposaient une politique de « porte ouverte », notamment pour y installer leurs propres bases.

Les États-Unis redoutèrent le développement d'activités militaires, notamment nucléaires, de la part de l'Union soviétique qui avait démontré dès 1949 ses capacités. Dès sa prise de fonction en 1953, le président des États-Unis Dwight Eisenhower mesura les conséquences dévastatrices d'un éventuel conflit

1. Ellie Fogarty, « Antarctica : assessing and protecting national interests », Lowy Institute, Policy Brief, août 2011, p. 4.

nucléaire global[1]. Plusieurs documents du Conseil national de sécurité des États-Unis de 1958 attestent que l'une des priorités américaines était d'éviter que le conflit Est-Ouest qui sévissait dans l'Arctique ne s'étendît à l'autre pôle de la planète, l'Antarctique. La solution d'une non-militarisation du sixième continent s'imposa.

Michel s'était passionné pour cet épisode méconnu de l'histoire mondiale et en avait tiré sa propre lecture. Dans sa bouche, ce récit qu'il raconta lors de nombreuses conférences prenait un tour animé : « Très vite, l'administration américaine, pays le plus puissant du monde, qui se prétendait à l'époque le gardien de la liberté, se sentit en charge de préserver le monde d'une conquête générale de l'Antarctique. Et l'administration américaine dit : “C'est très dangereux, car ces sept nations [possessionnées] sont erratiques, incontrôlables ; ces Français font toujours n'importe quoi ; les Anglais, c'est moins sûr, ils sont plus fidèles – avec les Français il faut toujours se méfier, c'est bien connu. Il faut mettre la paix là-dedans[2].” »

De l'avis des chefs d'état-major des armées américains, l'Union soviétique ne devait pas être associée aux discussions, ni *a fortiori* aux négociations sur le futur statut de l'Antarctique. Mais les États-Unis comprirent aussi que seul le recours à la force permettrait l'éviction de l'Union soviétique

1. Discours d'investiture du Président D. Eisenhower, Washington D. C., 20 janvier 1953.

2. « La gouvernance mondiale et les pôles », conférence de Michel Rocard, Cercle des Volontaires, MJC Cyrano de Gif-sur-Yvette, 8 novembre 2013.

de l'Antarctique. « Dwight Eisenhower, très grand président des États-Unis, poursuivait Michel, était certes un guerrier, et surtout un commandant en chef victorieux (...), mais la guerre, il n'aimait pas ça. C'est un militaire non violent et il décide qu'il voudrait tester la chance de faire un Antarctique ouvert. Colère, bagarre dans les services, tous les généraux, tous les amiraux et tous les diplomates disent : "Vous n'y pensez pas ! Ce n'est pas prudent ! D'abord, il faut les surveiller les Soviétiques, ils vont mettre des radars, il faut qu'on en ait aussi. Peut-être même plus que des radars, des bases de lancement de missiles !" Le Président Eisenhower tranche et une lettre part des États-Unis pour le Kremlin ; elle demande au Kremlin de bavarder un peu, sans formaliser, sans écrire tout de suite, pour chercher des idées, pour voir si on pourrait trouver un accord qui permettrait de garder l'Antarctique ouvert. Vous l'avez deviné, j'en suis sûr ! La même bagarre recommence en Union soviétique. Les généraux et les amiraux soviétiques crient : "Hé oh ! Faites attention ! Méfiez-vous ! C'est encore une manip' du capitalisme pour nous sortir de là." Mais là aussi, il y a un patron, et ce patron-là s'appelle Nikita Khrouchtchev. Il avait été aussi guerrier, mêlé à la guerre de très près et il détestait cela peut-être plus encore que son homologue américain Eisenhower[1]. »

La bagarre entre militaristes et pacifistes au sein des administrations prit fin avec la décision historique du Président Eisenhower d'utiliser le cadre de coopération scientifique de l'Année géophysique internationale qui inclut l'Union soviétique comme l'une des douze nations conduisant des activités

1. *Ibid.*

scientifiques en Antarctique. Et le 3 mai 1958, le Président Eisenhower annonça que le format des négociations serait étendu aux douze nations : « Les États-Unis sont attachés au principe selon lequel le vaste Antarctique inhabité devrait être utilisé à des fins exclusivement pacifiques. Nous ne voulons pas que l'Antarctique devienne un objet de conflit politique. En conséquence, nous invitons onze autres pays, y compris l'Union soviétique, à participer aux discussions en vue de définir conjointement un dispositif effectif pour réaliser cet objectif[1]. »

En somme, pour qu'on n'y fasse pas la guerre – froide ou chaude –, on décida qu'on y ferait de la science et rien que de la science. Le préambule du Traité est sur ce point très explicite : « Que l'Antarctique [...] ne devienne jamais ni l'enjeu ni le théâtre de différends internationaux. » Et Michel de clore son récit : « Ainsi, sur le courage de deux individus en responsabilité politique [Eisenhower et Khrouchtchev], capables de vaincre leurs entourages, un traité qui parle de l'Antarctique est signé en pleine guerre froide, par les deux grandes puissances rivales, et ce traité enregistre les revendications territoriales sans les régler et démilitarise le sixième continent ; ce Traité de l'Antarctique qui remonte à 1959 est un miracle dans l'histoire de l'humanité[2]. »

---

1. Déclaration du Président Eisenhower concernant l'Antarctique, 3 mai 1958. Cité in Paul Arthur Berkman, « President Eisenhower, the Antarctic Treaty, and the Origins of international Spaces », *Science Diplomacy*, 2011.

2. « La gouvernance mondiale et les pôles », conférence de Michel Rocard, *op. cit.*

LE MIRACLE DU TRAITÉ SUR L'ANTARCTIQUE

Rarement dans l'histoire, la science, ou plus exactement l'idéal d'une science universelle basée sur la mise en commun des données dans l'intérêt de l'humanité tout entière, n'a occupé une place aussi centrale dans des négociations internationales, qui plus est des différends territoriaux. Ainsi que l'a résumé Paul Berkman, océanographe américain, l'histoire du Traité sur l'Antarctique « démontre le rôle que la science peut jouer comme outil diplomatique dans la construction d'une dimension d'intérêt général entre des nations alliées et ennemies, au profit de l'humanité tout entière[1] ». Nous retrouvons ici l'ambivalence des relations entre la science et la logique de puissance décrite plus haut, à propos du traité sur le Spitzberg de 1920, dans un contexte géopolitique très différent, marqué par la bipolarité, où l'internationalisation de la science polaire faisait contrepoids aux enjeux de compétition internationale, de gloire et de prestige national. Mais le Traité sur l'Antarctique va plus loin, inaugurant de nouveaux liens entre science et politique étrangère, en promouvant les relations scientifiques internationales, en l'occurrence l'AGI 1957-1958, comme modalité harmonieuse de rapports entre les États et les peuples. Avec le Traité sur l'Antarctique, la science, par les valeurs de neutralité et d'internationalisme qu'elle véhicule, s'affirme comme un outil diplomatique privilégié pour modérer les tensions. Sur le plan historique, les négociations du Traité sur l'Antarctique de 1959 peuvent

1. Paul Arthur Berkman, « President Eisenhower, the Antarctic Treaty, and the Origin of International Spaces, Antarctic Treaty Summit », *Science Diplomacy*, janvier 2011.

donc être considérées comme l'acte de naissance de la diplomatie multilatérale par la science, et plus précisément de la « science pour la diplomatie[1] ».

Une cinquantaine d'années plus tard, en ce début de XXIe siècle, la diplomatie multilatérale par la science est devenue une composante majeure de la vie internationale, avec les négociations sur le climat, la biodiversité, l'environnement global, les grands fonds marins ou la haute mer. Dans cette perspective, la secrétaire d'État Hillary Clinton avait vraiment été visionnaire lorsqu'elle avait annoncé en 2009 que le Traité sur l'Antarctique, dont on fêtait les cinquante printemps, était « un modèle à suivre pour le type de coopération internationale dont nous allons avoir de plus en plus besoin pour répondre aux défis du XXIe siècle ».

Quand on interrogeait Michel sur l'origine historique du Traité sur l'Antarctique, Michel répondait souvent par une pirouette : « En Antarctique, il n'y a pas un seul habitant. Ça veut dire pas un électeur, pas de voix à aller chercher et pas de batailles électorales sur place ; que des manchots et des phoques ! Ça facilite bien des problèmes, il faut bien s'en rendre compte[2]. » En effet, la politique étrangère des États Parties au Traité sur l'Antarctique est conduite dans l'indifférence

1. En anglais, *science for diplomacy*. Voir « New frontiers in science diplomacy », *The Royal Society*, janvier 2010.

2. « La gouvernance mondiale et les pôles », conférence de Michel Rocard, Cercle des Volontaires, 8 novembre 2013, MJC Cyrano de Gif-sur-Yvette.

quasi générale des médias et des citoyens. Qui en France saurait situer grossièrement sur une carte de l'Antarctique la Terre Adélie ? Et qui connaît l'existence du traité de Washington de 1959, un document historique de dix pages ? Finalement, les opinions publiques ne constituent pas un contrepoids à la logique d'État et la recherche scientifique à laquelle ce continent est dédié constitue aussi, aujourd'hui comme hier, le bras non armé de la stratégie nationale.

Si l'Antarctique est un continent dédié à la coopération scientifique internationale, qu'est-il advenu des revendications territoriales des sept États possessionnés ? Le Traité de 1959 consacre la non-résolution des revendications territoriales sur l'Antarctique. La politique du ni oui ni non en quelque sorte. C'était là le prix à payer pour parvenir à un accord entre les douze États engagés dans les négociations sur le futur statut de l'Antarctique dont certains avaient revendiqué une portion du continent et d'autres pas. L'article IV du Traité constitue à cet égard une curiosité en droit international, en ce qu'il excelle dans l'art d'additionner des propositions contradictoires :

> « Aucune disposition du présent Traité ne peut être interprétée : comme constituant de la part d'aucune des Parties contractantes une renonciation à ses droits de souveraineté territoriale, ou aux revendications territoriales, précédemment affirmés par elle en Antarctique ; comme un abandon total ou partiel, de la part d'aucune des Parties Contractantes, d'une base de revendication territoriale dans l'Antarctique qui pourrait résulter de ses propres activités [...] ; comme portant

atteinte à la position de chaque Partie Contractante en ce qui concerne la reconnaissance ou la non-reconnaissance par cette Partie du droit de souveraineté, d'une revendication ou d'une base de revendication de souveraineté territoriale de tout autre État, dans l'Antarctique. (...)
Aucun acte ou activité intervenant pendant la durée du Traité ne constituera une base permettant de faire valoir, de soutenir ou de contester une revendication de souveraineté territoriale dans l'Antarctique ni ne créera des droits de souveraineté dans cette région. Aucune revendication nouvelle, ni aucune extension de souveraineté territoriale précédemment affirmée, ne devra être présentée pendant la durée du présent Traité. »

Cet article cardinal est souvent résumé en recourant à une métaphore heureuse mais peu éclairante : le « gel » des revendications territoriales en Antarctique. Le « gel » n'est ni la reconnaissance ni l'annulation internationale des revendications territoriales affirmées par sept États avant 1959 qui se sont d'ailleurs entendus entre eux pour reconnaître mutuellement leurs revendications. Étant donné que le Chili, l'Argentine et le Royaume-Uni revendiquent des territoires qui se chevauchent, ce processus de reconnaissance mutuelle n'a pu jouer qu'au sein d'un groupe de cinq États : l'Australie, la France, la Nouvelle-Zélande, la Norvège et le Royaume-Uni. Ce sont les seuls actes de reconnaissance mutuelle officiels au sein des cinquante-six États Parties au Traité de l'Antarctique. Le « gel » signe également l'arrêt de toute nouvelle revendication territoriale, et ce d'autant que les sept revendications antérieures ne couvrent pas la totalité du continent blanc. Une partie comprise entre les longitudes 90° Ouest et 150°

Ouest, la Terre Marie Byrd, soit environ 10 % de la superficie de l'Antarctique, n'a pas été formellement revendiquée[1].

Au total, la situation est pour le moins complexe : au sein des cinquante-six Parties contractantes que compte aujourd'hui le Traité, sept d'entre elles (Argentine, Australie, Chili, France, Norvège, Nouvelle-Zélande et Royaume-Uni) sont des États dits « possessionnés » qui revendiquent des portions de l'Antarctique, dont trois présentent entre elles des chevauchements (Chili, Argentine et Royaume-Uni) ; deux Parties fondatrices (États-Unis, Russie), nommées « semi-possessionnées », se réservent la possibilité de revendiquer un jour ; et les autres Parties contractantes ne reconnaissent pas les revendications « gelées » par le Traité de 1959.

En 2012, les États-Unis et la Fédération de Russie ont signé en ce sens un accord de coopération[2] pour valoriser leur statut d'État semi-possessionné et afficher leur détermination conjointe à restreindre les prétentions des États possessionnés. Ainsi, les Parties consultatives au Traité sur l'Antarctique se rassemblent tantôt entre « Antarctic Twelve » (en abrégé, Ant 12) – regroupant les douze Parties fondatrices –, tantôt entre « Antarctic Seven » (Ant 7) – pour les sept États possessionnés » – tantôt entre « Antarctic Five » (Ant 5) – pour les cinq États possessionnés qui reconnaissent mutuellement leurs revendications. Aux vingt-neuf Parties consultatives, s'ajoutent les vingt-sept Parties non

1. À l'exception de l'île Pierre Ier revendiquée par la Norvège.

2. Mémorandum d'entente entre le gouvernement de la Fédération de Russie et le gouvernement des États-Unis d'Amérique sur la coopération en Antarctique, signé le 8 septembre 2012.

consultatives invitées aux réunions, mais qui ne participent pas à la prise des décisions.

Ces formats pèsent évidemment beaucoup dans la gouvernance de l'Antarctique. Aucun des « Antarctic Seven » ne sortirait de sa manche son joker d'État possessionné sans encourir les foudres des autres Parties, notamment celles des États semi-possessionnés, mais aussi de la Chine, pressentie comme chef de file des Parties qui ne reconnaissent aucune revendication territoriale. Même un État non possessionné comme l'Inde a pu faire valoir en 2010 que l'implantation d'une troisième base en Antarctique orientale, en l'occurrence les collines Larsemann, était motivée par l'argument géologique[1] selon lequel, il y a environ 120 millions d'années, la péninsule indienne se serait détachée de l'Antarctique à cet endroit précis.

Ce pluralisme de visions de l'Antarctique découlant du principe de non-résolution de la question des revendications est résumé en ces termes par le géopolitologue néo-zélandais Alan Hemmings : « Le Traité sur l'Antarctique qui instaure une gouvernance internationale de la zone australe, et en particulier son article IV relatif aux souverainetés territoriales, doit être crédité d'avoir contraint le champ d'expression des nationalismes en Antarctique. Ce succès – sans doute l'acquis le plus important du Système du Traité sur l'Antarctique – n'a pu voir le jour qu'au prix d'une incorporation institutionnelle paradoxale des prétentions territoriales historiquement contingentes et antérieures au système du Traité

1. Kris Molle, *Third base for India on Antarctica*, Polar Conservation Organization, 2010.

sur l'Antarctique, laissant ainsi le champ libre aux nationalismes embryonnaires[1]. »

Pour autant, l'Antarctique est un modèle unique et réussi de gouvernance collective internationale. Les seules comparaisons pertinentes sont à chercher dans le domaine du droit de l'espace, notamment le Traité sur les principes régissant les activités des États en matière d'exploration et d'utilisation de l'espace extra-atmosphérique, y compris la Lune et les autres corps célestes, entré en vigueur en 1967. Le Traité sur l'Antarctique a d'ailleurs servi de modèle[2] pour élaborer le traité sur l'espace de 1967, en particulier pour ce qui concerne la combinaison de la non-appropriation territoriale et de la conservation de la souveraineté nationale sur le matériel et les scientifiques envoyés.

Le *Huffington Post* avait cru ironiser en comparant la fonction d'ambassadeur des manchots et des pingouins à celle d'un « ambassadeur de la Lune », pour mieux souligner la vacuité de cette responsabilité. Il avait en fait mis sans le savoir le doigt sur la question du statut juridique des espaces internationaux (haute mer et fonds marins de l'océan mondial, océan Arctique central, Antarctique, espace). En juillet 2017, alors que je patientais dans la salle d'attente du cabinet du ministre des Affaires étrangères, je découvris sur

1. Alan D. Hemmings, Sanjay Chaturvedi, Elisabeth Leane, Daniela Liggett, Juan Francisco Salazar, *Nationalism in Today's Antarctic*, *op. cit.*
2. M. J. Peterson, « The use of analogies in developing outer space law », *International Organization*, vol. 51, n° 2, 1997, p. 245-274.

une petite table un numéro du *Figaro magazine* qui annonçait en couverture : « Objectif Mars – Les dernières découvertes qui rendent le rêve réalisable ». Un petit plaisantin du cabinet avait écrit au stylo sur la couverture : « Quel conseiller hérite de cette zone ? »

Cette note d'humour soulignait combien l'espace extra-atmosphérique paraissait éloigné des priorités du Quai d'Orsay. Un ambassadeur chargé des zones polaires nommé en 2009 ; un ambassadeur chargé des océans nommé en 2015 ; à quand un ambassadeur chargé des affaires spatiales ? Nous avions milité pour la création d'un service diplomatique couvrant le « triangle conceptuel entre mer, espace et Antarctique[1] » dans lequel la haute mer de l'océan Arctique central aurait toute sa place en tant que mer gelée sur laquelle on peut marcher et établir une base dérivante. Le sujet n'était pas mûr, mais son heure viendra.

La question ouverte est de savoir si l'analogie antarctique continuera de peser dans les futures négociations sur l'Arctique, l'Espace ou la mer. Et surtout, si le modèle original de la gouvernance de l'Antarctique ne sera pas lui-même, à terme, remis en question. Cette réflexion n'engage pas seulement le Traité sur l'Antarctique, mais aussi une autre composante majeure du système de ce Traité : le Protocole de Madrid de 1991 qui a conduit à faire de l'Antarctique une réserve naturelle consacrée à la paix et à la science.

1. Sebastian Vincent Grevsmühl, « Antarctique et espace : fin et suite de la géographie », *Information géographique*, vol. 74, 2010, p. 115-128.

XIX

Le coup politique de Rocard et de Hawke

L'histoire du Protocole de Madrid est celle d'un « retournement fondamental des attitudes, et du passage en un bref laps de temps d'un principe d'autorisation à un principe de prohibition[1] » des activités minières en Antarctique. Michel était, sur ce chapitre, intarissable et drôle à la fois. Il avait développé une narration bien à lui, qui fit la joie de ses auditoires, notamment lors d'une conférence le 8 novembre 2013 :

« Premier ministre en fonction en juin 1989, j'eus à recevoir mon ami Robert Hawke, Bob Hawke, Premier ministre d'Australie dans le cadre d'une visite d'État. Dans les États membres du Commonwealth qu'on appelle "dominions", le Premier ministre est du point de vue protocolaire l'équivalent d'un chef d'État ; ce qui n'était pas mon rang, moi qui entretenais de surcroît des relations difficiles, pour ne pas dire… »

L'orateur marqua un temps d'arrêt et regarda la salle d'un air exaspéré à la limite de la grimace.

1. Jean-Pierre Puissochet, « Le protocole au Traité sur l'Antarctique relatif à la protection de l'environnement », *Annuaire français de droit international*, XXXVII, éditions du CNRS, Paris, 1991.

« … Exécrables avec le Président Mitterrand. J'avais fait la connaissance de Bob Hawke dans les années 1980 quand j'étais ministre de l'Agriculture. Bob Hawke participait aux grandes négociations mondiales dites de l'Uruguay Round qui visaient à rédiger un traité mondial sur le commerce et l'agriculture. Dans la bataille qui s'ouvrait entre grandes nations agricoles, j'avais compris que face à des pays à très grandes surfaces agricoles comme les États-Unis, le Canada, l'Inde ou le Brésil, pays dans lesquels les agriculteurs étaient devenus des industriels à grande échelle, il me fallait trouver des alliés. À force de fréquentation, nous étions passés de l'observation à la confiance, puis de la confiance à l'amitié. Nous nous retrouvâmes donc en juin 1989 à Paris, le 17 juin pour être exact, où après un déjeuner à Matignon en compagnie d'une cohorte de contrôleurs politiques – mes conseillers techniques –, j'entraînai Bob dans les jardins du parc de l'hôtel Matignon, le plus beau parc de Paris, pour y prendre un café en tête-à-tête sur une petite table de jardin. Une campagne très virulente contre les essais nucléaires menés par la France dans le Pacifique était à cette époque lancée en Australie et je m'attendis à ce que le sujet arrive sur la table.

Bob engagea la conversation sur un tout autre sujet : "Michel, il faut que je te parle de l'Antarctique !" Surpris, j'ironisai un peu : "Écoute Bob ! Une amitié est née entre nous, passé quarante ans, c'est rare dans la vie des hommes, et on se voit à peu près une heure tous les deux ans, et tu veux m'emmerder avec les manchots ? J'ai des choses plus sérieuses à te proposer." Réponse de Bob : "Arrête ! Ne montre pas ton incompétence, c'est très grave ; je te raconte. Je suis ennuyé à propos de l'Antarctique. Le traité de Washington de 1959 ne traite pas des activités économiques en Antarctique. Mes voisins et amis néo-zélandais ont conduit de rudes négociations qui ont abouti à la convention de Wellington sur la réglementation des activités relatives aux ressources minérales de l'Antarctique signée en juin 1988, inacceptable pour mon Parlement qui a viré écolo. Qu'est-ce que la France pense de cela ? Vous les Grands, les pays arrogants qui prétendez gouverner le monde, tu ne sais même pas, t'es pas au courant, qu'est-ce que vous allez foutre dans tout ça ?" Je réalisai sans tarder l'importance de l'enjeu[1]. »

À cette époque, l'Antarctique venait de connaître sa première marée noire avec le naufrage du tanker argentin Bahia Paraiso survenu le 28 janvier 1989. 510 tonnes de diesel s'étaient déversées dans la mer, provoquant un désastre écologique sur les populations de cormorans, de skuas, de pétrels géants et de manchots. À peine deux mois plus tard, le 24 mars 1989, l'une des pires marées noires de l'histoire survint lorsque le pétrolier américain Exxon Valdez fit naufrage dans l'Arctique en Alaska, dans le détroit du Prince William, répandant près de 40 000 tonnes de pétrole brut qui souillèrent 2 000 kilomètres de côtes très échancrées.

Ces événements sans précédent étaient dans tous les esprits. Allions-nous accepter le risque d'un Exxon Valdez en Antarctique ? En effet, une marée noire était statistiquement inévitable dans ce contexte d'exploitation off-shore et

1. « La gouvernance mondiale et les pôles », conférence de Michel Rocard, *op. cit.*

de transport maritime du brut. Allait-on voir l'immensité blanche et glacée de l'Antarctique hérissée de derricks et de plates-formes pétrolières ? Michel poursuivit son récit :

« Je mesurais l'opportunité historique qui s'offrait à nous de transformer l'essai du Traité sur l'Antarctique de 1959 en un but qui marquerait la consécration d'une gouvernance écologique de l'Antarctique et me ralliais à la position de Bob. La Convention de Wellington prévoyait un moratoire interdisant toute activité minière en Antarctique tant que les seize Parties consultatives au Traité recensées au moment de sa signature, dont la France, n'auraient pas ratifié la Convention. Dès le 25 novembre 1988, date d'ouverture à la signature de la Convention, six Parties consultatives[1] signèrent à Wellington cet accord. Elles furent suivies par les États-Unis, la Pologne, l'Argentine, le Chili, la Grande-Bretagne, la Chine, la République démocratique allemande et le Japon ; soit un total de quatorze Parties consultatives. L'attention se porta bientôt sur les deux derniers États dont la ratification était nécessaire pour l'entrée en vigueur de la nouvelle convention : l'Australie et la France.

C'est là que Bob et moi entrâmes en piste. Un communiqué franco-australien rédigé à la va-vite sur un coin de table dans les jardins de Matignon, soumis moins d'une heure plus tard au Président Mitterrand – lequel était un peu pris de court et ostensiblement fâché de me voir débouler dans son bureau avec son homologue australien, au mépris du protocole, puisque je n'étais que le chef du gouvernement –, annonça

1. Afrique du Sud, Brésil, Norvège, Nouvelle-Zélande, URSS et Uruguay.

que la France et l'Australie ne ratifieraient pas la convention de Wellington. Deux types qui prennent un café ! »

Il marqua une pause.

« Vous suivez ou pas ? demanda-t-il à la salle, avec un regard faussement inquisiteur qui arracha quelques rires à l'auditoire. Pour qu'il y ait une décision politique en général, il faut un cadre solennel, des convocations préalables, des quorums à réunir, des secrétaires qui prennent des notes, un juriste qui vérifie ; enfin, il y a un cadre quand on décide ! Deux types qui prennent un café, ça ne décide pas ! Nous avons violé toutes les procédures connues ; nous avons pris ensemble et rendu publique la décision. »

Michel revendiquait secrètement, à cet instant-là, l'héritage de son père, pourfendeur de la bureaucratie sous toutes ses formes.

« Entre la France et l'Australie, il y a plein de cimetières militaires où nos morts sont côte à côte mais jamais nous n'avions rien fait ensemble. Jamais dans l'histoire. Il n'y a pas d'actes, pas de décisions, pas d'opérations ; le franco-australien, ça n'existe pas ! C'est le premier et sans doute l'unique accord d'ailleurs jusqu'à présent. Nous annonçâmes ensemble au monde que nos gouvernements refusaient d'envoyer à nos parlements pour ratification la convention qui était en cours de signature à Wellington, ce qui la renvoya tout simplement à la corbeille à papier. Du fait de cette décision, la Réglementation des activités relatives aux ressources minérales de l'Antarctique ne put jamais entrer en vigueur. »

Il fallait aller plus loin et mettre à profit cette mise au pilon pour promouvoir un régime ambitieux de protection de l'environnement de l'Antarctique. Le miracle est que cette négociation a réussi. Le 18 août 1989, un deuxième communiqué franco-australien annonçait que « les deux Premiers ministres français et australien ont indiqué que l'exploitation minière en Antarctique n'est pas compatible avec la protection de l'environnement fragile de l'Antarctique. Ils reconnaissent que le moratoire sur les exploitations minérales continue. Dans le but de poursuivre l'œuvre accomplie par le système du Traité sur l'Antarctique, les deux pays proposeront aux Parties au Traité de négocier une convention globale de protection de l'environnement qui ferait de l'Antarctique une réserve naturelle. Une telle convention pourrait poser les principes d'une réglementation des activités humaines ayant une incidence sur l'environnement dans la zone du Traité[1]. »

La France et l'Australie présentèrent leur proposition dans le cadre de la XVe réunion du Traité sur l'Antarctique qui se tint à Paris du 9 au 19 octobre 1989, et appelèrent les autres Parties consultatives à ouvrir de nouvelles négociations. Les États-Unis et la Grande-Bretagne refusèrent le principe d'une interdiction définitive des activités minières en Antarctique. Un clivage surgit entre les États dits « conservationnistes », partisans de la préservation de cet espace naturel sauvage, et les États « anti-conservationnistes[2] ». À la pointe du combat conservationniste, le « groupe des 4 » – Australie, Belgique,

1. Problèmes de l'environnement. Communiqué conjoint des Premiers ministres français et australien, Canberra, Australie, 18 août 1989.

2. J.-P. Puissochet, « Le Protocole au traité sur l'Antarctique, relatif à la protection de l'environnement (Madrid, 4 octobre 1991) », *AFDI*, 1991, p. 765.

France et Italie – milita pour une protection rigoureuse de l'environnement austral, une longue période de prohibition des activités minières et une procédure rigide pour décider son éventuelle levée à l'expiration de ce délai.

Le camp opposé, qui comprenait l'Argentine, les États-Unis, l'Uruguay et la Grande-Bretagne, son chef de file, proposa que le moratoire ne dépassât pas vingt ans et qu'à la fin de cette échéance, l'interdiction soit automatiquement levée. Étonnamment, la Norvège, État doué d'un pragmatisme déconcertant, qui avait été parmi les premiers à signer la Convention de Wellington, se rallia au groupe des « conservationnistes » en produisant le « document Andersen » du nom de l'ambassadeur norvégien Rolf Trolle Andersen, qui devint le document de base des discussions, à la réunion consultative spéciale qui se tint à Madrid les 3 et 4 octobre 1991.

Dans un courrier adressé à son homologue britannique Douglas Hurd, le ministre des Affaires étrangères de la France, Roland Dumas, exposa en avril 1991 la doctrine française de préservation globale de l'environnement antarctique : « Il me semble souhaitable d'établir une interdiction sans période déterminée et, dans cette perspective, d'adopter telle quelle et sans addition une disposition prévue par le document Andersen, base des discussions à la réunion de Madrid : "toutes les activités concernant les ressources minérales, excepté la recherche scientifique, sont interdites". La France ne saurait souscrire à une interdiction limitée qui orienterait l'avenir dès maintenant vers une exploitation des ressources minérales de l'Antarctique. Il convient dans cette affaire de laisser aux générations futures toute leur liberté de jugement en fonction de circonstances dont, par nature, nous ne saurions préjuger[1]. »

Le clivage entre les partisans d'une période déterminée et les partisans d'une période indéterminée menaçait de compromettre les négociations et il fallut trouver un compromis. Les États-Unis insistèrent pour que le projet de protection de l'Antarctique « n'hypothèque pas les options des générations futures[2] ». Michel raconta : « Pour la petite histoire, j'ai payé sur fonds secrets, vos impôts, une mission du commandant Cousteau aux États-Unis pour qu'il aille présenter quarante fois le film *Le Monde du silence* et obtenir trente ou quarante audiences de sénateurs américains jusqu'à les convaincre un par un. Ce qu'il a fait, mes chers amis ! Nous avons fait basculer l'opinion américaine[3]. »

En effet, dans un communiqué de la Maison Blanche du 3 juillet 1991, le Président Bush annonça que les États-Unis signeraient le nouveau projet d'accord amendé qui interdisait de façon absolue les activités minières pendant une durée de cinquante ans et prévoyait des conditions strictes pour revenir sur cette interdiction. Le 4 octobre 1991, vingt-trois des vingt-six Parties consultatives et huit des quatorze Parties non consultatives signaient à Madrid le Protocole au Traité qui déclare l'Antarctique « réserve naturelle, consacrée à la paix

1. Courrier du ministre des Affaires étrangères Roland Dumas, au ministre des Affaires étrangères du Royaume-Uni, Douglas Hurd, 18 avril 1991.

2. Communiqué de la Maison Blanche du 3 juillet 1991.

3. « La gouvernance mondiale et les pôles », conférence de Michel Rocard, *op. cit.*

et à la science », où « toute activité relative aux ressources minérales autre que la recherche scientifique est interdite » et où « les activités sont organisées et menées sur la base d'informations suffisantes pour permettre l'évaluation préalable et l'appréciation éclairée de leurs incidences éventuelles sur l'environnement en Antarctique et sur les écosystèmes dépendants et associés ».

Pour la première fois dans l'histoire, une très vaste partie de la superficie du globe (les terres et les eaux situées au sud du 60e parallèle Sud[1]) se voyait qualifiée de « réserve naturelle » et soumise à un régime de stricte protection environnementale. En outre, l'expression « réserve naturelle » n'avait encore jamais été appliquée dans un cadre autre que national. Trente-deux ans après le gel du contentieux territorial en Antarctique par le traité de 1959, le Protocole de Madrid consacrait un nouveau gel, celui des activités minières.

Les activités relatives aux ressources minérales n'étaient pas définies dans le Protocole. Toutefois, en se référant à la convention de Wellington[2], on peut en déduire que « sont interdites les activités d'exploitation, d'exploration et également de prospection si les résultats de celles-ci ne sont pas publiés. Une opération de prospection conduite dans de telles conditions ne s'apparenterait plus en effet à la recherche scientifique[3] ». C'est là une référence directe à l'esprit et à

1. Environ 10 % de la surface de la Terre.

2. Convention sur la réglementation des activités relatives aux ressources minérales de l'Antarctique, article 1, paragraphes 8, 9 et 10.

3. Jean-Pierre Puissochet, *op. cit.*, p. 755-773.

la lettre du Traité de 1959 qui fait de la science ouverte la pierre angulaire de la coopération internationale sur le continent blanc. Le Protocole de Madrid s'imposait ainsi comme un dispositif de consolidation du régime international institué par le Traité-cadre de 1959.

En diplomatie, la reconnaissance d'une action à l'international est souvent tardive et ne vient le plus souvent jamais, les hauts fonctionnaires n'ayant pas vocation à « parler dans le poste ». Au début de l'année 2011, Michel proposa à son ancien compère Bob Hawke, à la retraite, de partager la présidence d'honneur d'une association française qui militait en faveur du renforcement de la gouvernance écologique de l'Antarctique. L'Appel des Pôles ne le laissa pas de marbre et il répondit sans tarder à Michel dans un style familier, combatif et un peu emphatique, qui rappelait celui écrit-parlé de Michel : « J'en suis ! Il faut finir le boulot que nous avons commencé ! Nous devons sauver l'Antarctique des deux grandes menaces humaines qui pèsent sur cette terre unique : le changement climatique et la quête vorace pour le profit[1]. »

Quand on interrogeait Bob Hawke sur sa carrière politique, il répondait que parmi les réalisations dont il était le plus fier figuraient l'augmentation de la proportion du nombre d'enfants terminant leurs études secondaires, son

1. « *Count me in. We have to finish the job. We must ensure that Antarctica survives its greatest man-made threats to its existence ; climate change, and the voracious quest for profits over preservation, of these unique places on our continent* », archives du Cercle Polaire, 2011.

rôle dans la fin de l'Apartheid en Afrique du Sud et sa campagne de protection de l'Antarctique contre l'exploitation des ressources minérales couronnée de succès[1].

L'association le Cercle Polaire mit à profit cette prestigieuse tutelle. Un point de préoccupation à l'époque était le faible niveau de ratification du Protocole de Madrid de la part des Parties non consultatives au Traité sur l'Antarctique[2]. En juin 2012, à Hobart, en Tasmanie, à l'occasion de la 35e réunion du Traité sur l'Antarctique, Bob pour la délégation australienne et Michel pour la délégation française appelèrent à une relance du processus de ratification en panne. Cette proposition fit l'unanimité et se solda pendant l'année qui suivit par une moisson de nouvelles approbations.

Au lendemain de cette action, le 12 juin 2012, le quotidien tasmanien *Mercury – the voice of Tasmania* publia en Une un photomontage des deux anciens Premiers ministres, la mine réjouie, posant devant un iceberg tabulaire : « De vieux copains qui ont façonné l'histoire de l'Antarctique[3] ». Et l'article d'expliquer que : « Dans l'histoire mondiale, il existe peu d'acquis en matière de conservation qui seraient à même de rivaliser avec ce que Robert Hawke et Michel Rocard ont achevé au travers du Protocole de Madrid. Ensemble, ils

1. Ce témoignage a été mentionné par son épouse Blanche d'Alpuget, dans une déclaration rendue publique, le jour du décès de Robert Hawke, le 16 mai 2019.

2. En 2011, les vingt-huit Parties consultatives au Traité étaient toutes Parties au protocole quand quatorze Parties non consultatives sur vingt ne l'avaient pas ratifié.

3. « Old mates who shaped historic treaty », *Mercury – The voice of Tasmania*, 12 juin 2012.

ont réussi à faire ce qui était considéré comme impossible à réaliser depuis une vingtaine d'années, à savoir convaincre les nations du monde de mettre de côté leurs intérêts de souveraineté et leurs divergences concernant le moratoire minier sur ce continent de glace presque entièrement vierge, et se mettre d'accord pour que la protection environnementale de l'Antarctique soit considérée, avant tout autre chose, comme étant dans l'intérêt de l'humanité tout entière[1]. » Et Bob Hawke de modérer ce flot d'éloges : « On a concocté tout cela dans les jardins du Premier ministre. Et même si ce n'est pas très écologiquement correct, tout s'est fait pendant une pause cigarette, moi avec un cigare et Michel avec une cigarette. »

Derrière cette version héroïsée de l'histoire se cachait une conjoncture complexe et un peu cynique qui avait participé à la réussite de l'action coup de poing des deux anciens Premiers ministres. De même que le contexte géostratégique de la guerre froide avait, en 1959, prédisposé à la consécration d'un Antarctique démilitarisé, ouvert à la coopération scientifique internationale, les menaces que faisait peser un régime d'exploitation minière sur les équilibres politiques consacrés par le Traité ne furent pas pour rien dans la sanction finale d'un régime de prohibition des activités minières en 1991.

Dans les années 1970, plusieurs études scientifiques faisaient état de gisements d'hydrocarbures assez importants sur le plateau continental de l'Antarctique, notamment grâce aux découvertes réalisées pendant la campagne du navire océanographique Glomar Challenger dans les années 1972-1973. Si

1. *Ibid.*

le coût d'exploitation à l'intérieur du continent blanc paraissait prohibitif en raison des difficultés de progression sur ces vastes étendues glacées, l'évolution de la technologie permettait d'envisager l'exploitation du pétrole en mer, à l'exemple des installations de Prudhoe Bay en Alaska, dans l'hémisphère opposé, entrées en activité en 1977, peu après le premier choc pétrolier.

En 1976, une réunion spéciale des Parties consultatives au Traité sur l'Antarctique se tint à Paris pour réfléchir à l'opportunité de développer des activités d'extraction. La conclusion fut que le Traité sur l'Antarctique n'interdisait ni n'autorisait les activités minières et que celles-ci pouvaient donc être entreprises dans la mesure où elles sacrifieraient aux principaux objectifs du Traité. À l'issue de cette réunion, deux groupes de travail furent créés en vue de développer un projet de réglementation des activités minières. Les Parties consultatives subissaient une pression constante de la part des mouvements écologistes leur enjoignant d'abandonner le projet d'un régime minier.

« Jusque dans les années 1970, le système du Traité sur l'Antarctique avait bénéficié d'une relative tranquillité, du fait de son relatif isolement par rapport à l'ensemble de la communauté internationale et plus particulièrement à l'organisation des Nations unies[1] », avait rappelé la juriste Josyane Couratier. À partir de 1977, avec la généralisation du domaine maritime des 200 milles marins et, en décembre 1982, l'adoption de la convention des Nations unies sur le droit de la mer, qui

1. Josyane Couratier, « La convention sur la réglementation des ressources minérales de l'Antarctique », Annuaire français de droit international, XXXIV, éditions du CNRS, 1988.

reconnaissait à l'État côtier des droits souverains sur la zone de pêche et le plateau continental adjacents à ses côtes, les États possessionnés (Antarctic Seven) s'inquiétèrent de la non-prise en considération de leurs prérogatives en l'absence d'une réglementation qui limiterait l'accès à ces eaux. Les Parties au Traité sur l'Antarctique qui réfutaient les revendications territoriales s'abritaient derrière le fameux article IV selon lequel aucune revendication nouvelle ne devra être présentée pendant la durée du Traité. De leur côté, les États possessionnés faisaient valoir que les droits des États côtiers au large des secteurs antarctiques ne résultaient pas d'une extension de revendication, mais étaient la conséquence de l'évolution du droit international. Les États possessionnés exigeaient que des droits concrets (autorité pour délivrer des permis miniers, perception de redevances) leur soient garantis.

Les négociations autour d'un régime minier qui ouvrait des perspectives économiques potentiellement très attractives avaient ranimé les antagonismes entre États possessionnés et États non possessionnés qui étaient jusque-là inopérants. L'Australie, le plus gourmand des États possessionnés, avec une revendication qui couvrait près de 42 % de la superficie du continent blanc, avait plusieurs fois exprimé ses inquiétudes, par la voix de Paul Keating, ministre des Finances influent dans le gouvernement de Robert Hawke. Sur le plan économique comme politique, l'absence d'un système de redevances minières au profit des États possessionnés promettait d'amoindrir voire d'écraser leurs revendications territoriales. Or, pour que la convention de Wellington entre en vigueur, il fallait que les seize Parties consultatives au Traité sur l'Antarctique la ratifient. Le refus d'une seule Partie consultative eût suffi à compromettre ce régime.

La tentation est grande de s'interroger sur lequel de l'enjeu de préservation écologique de l'Antarctique ou de l'enjeu de préservation des intérêts des États possessionnés a pesé dans le choix de la France et de l'Australie de barrer la route à la convention de Wellington.

« Rétrospectivement, avait expliqué Michel, qui n'avait jamais envisagé les choses sous cet angle, je réalise que la France a joué le rôle décisif de grand naïf dans cette affaire avec le soutien, il est vrai, des ONG, Greenpeace, l'ASOC[1] et bien sûr la Fondation Cousteau. Jamais, au niveau français, la question de la reconnaissance des prérogatives juridico-économiques des États possessionnés dans la convention de Wellington n'a été discutée ni même évoquée. Les archives nationales de cette période l'attestent. Nous avons rejeté en bloc la convention de Wellington pour promouvoir un régime de protection globale de l'environnement antarctique ; voilà tout ! Et la France a d'ailleurs milité pour un moratoire minier à durée indéterminée. Jamais, il ne s'est agi pour moi ni pour aucun des membres de mon gouvernement à ma connaissance – j'étais quand même le patron ! – de défendre un improbable intérêt national en Antarctique ; l'objectif était de faire de la France le chef de file de la promotion de l'intérêt général et de l'intérêt

1. *Antarctic and Southern Ocean Coalition* (ASOC) est une ONG créée en 1978 pour faire pression sur les négociations autour d'un régime minier en Antarctique. Elle milite pour la protection du continent antarctique et de l'océan austral. L'ASOC est la seule ONG qui bénéficie d'une accréditation dans les Réunions des Parties consultatives au Traité sur l'Antarctique (RCTA).

écologique en Antarctique. » Il est vrai que Michel était arrivé à Matignon bien après les négociations conduites par les Parties consultatives depuis la réunion spéciale qui s'était tenue à Paris en 1976. L'histoire du Protocole de Madrid qui commençait pour Michel en 1988 constituait à ses yeux une démonstration éclatante du rôle que peuvent jouer les ONG dans les questions de territoire ou de souveraineté qui ne sauraient être réglées sans le libre consentement des populations ou des groupes sensibilisés[1], *a fortiori* dans le cas d'un espace naturel, ultra-préservé et inhabité : « Le poids des ONG environnementales dans l'affaire du Protocole de Madrid a été décisif et ce n'est pas tout à fait un effet du hasard, si vingt ans plus tard, je me suis retrouvé aux côtés d'une jeune ONG, le Cercle Polaire, pour éveiller les consciences des parlementaires français et européens à la nouvelle conjoncture dans l'Arctique et militer en faveur d'une gouvernance écologique de l'Arctique. Le sauvetage de cette perle du monde va nécessiter un labeur diplomatique mondial tenace. Mais y a-t-il tâche plus exaltante ? », avait expliqué Michel dans sa contribution à la campagne de l'Appel des Pôles. Dès 1983, Greenpeace, relayée par l'ASOC, puis en France par la Fondation Cousteau, protesta contre le projet de convention de Wellington. Le fait était assez nouveau et les ONG environnementales étaient perçues comme des dei ex machina dont le monde avait peut-être besoin pour corriger les aveuglements et les égoïsmes nationaux. L'histoire du Protocole de Madrid qui avait été écrite à plusieurs se prêta rétrospectivement à une pluralité de lectures. Bertrand Charrier, ancien conseiller du

1. Le dernier des « quatorze points de Wilson ».

commandant Cousteau, oubliait volontiers pour sa part que, si les acteurs non étatiques avaient une influence sur la politique étrangère de leur pays, ils avaient cependant agi par l'intermédiaire des acteurs étatiques investis de la mission de défense de leurs intérêts nationaux, toujours multiples et imbriqués. Son témoignage de l'action de la Fondation Cousteau minimisa allègrement le niveau de prise de décision politique : « Le grand continent de l'hémisphère Sud a bien failli être ouvert à l'exploitation de ses richesses, lorsque la Convention de Wellington a été signée en 1988. Il a fallu une mobilisation sans précédent des environnementalistes, aussitôt relayée par des millions de citoyens signataires d'une pétition pour écarter cette éventualité. Le commandant Cousteau, qui connaissait mieux que quiconque la dangerosité et la vulnérabilité du continent blanc pour y avoir tourné quatre films et failli y perdre la Calypso, prit la tête de cette campagne planétaire, pour dénoncer l'absurdité et l'ignominie de cette convention. Il réussit à convaincre le Premier ministre Michel Rocard et le Premier ministre Bob Hawke d'arrêter le processus de ratification. Le président des États-Unis George Bush puis d'autres responsables politiques se rallièrent à leur tour à cette position. Six enfants représentant chacun un continent sont venus solennellement prendre possession de l'Antarctique, au nom des générations futures. Le film réalisé sur leur expédition a été envoyé aux députés de tous les pays signataires du Traité de l'Antarctique ainsi qu'aux membres du Congrès américain. Et en moins de trois ans la situation a été renversée[1]. »

1. Bertrand Charrier et Paula Di Perna, « Il faut un moratoire de 50 ans pour l'Arctique », *Le Monde*, 16 octobre 2015.

Au-delà des querelles de paternité qui font passer au second plan la dimension essentielle de cette négociation, à savoir la complexité d'un jeu multi-acteurs, la question posée plus haut sur les motivations avouées ou non avouées des décideurs politiques français et australiens est en réalité peu pertinente. Dans les relations internationales, la responsabilité d'une décision politique ne saurait être jugée selon les critères éthiques applicables aux comportements individuels car les États-nations sont des acteurs rationnels qui visent à maximiser leur intérêt national eu égard aux contraintes d'un système international, lequel comprenait en l'espèce 40 États parties. Le grief de « romantisme » souvent adressé aux ONG environnementales tient non pas à la nature des enjeux dont elles se font les promoteurs, mais à leur pharisaïsme alimenté par une éthique de conviction souvent inconséquente eu égard à la complexité de la vie internationale. L'enfer est pavé de bonnes intentions et dans ce jeu d'équilibre des puissances, les effets d'aubaines et les associations d'intérêts sont toujours des facteurs essentiels dans la réussite d'une action. À l'examen de conscience de ces monstres froids que sont les États, il convient de privilégier une lecture pragmatique, structurelle et non personnifiée de cette conjoncture où la protection des prérogatives des États possessionnés a interféré de manière constructive avec un enjeu identifié comme majeur par la communauté civile, de préservation de l'environnement antarctique. Selon cette lecture, il est clair que le régime d'internationalisation négative (moratoire minier) du Protocole de Madrid préservait beaucoup mieux les intérêts des États possessionnés que ne l'aurait jamais fait le régime d'internationalisation positive (régime minier) de la convention de Wellington. Reste que, sans la décision politique de Hawke et de Rocard, le choix collectif d'un Antarctique ultra-préservé n'aurait jamais eu sa chance de triompher et l'Antarctique serait sans doute aujourd'hui hérissé de derricks et plates-formes pétrolières.

Puisque l'analogie Antarctique a été opératoire dans l'histoire du Traité sur l'espace extra-atmosphérique, il n'est pas indifférent de rappeler qu'à l'instar de la convention de Wellington, les discussions engagées dès les années 1970 entre les puissances spatiales et les pays en développement au sein du comité pour l'usage pacifique de l'espace extra-atmosphérique des Nations unies, pour établir un régime d'exploitation des ressources minérales de la Lune et des corps célestes, reconnus comme « patrimoine commun de l'humanité »[1], ont échoué. Reste à voir si l'analogie antarctique incluant le Protocole de Madrid jouera un rôle dans les futures négociations sur l'exploitation des ressources naturelles spatiales. Ce parallélisme entre l'Espace et l'Antarctique ne laissait jamais Michel indifférent, lui qui était le père du spécialiste français de la planète Mars, son fils Francis, responsable depuis 1989 du programme d'exploration du système solaire au Centre national d'études spatiales (CNES).

Face à ces échecs dans la mise en place d'un régime minier ouvert, en Antarctique et dans l'espace extra-atmosphérique, Michel Voeckel, contrôleur général de la Marine, avait tiré un

1. Résolution 34/68 de l'Assemblée générale des Nations unies du 5 décembre 1979, article 11.1.

diagnostic global de l'état des relations internationales : « Le monde d'aujourd'hui est-il prêt à accepter que certains espaces et certaines ressources ne puissent faire l'objet d'une appropriation nationale ? Il semble que la réponse soit affirmative. Est-il prêt à envisager de soumettre à un processus démocratique universel [internationalisation positive] les retombées économiques de l'exploitation de ces ressources en faisant fi des différences de niveaux technologiques et financiers des membres de la communauté internationale ? En l'état actuel des relations internationales, la réponse est cette fois négative[1]. » À la lumière de ce constat, le Protocole de Madrid apparaissait rétrospectivement comme une solution originale ayant permis de conforter ces deux grandes tendances internationales. Si l'analyse historique de ce retournement fondamental des attitudes et du passage en un bref laps de temps d'un principe d'autorisation à un principe de prohibition est utile pour mesurer les équilibres politiques et les tendances à l'œuvre au sein de la réunion du Traité sur l'Antarctique, l'histoire, elle, n'a retenu que le résultat qui s'est durablement inscrit dans le paysage juridique du continent blanc, le système du Traité sur l'Antarctique. Peu après l'adoption du Protocole de Madrid en 1989, l'exemplarité du statut juridique de l'Antarctique était évidente pour le gouvernement français : « En faisant de l'Antarctique une réserve naturelle consacrée à la paix et à la science, et en le dotant d'un régime de protection globale de l'environnement, le Protocole fait accomplir un grand pas aux efforts actuels visant à la sauvegarde de

1. Michel Voeckel et Laurent Lucchini, *Droit de la mer*, A. Pedone, 1990.

la planète pour les générations futures. Sans aucun doute, il constitue un modèle pour l'avenir. » Et au-delà de cette valeur d'exemplarité : « l'adoption du Protocole de Madrid a consolidé de manière décisive le système du Traité sur l'Antarctique. Celui-ci, en retrouvant le consensus et en répondant à l'attente de l'opinion et de la communauté internationale, rend vaines les critiques et les menaces qu'il subissait[1]. »

Presque exactement vingt années plus tard, en juin 2011, Michel Rocard, ambassadeur chargé de la négociation sur les pôles au Quai d'Orsay, Bob Hawke retraité, et Felipe Gonzalez, ancien président du gouvernement espagnol, lancèrent un appel au renforcement de l'autorité politique du Protocole de Madrid porté par les délégations française, australienne et espagnole, à la 34e réunion du Traité sur l'Antarctique qui se tint à Buenos Aires : « L'Antarctique nous paraît bien protégé. De fait les procédures d'amendement contenues tant dans le Traité sur l'Antarctique de 1959 que dans le Protocole de Madrid de 1991 impliquent de réunir des majorités fort difficiles à atteindre et garantissent ainsi une certaine pérennité aux dispositions de ces instruments juridiques. Alors, pourquoi s'inquiéter ? Dans le contexte du déclin des ressources énergétiques, de la croissance de la demande en matières premières et de l'augmentation concomitante du cours de ces matières, il n'est pas déraisonnable de penser que les acteurs économiques vont s'employer à repousser les frontières

1. Déclaration de la France à l'occasion de l'adoption du Protocole de Madrid relatif à la protection de l'environnement antarctique, Madrid, 3 octobre 1991.

géographiques de l'exploration puis de l'exploitation. L'Arctique en est une bonne illustration avec la multiplication de campagnes d'exploration off-shore enregistrées depuis 2002. Bien sûr, la situation est différente en Antarctique : la calotte glaciaire recouvrant le continent et la présence en mer de nombreux icebergs dérivants rendent l'exploration et *a fortiori* l'exploitation quasi impossibles avec les moyens technologiques disponibles. Mais qui sait si dans un demi-siècle l'ingénierie n'aura pas progressé sous la pression d'une demande énergétique accrue. [...] Nous sommes convaincus que les équilibres consacrés par le Traité sur l'Antarctique seraient dangereusement fragilisés si l'Antarctique venait à s'ouvrir à l'exploitation minière. Songeons une fois encore à l'océan Arctique où les demandes d'extension du plateau continental soumises aux Nations unies par les États riverains sont, pour une part, conditionnées par les estimations des potentialités de ressources en hydrocarbures off-shore. Bien que récent dans l'histoire du système du Traité sur l'Antarctique, le Protocole de Madrid constitue, dans le contexte économique et énergétique actuel, une composante essentielle de "l'harmonie internationale" qui règne dans cette région. Alors que faire ? Loin de chercher à soustraire le destin de l'Antarctique au processus de décision collégiale des Parties au Traité sur l'Antarctique, nous pensons au contraire qu'il faut renforcer ce dispositif par une augmentation du nombre des Parties au Protocole. Nous pensons que l'Antarctique sera d'autant mieux protégé que son statut engagera la responsabilité du plus grand nombre de Parties possible. Or, parmi les Parties au Traité sur l'Antarctique, 14 Parties non consultatives sur 20 ne l'ont pas ratifié. Nous, Felipe Gonzalez, Robert Hawke et Michel Rocard appuyons par le présent appel la décision de nos gouvernements d'engager une action internationale visant à encourager une consolidation de la communauté antarctique, en invitant toutes les Parties au Traité sur l'Antarctique qui ne l'ont pas encore fait à ratifier le Protocole de Madrid. Puisse ce jubilé [vingtième anniversaire de l'adoption du Protocole de Madrid] être l'occasion d'une convergence internationale autour d'un enjeu à la portée politique et symbolique considérable pour la communauté internationale tout entière[1]. »

Le succès de cet appel fut aussi une belle démonstration du rayonnement et du pouvoir de coalition dont jouissaient vingt ans plus tard les « vieux copains qui ont façonné l'histoire de l'Antarctique » aux yeux de la communauté antarctique. Il trahissait aussi une inquiétude partagée quant à la capacité du système du Traité sur l'Antarctique à résister à la maudite soif de l'or, dans un contexte international marqué par la dégradation du multilatéralisme. Les États-Unis avaient milité en 1991 pour que le projet de protection de l'Antarctique n'hypothèque pas les options des générations futures. L'avenir de l'Antarctique dépendrait, pour une large part, du capital d'empathie dont il bénéficierait auprès de l'opinion publique internationale.

1. Felipe Gonzalez, Robert Hawke, Michel Rocard, Appel à une relance de la ratification du Protocole de Madrid, mars 2011, WP 40, 34e RCTA Buenos Aires, juin 2011.

XX

L'écotourisme, un Janus à deux visages

En France, en dehors de quelques ONG, la sensibilité à la cause antarctique est pour l'essentiel représentée par une poignée d'aventuriers, de photographes, moins de 500 chercheurs… et des touristes. Pendant la saison d'été austral 2022-2023, la compagnie Ponant a fait découvrir l'Antarctique à 2 106 passagers. C'est bien plus que le noyau dur de la communauté française sensibilisée. Pour avoir été nous-mêmes et en plusieurs occasions touristes-conférenciers des pôles, nous pouvions témoigner de la passion et de l'émotion qui gagnaient invariablement les passagers, même les plus blasés ou cumulant plusieurs tours du monde.

Ces derniers demandaient spontanément au représentant français chargé des pôles comment ils pouvaient aider, à leur mesure, à la protection de cet endroit inouï. Et Michel leur répondait qu'ils n'avaient qu'à en parler un peu autour d'eux, afin de sortir la cause antarctique de l'anonymat dans lequel elle était dangereusement tenue. Les opérateurs de croisières avaient mis à profit ce syndrome polaire dans leurs publicités : « Découvrir l'Antarctique est un privilège pour toute personne qui y séjourne. À défaut de populations autochtones, l'Antarctique a besoin d'ambassadeurs pour défendre cet environnement unique dans un contexte globalisé. [...] Rejoignez-nous pour un séjour dans cet endroit unique de la planète et devenez à votre tour un ambassadeur de l'Antarctique[1]. »

L'argument publicitaire de l'IAATO relevait aux yeux de l'ancien Premier ministre du mythe libéral de l'autorégulation d'un marché, chère à la culture anglo-saxonne, qui avait essuyé un sérieux démenti avec la Grande Récession de 2008. Un universitaire estimait qu'il ne fallait pas continuer à « confier au loup les clés de la bergerie[2] ». Michel pestait un peu contre ces « ambassadeurs en chaise longue » qui galvaudaient allègrement sa fonction, mais reconnaissait qu'il y avait là un dispositif de diplomatie citoyenne ou participative intéressant pour mieux faire connaître le statut unique de l'Antarctique, rappelant au passage que les ONG, à l'exception de l'ASOC, n'étaient pas invitées aux réunions du Traité sur l'Antarctique. Le résultat était que la société civile ne savait pas ce qui se disait dans ces réunions politico-juridiques où se jouait l'avenir du continent blanc. Le scientifique américain Paul Berkman avait proposé de sortir l'Antarctique de son anonymat, en introduisant dans le calendrier des Nations unies une « Journée mondiale de l'Antarctique ». Nous souscrivions à cette idée.

1. Iaato.org/climate-change-in-antarctica.
2. Rémy Knafou, « Pourquoi il faut renoncer au tourisme en Antarctique », *Reporterre*, 22 mai 2023.

Si Michel n'avait pas besoin d'être convaincu de la magie du « sanctuaire des sanctuaires », selon une belle expression de Jean-Baptiste Charcot, il souhaitait mesurer l'efficacité du tourisme pour la protection de l'environnement. Plusieurs études avaient été conduites en ce sens. L'une d'entre elles, intitulée « Les touristes en Antarctique : ambassadeurs ou consommateurs[1] », s'était intéressée aux effets immédiats et trois mois après la croisière sur les passagers. Étaient évalués leurs « connaissances acquises sur l'Antarctique », leurs « attitudes relatives à la gestion écologique de l'Antarctique » et leurs « comportements développés en faveur du respect de l'environnement ». Chez 70 % des interrogés, ces trois indicateurs avaient connu une évolution nettement positive, la connaissance du milieu naturel austral alimentant un souci de suivre des règles strictes en Antarctique, mais aussi un comportement un peu plus écoresponsable aux plus basses latitudes.

D'autres études étaient beaucoup moins optimistes, soulignant par exemple que plusieurs voyagistes mettaient en avant la disparition annoncée de ces dernières terres vierges sous l'effet du changement climatique et jouaient sur la corde du voyeurisme en promouvant un « tourisme de la dernière chance[2] ». Le paradoxe étant qu'en multipliant le nombre

1. Robert B. Powell, Stephen R. Kellert, Sam H. Ham, « Antarctic tourists : ambassadors or consumers ? », Polar Record 44 (230) : 233-241, 2008.

2. Mar Villa, Gerard Costa, Carlos Angulo-Preckler, Rafael Sarda, Conxita Avila, « Constrating views on Antarctic tourism: last chance tourism or ambassadorship in the last of the wild », *Journal of Cleaner Production*, Vol. 111, Part B, 16 janvier 2016, p. 451-460.

de témoins de ce paradis blanc évanescent, ceux-ci en accéléraient la dégradation. L'étude préconisait donc de renforcer la mission d'éducation à l'environnement antarctique des opérateurs auprès des passagers.

Dès 1995, l'association des programmes antarctiques nationaux avait développé un guide sur l'environnement à l'intention des visiteurs (touristes et chercheurs). Il était distribué dans chaque cabine de navire et dans les stations scientifiques. Dans ce contexte marqué par l'adoption du Protocole de Madrid, l'association des tours opérateurs avait développé un écotourisme encadré en élaborant des codes de conduite concernant les voyagistes et les visiteurs. Ces documents contenaient une impressionnante liste d'injonctions négatives : ne pas peindre ni graver noms ou graffitis sur les rochers ou les bâtiments ; ne pas attraper les oiseaux et les phoques ; ne pas collecter ou emporter comme souvenir des spécimens biologiques ; ne pas abîmer ou se livrer à des actes de vandalisme sur les bâtiments ou les refuges d'urgence ; ne pas abîmer les plantes en marchant sur des lits de mousse ou des pentes d'éboulis couvertes de lichen ; ne pas introduire de plantes ou d'animaux non endémiques…

Bien que dépourvue de valeur juridique contraignante, cette autoréglementation avait une grande influence, puisque les voyagistes transportaient la plupart des touristes en Antarctique et qu'ils avaient intérêt à préserver la qualité de l'environnement pour garantir la pérennité de leurs activités. C'était là une dimension paradoxale du tourisme en Antarctique que la juriste Anne Choquet avait résumée sans complaisance : « Compte tenu de la grande vulnérabilité de l'Antarctique, il s'agit de rechercher comment concilier deux activités *a priori* contradictoires : le développement d'activités humaines et la protection de l'environnement. Il n'y a qu'un moyen de ne pas endommager la région australe : ne pas y aller ! Reste que les activités touristiques et non gouvernementales constituent des activités légitimes dans la région » et « le tourisme mérite ainsi d'être encadré par une réglementation internationale contraignante[1] ».

L'Antarctique est une destination particulièrement prisée pour la découverte de sa faune endémique, notamment en été, période de reproduction de plusieurs espèces, en particulier l'animal phare : les manchots. Ces derniers se regroupent en colonies (ou « manchotières ») pendant plusieurs mois pour couver leurs œufs puis nourrir les petits, à l'exception notable du manchot empereur qui se reproduit en hiver. Ces sites de nidification ou de gestation sont bien sûr les sites les plus prisés par les touristes. Dans un guide à l'intention des visiteurs, l'IAATO avait codifié le comportement à observer en présence d'animaux sauvages : garder une distance appropriée d'au moins cinq mètres, ne pas bloquer leurs voies d'accès à terre lorsqu'ils reviennent de la mer, éviter les œufs, les oisillons ou les nids, réduire au minimum le bruit, etc.

Michel était particulièrement sensible à la question de la biodiversité animale. À la différence de la plupart de ses contemporains en politique, il entretenait un rapport aux animaux fait de respect et de compassion. Il faut dire qu'il

1. Anne Choquet, « Le cadre juridique des activités touristiques et non gouvernementales en Antarctique », *Téoros*, vol. 28, n° 1, 2009, p. 61-69.

était à bonne école avec son épouse Sylvie qui militait pour les droits des animaux et déclarait parfois préférer la compagnie de ses animaux domestiques à la société des hommes.

Une croisière en Géorgie du Sud en novembre 2010 à bord du navire Le Boréal de la compagnie Ponant fut pour nous une expérience à la fois inoubliable et instructive. Réputée pour être une « oasis de vie de l'Antarctique », un « Serengeti polaire » en raison des myriades de manchots et de phoques qui y séjournent, l'île de la Géorgie du Sud, située à environ 2 100 kilomètres des côtes les plus proches de la péninsule Antarctique, n'était pas comprise dans la zone du Traité. Toutefois, elle présentait toutes les caractéristiques naturelles et biologiques de la zone géographique Antarctique.

Au début du mois de novembre, nous débarquâmes par une belle journée ensoleillée sur l'arc de plage de Gold Harbour, bordé par un amphithéâtre de glaciers suspendus où grouillaient des nuées d'animaux dans un vacarme assourdissant, compromettant toute communication entre nous. Le spectacle était époustouflant. On ne savait pas où donner de la tête. Des centaines d'éléphants de mer de trois à cinq tonnes chacun, entassés les uns contre les autres, rotaient et pétaient bruyamment, exhalant des odeurs de poissons pourris à vous retourner le cœur. Malgré leur taille imposante, ces mastodontes se déplaçaient à la manière d'une grosse chenille, avec une surprenante agilité.

Autour d'eux, des milliers d'otaries à fourrure, dispersées et agressives car en rut à cette saison, se dressaient sur leur flanc, le museau pointé vers le ciel, un regard en coin pour observer les intrus. Elles lançaient régulièrement des assauts en couinant contre les visiteurs qui s'efforçaient de se frayer un chemin. Un peu partout, des manchots royaux faisaient des allers-retours à la mer, se faufilant entre les mammifères, quitte à couper notre route. Ils rejoignaient d'immenses manchotières composées de centaines de milliers de couples installés en contrebas d'un glacier, d'où émanait un bruit continu et retentissant de trompette.

Le vent qui soufflait dans nos oreilles achevait de nous isoler les uns des autres, pour nous exposer seuls à cette hyper-réalité. Je surpris Michel, courbé vers le sol, face à un manchot. Ils s'observaient mutuellement depuis un moment déjà. La scène était attendrissante. Je découvrais chez lui le secret désir d'établir une communication non langagière avec un animal sauvage. Lorsque nous embarquâmes à bord du zodiac pour retourner au navire, Michel avait des larmes dans les yeux et je ne sus dire si elles étaient causées par son émotion ou par le vent. Il restait silencieux. Soudain, il me regarda d'un air complice et lâcha : « On touche un peu ici les endroits sacrés du monde[1] ! »

De retour au navire, Michel reconnut qu'au regard des règles de l'IAATO, nous avions été à peu près constamment dans le rouge, jusqu'à devoir enjamber un phoque pour échapper à l'assaut d'une otarie à fourrure, sans oublier quelques manchots hauts comme trois pommes qui avaient tenté une intimidation en se plantant devant nous, à nos pieds. Avec un ou deux débarquements d'une centaine de passagers par jour, plusieurs fois par semaine, l'objectif

1. « L'Appel des Pôles », Ushuaïa TV, *op. cit.*

affiché dans le guide des visiteurs[1] de la Géorgie du Sud, où les visiteurs sont tenus d'être de purs observateurs n'interagissant nullement avec le milieu, paraissait assez irréaliste.

Tantôt touriste-conférencier, tantôt ambassadeur chargé des pôles, Michel avait développé au fil des années une position équilibrée sur la question de la gestion du tourisme austral. Admiratif du dispositif d'écotourisme mis en place par l'IAATO, il militait pour le renforcement de la mission d'éducation des opérateurs, quitte à lasser certains vacanciers qui pourraient vivre cet encadrement comme une forme d'endoctrinement. Non, l'Antarctique n'est pas une destination comme les autres.

Michel s'opposait à la solution proposée par un directeur de l'Institut polaire français[2] de remplacer l'association des opérateurs privés par une organisation intergouvernementale. À ses yeux, personne mieux que les opérateurs n'était à même d'encadrer le déploiement du tourisme austral sur le terrain. En revanche, il convenait du fait que l'autorégulation environnementale n'était pas compatible avec la logique de développement économique. Les opérateurs n'avaient aucun intérêt à limiter leur nombre de navires, le choix des sites de débarquement ou encore le nombre de passagers annuels. « L'IAATO jouera pleinement son rôle, pensait Michel, le jour où elle sera une chambre d'enregistrement de mesures

1. Ce guide réalisé par le gouvernement de la Géorgie du Sud et des îles Sandwich du Sud partage les mêmes valeurs que celles de l'IAATO.

2. Yves Frenot, « Antarctique, une destination pas comme les autres », *Pôles Nord & Sud* n° 1, automne 2008, p. 94-100.

environnementales contraignantes adoptées par les Parties consultatives au Traité sur l'Antarctique. » Cette réglementation était d'ailleurs d'autant plus nécessaire que la part des voyagistes non associés à l'IAATO tendait à se développer.

Le Traité sur l'Antarctique ne fait pas explicitement mention du tourisme puisque, au moment de sa création, il était inexistant. Toutefois, lorsque le tourisme s'est développé, il a été considéré comme un cas d'« activité pacifique » autorisée par le Traité. Quant au Protocole de Madrid, celui-ci n'avait pas couvert spécifiquement les activités touristiques[1], sinon pour rappeler qu'elles étaient, à l'instar des programmes de recherche et de toute autre activité gouvernementale ou non gouvernementale, soumises aux règles communes à l'ensemble des activités humaines dans la zone du Traité.

Jusqu'au début des années 1990, le système du Traité ne prévoyait aucun encadrement spécifique du tourisme en Antarctique. Cette situation était préoccupante car le tourisme austral connut pendant cette même période un essor important. À partir des années 1990, le nombre de touristes avait atteint pour la première fois celui des chercheurs et logisticiens dans les bases scientifiques pendant l'été – environ 5 000 personnes. Plus de 28 000 touristes vinrent pendant la saison 2005-2006, jusqu'à franchir le cap symbolique des 100 000 visiteurs en 2022-2023. L'impact environnemental s'était ainsi démultiplié. L'ONG internationale ASOC lança l'alerte sur la menace d'un « surtourisme » dans

1. Le protocole recourt à plusieurs reprises à l'expression « programmes de recherche scientifique, tourisme et toutes les autres activités gouvernementales et non gouvernementales dans la zone du Traité ».

la région sauvage la plus étendue du monde, ce qui pouvait paraître exagéré. Certes, l'Antarctique avait une superficie de 14 millions de kilomètres carrés, mais le tourisme ne se concentrait que sur la partie nord-est de la péninsule et pendant la période de reproduction de ses animaux.

Ironie de l'histoire, l'écotourisme, qui donnait de la visibilité aux problématiques antarctiques méconnues et atténuait les incidences négatives des visiteurs sur l'environnement et la biodiversité, était en train de devenir, du fait de sa relative massification, une menace pour les équilibres naturels du continent blanc. Après la prohibition des activités minières, le tourisme s'était imposé comme la première activité commerciale en Antarctique. Il revenait aux Parties consultatives de négocier un cadre de gestion des activités touristiques et non gouvernementales. La différence majeure d'avec les négociations sur les activités minières tenait au fait que le tourisme n'était pas une projection mais une activité économique déjà florissante. Les États-Unis y occupaient de loin la première place avec 53 % des croisiéristes, suivis par le Royaume-Uni et l'Australie (8 % chacun), l'Allemagne (7 %), le Canada (6 %), l'Argentine (3 %) et la France (3 %)[1].

Sous l'impulsion du Protocole de Madrid, cette activité peu encadrée fit l'objet de plusieurs initiatives de la part des Parties consultatives. Dès 1994, lors de la 17e réunion du Traité sur l'Antarctique, des « Directives pour les visiteurs

1. Nombre de visiteurs par nationalité pendant la saison 2022-2023 pour ce qui concerne les voyagistes affiliés à l'IAATO. Source : IAATO.

de l'Antarctique[1] » visant à assurer que scientifiques et touristes aient connaissance du Traité et soient par conséquent en mesure de se conformer au protocole furent adoptées. Des « directives pour ceux qui organisent et conduisent des activités touristiques et non gouvernementales en Antarctique » également.

En 1996, la première recommandation consacrée spécifiquement aux activités touristiques et non gouvernementales fut adoptée, suivie de mesures réglementaires s'adressant aux touristes et aux voyagistes : pour les sites les plus fréquentés, des zones de débarquement furent préconisées, ainsi que des restrictions saisonnières, un nombre maximal de visiteurs à terre, un choix d'itinéraire piéton recommandé ou encore des distances pour approcher la faune et la flore. Il fut également recommandé de ne pas débarquer des navires transportant plus de 500 passagers.

Un point délicat dans ces discussions concernait l'installation d'infrastructures permanentes ou semi-permanentes à d'autres fins que la recherche scientifique. En clair : des hôtels ou des campements avec vue imprenable sur une plateforme de glace flottante ou sur une manchotière. En l'absence de consensus sur leur interdiction, certains États comme la Nouvelle-Zélande suggérèrent que ces infrastructures touristiques soient placées sous la tutelle des programmes antarctiques nationaux qui géraient jusqu'à présent les infrastructures gouvernementales à vocation scientifique.

La terre de paix et de science se profilait comme une terre de tourisme, concentré pour l'essentiel à bord des navires. On

1. Recommandation XVIII-1, RCTA, Kyoto, 1994.

était loin de l'écotourisme bon enfant promu par l'IAATO. L'ambassadeur des manchots mesurait qu'en l'absence d'un cadre juridique, rien ne limitait le développement de ces activités pacifiques légitimes au regard du Traité, dès lors que celles-ci se conformaient aux règles communes. Les récentes résolutions n'étant pas contraignantes, il appartenait toujours aux Parties concernées de décourager ou de refuser d'autoriser certaines pratiques touristiques à leurs voyagistes, sur la base des recommandations formulées par les Parties consultatives. « Plusieurs États parties mettent en avant leurs lois et leurs règlements nationaux pour empêcher l'adoption de mesures qui leur seraient contraignantes[1] », avait expliqué Anne Choquet.

Le renforcement des règles en matière de tourisme était ainsi entravé par la difficulté d'obtenir un consensus des vingt-neuf Parties consultatives. Le développement d'un tourisme peu encadré n'était donc pas seulement une menace pour l'environnement et les écosystèmes antarctiques : il était aussi un facteur de division de la communauté des Parties au Traité et donc un danger pour l'harmonie internationale.

Si les États ne parvenaient pas à négocier un compromis, n'était-il pas envisageable d'interdire purement et simplement la présence de vacanciers au sud du 60e parallèle ? À cette interrogation, Anne Choquet avait répondu que l'Antarctique ne devait pas devenir « une bulle fermée » et que la solution extrême d'une interdiction « reviendrait à admettre

1. Anne Choquet, *op. cit.*

l'impossibilité qu'ont les États à réglementer la gestion de la seule activité commerciale qui existe actuellement en Antarctique[1] ».

Oui, peut-être, mais c'était bien ce qui s'était passé à la fin des années 1980, avec le Protocole de Madrid, résultat d'un retournement fondamental des attitudes, et du passage en un bref laps de temps d'un principe d'autorisation à un principe de prohibition. L'incapacité des Parties consultatives à réglementer les activités minières a conduit à un choix d'internationalisation négative avec le Protocole de Madrid.

À l'heure où les enjeux de protection de l'environnement et de la menace climatique étaient entrés dans les consciences, l'Antarctique, dernier morceau de nature inviolé de notre planète, connaissait un contexte particulièrement favorable pour voir son régime de protection globale renforcé. Aux yeux de Michel, la relative massification du tourisme antarctique appelait une solution radicale qui n'était pas « une bulle fermée » mais un Antarctique ouvert et protégé par un *numerus clausus*, un plafond de passagers et de navires par an, négocié par les Parties consultatives au Traité. Au-delà des compromis réglementaires qui conduisent parfois à dénaturer les objectifs poursuivis, il fallait convenir que découvrir l'Antarctique était un privilège, que tout le monde ne pouvait pas y aller.

Michel envisageait des quotas annuels de passagers très restrictifs et tournants, qui n'excluraient pas les nouveaux entrants. Plutôt que des ambassadeurs de l'Antarctique qui

1. *Ibid.*

promeuvent la destination, le continent blanc avait besoin de gardiens éclairés. Comment les opérateurs de croisière perçoivent-ils cette proposition ? En novembre 2017, l'association le Cercle Polaire avait interrogé le président de Ponant. Alors qu'au même moment, cette compagnie française accueillait à Marseille une trentaine d'opérateurs de croisière affiliés à l'IAATO pour un séminaire, le président avait répondu qu'il y était favorable.

Cet idéal réglementaire était ancré dans une expérience que Michel et moi avions plusieurs fois partagée à bord de navires de tourisme de la compagnie Ponant. Combien de fois n'avions-nous pas entendu des passagers s'exclamer que cet endroit était sans pareil, qu'ils n'avaient jamais rien vu d'aussi éblouissant et qu'ils ne reviendraient plus jamais, qu'ils laissaient leur place à d'autres, car il était de notre responsabilité à tous de laisser cet espace dans son état de virginité. Ignorant les bagarres autour de la réglementation de l'activité touristique, certains visiteurs développaient spontanément, au contact de cette nature inviolée, une sensibilité en faveur d'une protection renforcée. De retour d'un reportage en Antarctique, une journaliste américaine rédigeait un article intitulé « Le dernier endroit de la planète où un touriste devrait se rendre[1] » qu'elle concluait ingénument : « Pourquoi ne laisserions-nous pas cet endroit seul, à l'écart du monde ? » L'explorateur Jean-Louis Étienne, très écouté en France, avait lâché une formule forte, passée à la postérité :

1. Sara Clemence, « The last place on earth any tourist should go », *The Atlantic*, 3 juillet 2023.

« L'Antarctique n'est pas un continent pour les Hommes. C'est un continent pour la Terre[1]. »

C'était le principe même du tourisme en Antarctique qui se voyait questionné. N'y avait-il pas quelque paradoxe à développer une activité à échelle industrielle dans « l'une des régions du monde les plus parfaitement préservées », selon les mots de l'IAATO ? Le Traité sur l'Antarctique lui-même rappelait que l'un des principaux objectifs d'une visite était de « garder l'Antarctique vierge » ?

À la question de l'exemplarité du Protocole de Madrid, l'ambassadeur chargé des pôles répondait que le sanctuaire antarctique ne pouvait agir comme un phare pour l'humanité que si les conditions de son rayonnement étaient assurées. Son point de vue était que la sanctuarisation fermée de l'Antarctique conduirait à faire du continent blanc un pur négatif du monde civilisé et industrialisé, sans lien aucun avec lui. À l'opposé des ultra-conservationnistes, il revendiquait l'idée que l'Antarctique devait en quelque façon inspirer l'effort engagé sous nos latitudes de redéfinition des rapports de l'homme à la nature.

En 2009, une campagne publicitaire de sensibilisation à la propreté de la Mairie de Paris montrait une banquise immaculée souillée par des détritus de campeurs et le slogan disait : « Inacceptable ? À Paris aussi ! » Cette publicité jouait sur le contraste entre l'enjeu de préservation de la pureté virginale des déserts polaires qui émeut le citoyen urbain, et le peu

1. Lucia Simion, *Antarctique, cœur blanc de la Terre*, Préface de Jean-Louis Étienne, Belin Sciences, 2007.

de civisme dont ce même citoyen fait preuve au quotidien. La morale subliminale de cette ingénieuse composition était que la préservation des zones polaires ne devrait pas jouer comme une concession sacrificielle à la déesse Nature, nous dédouanant de toute responsabilité écologique individuelle, mais au contraire comme un idéal, un cas-limite de réduction de l'impact écologique des activités humaines sur l'environnement, nous rappelant à notre responsabilité.

De fait, l'Antarctique est vécu par les touristes comme une sorte de pèlerinage écologique où l'apprentissage de règles de bonnes conduites drastiques – désinfection des bottes avant de débarquer, aspiration des spores sur les vêtements, interdiction de jeter un emballage – réveille les consciences habituées à déléguer la fonction d'agir à la puissance publique.

Aux yeux des citadins que nous sommes, le régime de protection global qui prévaut en Antarctique pouvait paraître admirable et excessif. Outre l'innovation juridique majeure que constitue l'étude de l'impact sur l'environnement, le Protocole de Madrid ne laissait presque aucun cas de figure au hasard : interdiction de perturber les concentrations de phoques et d'oiseaux par un survol d'hélicoptère, d'introduire des chiens, des chats, des volailles vivantes, d'y amener des matières radioactives, des échantillons de sols non stériles, des billes de polystyrène. Il délivrait même des précautions pour limiter l'introduction de micro-organismes, et obligeait à évacuer les déchets hors de la zone du Traité et à nettoyer les sites de travail abandonnés.

Ce régime ne répondait pas à l'usage durable qui s'impose sous nos latitudes. Il servait un idéal de préservation de l'environnement austral où toute trace d'activités humaines devait, à terme, être effacée. Au cœur de la calotte antarctique, il n'y a ni bactérie ni microbe : la pureté minérale absolue !

Dans cette perspective, la station franco-italienne Concordia a longtemps été un sujet de fierté pour la France et l'Italie. Les concepteurs de cette base continentale, située à 1 100 kilomètres de la station côtière Dumont d'Urville, avaient poussé à l'extrême cet idéal de préservation : « Les mesures environnementales que se sont fixées Français et Italiens dans le cadre du projet Concordia, notamment pour ce qui concerne le traitement des déchets, sont encore plus strictes que celles qu'impose le Protocole de Madrid, alors même que les conditions climatiques sont au Dôme C excessivement dures[1] », avec une température moyenne annuelle de -55 °C, pouvant atteindre -80 °C, au cœur de l'hiver austral. A même été conçue « une station de traitements des eaux permettant de ne rejeter que des liquides propres à la consommation et de conserver les résidus boueux sous une forme compatible avec leur rapatriement vers d'autres continents pour leur traitement. Tout a été fait pour que l'empreinte de l'homme puisse être complètement effacée au premier coup de blizzard. Les contraintes que nous nous sommes données visent à réduire l'homme au statut de pur observateur externe n'interagissant nullement avec le milieu[2]. »

1. Gérard Jugie et Yves Frenot, *op. cit.*
2. *Ibid.*

Les normes écologiques qui prévalent en Antarctique ne relevaient ni de la demi-mesure ni du compromis. Là-bas, le visiteur est tenu d'interagir de manière réversible avec le milieu. À l'ère de l'exploitation forcenée des ressources naturelles, où l'homme s'est érigé en Prométhée moderne capable de modifier les grands équilibres naturels, l'utopie antarctique joue-t-elle dans les consciences comme un négatif du monde civilisé et industrialisé – un monde sans l'homme ou presque – ou comme un idéal régulateur – un cas-limite inapplicable ailleurs, dans l'effort de réduction de l'empreinte écologique des activités humaines engagé aux plus basses latitudes ?

Plutôt que de stigmatiser le tourisme austral comme une activité non gouvernementale intrusive en « terre de paix et de science », la communauté scientifique en Antarctique ferait bien de mesurer que le réseau international des visiteurs sensibilisés du continent blanc constitue pour l'avenir une base citoyenne de soutien au statut protecteur de l'Antarctique. On ne sait jamais ce que l'avenir nous réserve. En l'absence d'opinions publiques sensibilisées, la communauté scientifique antarctique s'expose à ce que peut-être, un jour, à la faveur d'une gigantomachie intergouvernementale, elle se voie dessaisie de son rôle d'acteur antarctique, au nom d'intérêts stratégiques comparables à ceux qui avaient conspiré de manière vertueuse à l'adoption du Traité sur l'Antarctique puis, plus tard, du Protocole de Madrid. Tant que la recherche scientifique sera le mode privilégié d'expression et d'affirmation des intérêts nationaux en Antarctique, la science pourra continuer à se bercer avec l'idée que le continent blanc est un continent pour la science. Mais si les équilibres politiques consacrés par le système du Traité sur l'Antarctique venaient à vaciller, les États auraient tôt fait de reprendre la main sur les affaires antarctiques. En pareille situation, mieux vaudrait pouvoir compter sur une opinion publique mondiale informée et sensibilisée qui serait à même de peser et de faire corps. L'Antarctique mérite mieux que d'être un jeu de go de stratégie intergouvernementale.

XXI

Une terre de paix et de science. Oui mais, jusqu'à quand ?

Le statut unique de l'Antarctique est-il menacé ? À cette question, Michel avait deux réponses. La première touchait l'action politique : un avenir, cela se façonne, cela se veut, disait-il. Tout dépendra de l'énergie qu'on mettra dans cette affaire qui ne passionne pas les foules. Mais attention ! L'action de quelques ONG et de la communauté scientifique résolues à protéger ce *continent pour la science* ne suffira pas.

L'autre réponse, plus technique, concernait la capacité du système du Traité sur l'Antarctique à résister aux pressions potentielles. Les procédures d'amendement garantissent une certaine pérennité aux dispositions du Traité sur l'Antarctique et du Protocole de Madrid. « Pensez-vous qu'il faille redouter la fin du Protocole de Madrid[1] ? » avait demandé un journaliste à Michel. « On ne sait pas bien quantifier les menaces qui pèsent sur lui, avait-il répondu. C'est vrai que, depuis quelques années,

1. Yves Sciama, « Une terre d'utopies », *Science & Vie*, 13 novembre 2018.

on entend dire que l'année 2048[1] marquerait la fin du Protocole. Personnellement, je n'y crois guère. Selon moi, dans vingt ans, la communauté internationale sera affolée par le réchauffement climatique. Nous sommes en train de nous apercevoir que la hausse du niveau marin va très probablement atteindre le demi-mètre au milieu du XXIe siècle, et l'idée d'exploiter de nouveaux gisements pétroliers n'aura pas la faveur de la communauté internationale à ce moment-là – même si le pétrole sera certainement rare et cher. »

Parmi les menaces qui planent sur les équilibres politico-juridiques en Antarctique, l'une d'entre elles est un scénario certes extrême, mais qui n'est pas à écarter en raison de la dégradation du multilatéralisme constatée. Une Partie au Traité de 1959 peut décider d'un jour à l'autre de se retirer pour échapper à ses engagements, tout en maintenant ses activités sur le continent blanc. Ce faisant, elle ferait la démonstration que point n'est besoin d'être Partie au Traité pour conduire des activités en Antarctique.

Exclue de plusieurs institutions multilatérales, la Fédération de Russie peut apparaître comme une puissance antarctique potentiellement dissidente. Évidemment, en pareil cas, elle s'exposerait à subir la pression de ses pairs selon le principe du *name and shame*. Mais à l'heure où la Russie s'affirme ouvertement en puissance subversive de l'ordre mondial, serait-ce là un moyen de pression efficace ? Il y aurait tout lieu d'en douter.

1. Entré en vigueur en 1998, le Protocole de Madrid, pour ce qui concerne son fonctionnement, pourra faire l'objet d'un réexamen à l'expiration d'une période de 50 ans (Protocole de Madrid, art. 25).

Un autre cas de figure est celui d'un État qui déciderait de développer des activités scientifiques en Antarctique sans adhérer au Traité. Depuis 2012, l'Iran annonçait que telle était son intention, avec l'aide de l'institut national océanographique iranien. Cette annonce avait été récemment renouvelée par le contre-amiral Shahram Irani, officier général dans la marine nationale iranienne, qui avait fait part d'un projet d'activités scientifiques et militaires, là où se trouvait installée la base américaine Scott-Amundsen.

Si ces déclarations relayaient à l'évidence la posture anti-américaine des dirigeants iraniens, elles pouvaient inquiéter car aucune démarche officielle du gouvernement iranien n'avait jamais été enregistrée auprès du secrétariat du Traité sur l'Antarctique en Argentine. Le géopolitologue britannique Alan Hemmings rappelait à ce propos qu'« un État peut tout à fait conduire des activités avant d'adhérer au Traité. C'est ce que le Pakistan et d'autres États avaient fait par le passé. Donc l'approche iranienne n'augurait ni d'une approche nouvelle ni une approche politiquement incorrecte dans le cadre d'un futur projet d'adhésion[1] ». Si l'Iran projetait de ne pas adhérer au Traité tout en conduisant en Antarctique des activités non pacifiques interdites, il subirait la pression diplomatique des 29 Parties consultatives. Mais qui sait si sa démarche ne serait pas couverte par certaines puissances antarctiques – la Chine, la Turquie, l'Inde ou la Russie – qui verraient là un moyen de déstabiliser la gouvernance de l'Antarctique à dominante occidentale ?

1. Zia Madani et Alan D. Hemmings, « Will Iran Set up a Base in Antarctica ? », *The Diplomat*, 19 octobre 2023.

Si le Traité sur l'Antarctique avait bénéficié depuis 1961 d'une relative tranquillité, du fait de son isolement par rapport à l'ensemble de la communauté internationale, cette période était révolue et la réunion des Parties consultatives au Traité sur l'Antarctique fonctionnait à présent comme une caisse de résonance des tensions, des dissensions et des alliances qui divisaient le monde.

Aux yeux de l'ambassadeur des manchots, le moyen le plus sûr de résister aux pressions externes était de renforcer l'autorité du Traité en élargissant la communauté des Parties contractantes. Il en voulait pour preuve qu'au début des années 1980, en pleine négociation d'un régime minier pour l'Antarctique, lorsque la coalition des pays en développement des Nations unies (le Groupe des 77) avait dénoncé la mainmise d'un « club d'États nantis » sur le continent blanc et proposait de placer la gestion des affaires antarctiques sous l'égide de l'organisation maritime internationale, les Parties consultatives avaient réagi à ce grief d'exclusivité et d'élitisme en élargissant le cercle des participants à la négociation du régime minier.

Plusieurs États membres du groupe des 77 obtinrent la qualité de Parties consultatives (Brésil, Chine, Inde, Pérou, Uruguay, etc.). Par ailleurs, les États parties non consultatives au Traité sur l'Antarctique furent invités à assister à ces négociations en tant qu'observateurs. « Par leur plus large ouverture et par la vague d'adhésions au Traité de 1959 qu'elles ont suscitées, les négociations sur le régime minier contribuèrent à élargir l'acceptabilité internationale de celui-ci et parvinrent à renforcer dans son ensemble le système juridique qui en est issu[1] », rappelait la juriste Josyane Couratier.

Cet élargissement n'était pas sans conséquence sur les prérogatives des sept États possessionnés (Antarctic Seven), puisqu'il contribuait à accroître le nombre de Parties contractantes virtuellement opposées aux revendications territoriales en Antarctique. Enfin, il constituait un moyen pour déjouer les pressions internes à la réunion annuelle du Traité sur l'Antarctique, dans la mesure où la partition entre États parties consultatives et États parties non consultatives ne recoupait pas les groupes d'alliance à l'œuvre dans la géopolitique mondiale (Sud global, Occident collectif, G77, etc.).

Le Traité sur l'Antarctique était-il voué à l'extinction ? Ledit traité ne le prévoyait pas, reconnaissant à l'inverse « qu'il est de l'intérêt de l'humanité tout entière que l'Antarctique soit à jamais réservé aux seules activités pacifiques et ne devienne ni le théâtre ni l'enjeu de différends internationaux[2] ». Selon la convention de Vienne, l'extinction d'un traité, quand celle-ci n'est pas prévue par les dispositions du traité lui-même, peut avoir lieu par consentement de toutes les Parties après consultation des autres États contractants. Quel pourrait être l'intérêt des Parties contractantes à défaire ce traité ? Aucun, puisque le régime international antarctique équivaut à une sécurisation de leurs prérogatives. L'utilité obtenue de manière concertée est supérieure à celle à laquelle elles pourraient prétendre si elles agissaient seules. « Il est

1. Josyane Couratier, *op. cit.*
2. Préambule du Traité sur l'Antarctique, 1er décembre 1959.

dans leur intérêt mutuel d'établir des arrangements qui façonnent leur comportement dans l'avenir et qui permettent à leurs attentes de converger, car par là même, ils évitent les dilemmes provoqués par leur action unilatérale[1]. »

Appliquée au cas de l'Antarctique, cette lecture des relations internationales pourrait paraître moins pertinente dans la mesure où l'intérêt commun est érigé en norme exclusive. Le « gel » de l'Antarctique ne revenait-il pas à neutraliser le jeu de maximisation de la puissance ? Pas tout à fait, car s'il est vrai qu'en Antarctique les intérêts nationaux ne peuvent s'exprimer qu'à travers la recherche, l'investissement scientifique d'une puissance antarctique n'en constituait pas moins un outil d'influence et un gage d'autorité au sein de la communauté des Parties contractantes.

Comme l'avait expliqué le Président américain Richard Nixon en 1970 : « L'Antarctique est le seul continent de la planète où la science constitue l'unique moyen d'expression de la stratégie et des intérêts nationaux. » Selon les termes du Traité de 1959, les Parties contractantes pouvaient assister aux réunions annuelles du Traité à partir du moment où elles démontraient leur intérêt pour l'Antarctique en conduisant des activités de recherche substantielles, avec l'installation d'une base scientifique ou l'organisation d'expéditions scientifiques. À l'exception notable des Pays-Bas, toutes les Parties consultatives au Traité possédaient une ou plusieurs bases qui leur permettaient de conduire des recherches scientifiques.

1. A. Stein, *Coordination and Collaboration. Regimes in an Anarchic World*, 1982.

Les Parties non consultatives avaient un niveau d'investissement moindre puisqu'elles ne disposaient pas d'infrastructures *in situ*, mais elles conduisaient des recherches substantielles. Enfin, certaines Parties contractantes, comme la Corée du Nord ou le Pakistan, n'étaient pas invitées aux réunions annuelles du Traité, faute de poursuivre des recherches en Antarctique.

Si la coopération scientifique internationale était au cœur du Traité sur l'Antarctique, la recherche scientifique n'en constituait pas moins le moyen d'expression de la stratégie nationale des puissances engagées dans le jeu Antarctique. Quand la Fédération de Russie avait adopté une stratégie sur l'Antarctique jusqu'à 2020 et au-delà, son principal objectif était de « consolider la position de la Fédération de Russie comme l'un des principaux leaders en matière de recherche scientifique en Antarctique[1] ». Et quand le gouvernement australien s'inquiétait, en 2014, de l'installation d'une troisième base chinoise[2], la base Taishan, après la base Zhongshan et la base Kunlun, sur le secteur de l'Antarctique qu'elle revendiquait, la division antarctique australienne vit son budget de fonctionnement en matière de logistique et de recherche augmenter substantiellement. Ainsi la science en Antarctique entretient des liens étroits avec la politique étrangère des États[3].

1. XXXIV RCTA, WP55, 2011.

2. La Chine possède aujourd'hui 5 bases : la base Great Wall (ou Changcheng) ouverte en 1985, la base Zhongshan en 1989, la base Kunlun en 2009, la base Taishan en 2014 et la dernière-née, la base Qinling inaugurée en 2024.

3. Parmi les États non Parties au Traité qui manifestent un intérêt croissant pour l'Antarctique figurent notamment l'Indonésie, les Émirats arabes unis et l'Iran.

Ce positionnement stratégique se manifeste en particulier par la non-mutualisation des moyens logistiques et des infrastructures placées sous l'autorité exclusive d'un programme national antarctique. Toutefois, chacun entretient avec ses voisins une solidarité en milieu hostile et s'échange des services gracieux. Cette solidarité joue bien sûr plus spécialement au sein de chaque cluster antarctique.

La multiplication de nouvelles bases, quand des infrastructures existantes auraient pu offrir le soutien logistique et l'hébergement dont avaient besoin les chercheurs, témoigne aussi de cette logique nationale persistante. La Chine, qui cumulait quatre bases en Antarctique, en ouvrit une cinquième en janvier 2024 : la base Qinling, en baie de Terra Nova. C'est une manifestation particulièrement préoccupante de cette logique stratégique qui contrarie la dynamique de coopération scientifique internationale. Il est vrai que le Traité encourage les Parties contractantes à conduire des activités de recherche substantielles en développant des installations, mais de là à multiplier les bases sans projet scientifique à l'appui, il y a là une grave dérive que, déjà en 2013, l'ambassadeur chargé des pôles entreprit de contrarier en promouvant une approche à contre-courant.

Ce constat alarmant avait fait l'objet d'une étude du géopolitologue Alan Hemmings[1] qui s'étonnait que la recherche en Antarctique ne soit pas dotée d'une base scientifique

1. Alan D. Hemmings, « Why did we get an International Space Station before an International Antarctic Station ? », *The Polar Journal*, 8 juin 2011.

internationale alors même que la recherche spatiale disposait, elle, d'une station spatiale internationale développée par plusieurs pays qui étaient également des Parties contractantes au Traité sur l'Antarctique (États-Unis, Russie, France, Japon, Canada). Après un demi-siècle de coopération scientifique depuis l'entrée en vigueur du Traité, dans un espace célébré comme un continent pour la science, force était de constater que l'Antarctique était le lieu de la planète où le niveau de mutualisation et de partage des infrastructures au service de la science était quasi nul.

Au début des années 2010, parmi les cent dix principales infrastructures répertoriées par le comité des opérateurs de programmes nationaux antarctiques (COMNAP), deux seulement étaient partagées par plusieurs pays : la station permanente Concordia opérée par la France et l'Italie et la station saisonnière Law-Racovita opérée par l'Australie et la Roumanie. Cette prédominance de l'intérêt national sur la logique de partage dans l'organisation logistique de la recherche en Antarctique, pourtant mutuellement bénéfique pour les partenaires, tenait selon Alan Hemmings à « la non-résolution des conflits de souveraineté en Antarctique et à ses conséquences en matière de juridiction ». Le spécialiste faisait bien sûr allusion au fameux article IV du Traité sur l'Antarctique qui ne reconnaît ni n'annule les prétentions territoriales enregistrées avant sa signature en 1959.

Face à ces nationalismes embryonnaires, l'ambassadeur pour les pôles proposa d'ouvrir à la réunion des Parties consultatives du Traité sur l'Antarctique un groupe de travail dont l'objet était de cartographier les opportunités de coopération au regard des infrastructures et des moyens logistiques existants. Nous sollicitâmes le soutien d'Albert II de Monaco qui, en tant que chef d'État, disposait d'une tribune de choix à la séance plénière des réunions du Traité sur l'Antarctique. Le Prince avait une considération mêlée de tendresse pour cette ancienne figure politique qui s'était engagée à un âge avancé dans la défense de sujets insolites auxquels il accordait, lui, depuis de nombreuses années, une très grande attention.

Le 20 mai 2013, lors de l'ouverture de la 36e réunion annuelle du Traité sur l'Antarctique à Bruxelles, en Belgique, Michel promut l'enjeu de renforcement de la coopération logistique : « Nous, Albert II de Monaco, Robert Hawke et moi-même appelons les Parties au Traité sur l'Antarctique à décider l'ouverture d'un espace de discussions et de réflexion sur les méthodes à mettre en œuvre pour améliorer l'utilisation des moyens logistiques en soutien à la recherche scientifique antarctique, limiter les impacts sur l'environnement de ces moyens logistiques et mettre plus aisément en relation les besoins logistiques des programmes de recherche scientifique avec les capacités disponibles des programmes antarctiques nationaux.

Tout se passe comme si l'Antarctique n'avait pas été influencé par l'émergence au milieu du XXe siècle d'un modèle de science qui a progressivement imposé le principe selon lequel le progrès scientifique dépend de programmes scientifiques d'envergure financés par des groupes de gouvernements. Il est surprenant que les programmes antarctiques nationaux n'aient pas évolué vers un plus haut niveau de planification scientifique et de gestion en commun des moyens logistiques au service de la science. Cet état de fait ne dépend que de notre bonne volonté. Il ne tient qu'à nous en effet de rechercher un meilleur équilibre entre nos intérêts stratégiques et notre engagement en faveur de la consolidation de la coopération scientifique en Antarctique[1]. »

Comme à son habitude, Michel avait mis les pieds dans le plat et me laissa me dépêtrer pendant les jours qui suivirent avec les collègues étrangers qui avaient vécu cette déclaration comme une mise en cause de leurs pratiques, alors même que cette situation était un secret de polichinelle. En revanche, pour le grand public qui était tenu à l'écart de cette matière d'intérêt général, cette logique de pré carré était à l'opposé de l'image lénifiante de l'Antarctique comme « terre de paix et de science ». Dans ce tableau, la France faisait figure de bonne élève, avec une base binationale partagée avec les Italiens, installée de surcroît, non pas en Terre Adélie, secteur antarctique revendiqué par la France, mais sur la portion revendiquée par l'Australie, dont le site, Dôme C, avait été choisi sur des arguments exclusivement scientifiques.

L'ancien directeur de l'Institut polaire et son adjoint, Gérard Jugie et Yves Frenot, firent l'inventaire des forces réunies au sein de vingt-cinq agences de moyens ou instituts de dix-huit pays européens. L'objectif de ce travail était de préfigurer ce que pourrait être un institut polaire européen, mutualisant les infrastructures et les moyens nationaux. Ce

1. Albert II de Monaco, Michel Rocard et Robert Hawke, « Appel au renforcement de la coopération logistique en Antarctique », RCTA XXXVI, séance plénière, Bruxelles, in *Pôles Nord & Sud*, le Cercle Polaire, été 2017.

projet ne vit jamais le jour, car les Parties consultatives au Traité ne souhaitaient pas encombrer le panel antarctique avec une représentation de cette puissante union politico-économique de 28 pays européens, 27 aujourd'hui, souvent stigmatisée dans les organisations internationales comme l'« éléphant dans le salon ». Quoi qu'il en soit, la France pouvait se targuer de pousser dans le bon sens, celui de la coopération scientifique au service de l'harmonie internationale, et Michel se félicitait d'être l'ambassadeur chargé des pôles d'un pays souscrivant pleinement à la logique d'intérêt général en Antarctique.

Loin d'être prise en otage par des motifs stratégiques, la recherche scientifique en Antarctique profite des moyens mis à sa disposition pour conduire librement des recherches dans le cadre de programmes nationaux et internationaux, ignorant superbement les contraintes stratégiques qui pèsent sur leur gouvernement de tutelle. Si la présence scientifique en Antarctique tient lieu pour les États de présence nationale, cette fonction « deux en un » ne conduit aucunement à instrumentaliser ni à cloisonner la recherche. Le cas de la collaboration, dans les années 1980, en pleine guerre froide, entre Soviétiques et Français, puis plus tard avec les Américains, à la station soviétique de Vostok, pour extraire des carottes de glaces qui permirent d'analyser la composition de l'atmosphère passée et d'asseoir le diagnostic d'une augmentation massive de gaz à effet de serre depuis les débuts de la révolution industrielle, était souvent cité comme la preuve de la coopération scientifique « non politisée » en Antarctique. Toutefois, cet exemple historique érigé en légende fait écran au positionnement stratégique que pratiquent ouvertement certains États, en sacrifiant à peine aux réquisits de recherche scientifique du Traité.

Lorsqu'il s'était agi dans les années 1980 de négocier un régime minier en Antarctique, plusieurs États non parties au Traité avaient demandé à rejoindre cette négociation. Ils avaient donc été invités à adhérer au Traité (Corée du Nord, Cuba, etc.) quand d'autres avaient accédé au statut de Partie consultative. Mais aujourd'hui que toute exploitation minière est interdite en Antarctique, un positionnement stratégique dans cet espace démilitarisé et voué à la préservation aurait-il encore du sens ? C'est un pari sur l'avenir, la prévision d'un jour nouveau où l'eldorado antarctique, troisième réserve mondiale de pétrole, après l'Arabie Saoudite et le Venezuela, s'ouvrira à l'exploitation voire à l'appropriation de ses richesses naturelles selon des modalités que les Parties contractantes auront la responsabilité de définir. Mieux vaudrait, en pareil cas, avoir un pied dans la place, et plus encore, un droit de vote.

La géostratégie Antarctique s'apparente ainsi à un jeu de positionnement stratégique virtuel au travers d'installations à vocation scientifique sur un territoire régi par le principe de la non-appropriation nationale, et où les gains symboliques sont susceptibles d'être un jour convertibles en concessions ou redevances minières. À la différence d'un jeu de société, les joueurs dotés d'un pion ont le pouvoir de changer les règles du jeu quand ils le décideront. C'est là le sens de ce qu'on appelle « l'anarchie internationale » : une gouvernance sans autorité centrale supérieure aux États.

Jusqu'au début des années 2010, la question des ressources naturelles en Antarctique constituait un tabou diplomatique dans les réunions annuelles du Traité. Aucun délégué n'aurait jamais osé évoquer cette question sans craindre les foudres des quelque 400 autres délégués. En 2011, à Buenos Aires en Argentine, lors de la 34e réunion du Traité sur l'Antarctique, Michel et moi étions autour de la table des négociations quand le chef de délégation de la Russie prit la parole pour présenter la « Stratégie pour développer les activités de la Fédération de Russie en Antarctique jusqu'à 2020 et au-delà » et expliquer que l'un des objectifs était « l'exploration géologique et géophysique des ressources minérales et énergétiques du continent antarctique et des eaux environnantes » en vue de « renforcer la capacité économique de la Russie dans l'utilisation des ressources naturelles disponibles en Antarctique[1] ».

Les délégués écoutèrent bouche bée, le casque de traduction sur les oreilles, cette déclaration[2] qui faisait allègrement fi du credo de l'« esprit Antarctique », si patiemment consolidé au fil d'une trentaine de réunions annuelles. Concentré sur ses notes, le délégué russe veilla à ne jamais lever la tête pour ne pas croiser le regard de ses collègues. Michel, lui, afficha un étonnement figé, à la limite de la caricature bouffonne, la bouche ouverte et, oubliant qu'il portait un casque, s'adressa à moi d'une voix très sonore pour me dire que les Russes n'avaient décidément peur de rien. Ce commentaire

1. « Strategiya razvitiya deyatelnosti RF v Antarktike na period do 2020 i na bolee otdalennuyu perspektivu », Lawsforall.ru, 30 octobre 2010.

2. XXXIV RCTA, WP55, 2011.

peu diplomatique parvint jusqu'aux oreilles de quelques délégués comprenant le français qui ne purent réfréner quelques gloussements. Le travail de sape venait de commencer. Plusieurs collègues vécurent cette déclaration comme une provocation mais c'était bien pire : il s'agissait là des prémices d'une stratégie larvée visant à banaliser avec le temps le tabou de l'exploitation des ressources naturelles en Antarctique.

En août 2011, un think tank australien, le Lowy Institute, dénonçait derrière l'image convenue de l'« harmonie internationale » du système du Traité sur l'Antarctique un lieu de tensions stratégiques contenues qui menaçaient à terme de fragiliser les équilibres : « À l'instar de ce qui se passe dans l'Arctique, la prise de conscience grandissante du potentiel de l'Antarctique en matière de sécurité alimentaire, énergétique et économique, influence grandement la politique antarctique de nombre d'États parties au Traité. Avec un cours du baril de brut à 140 $ en 2008, et des technologies d'exploitation minière qui se développent rapidement (…), la liste des obstacles pratiques à l'extraction de pétrole dans les milieux inhospitaliers est en train de se réduire[1] ».

Cette analyse était conjoncturelle car le prix du baril de pétrole s'est depuis stabilisé autour de 80 $, or plusieurs experts considèrent que l'extraction du pétrole en Antarctique ne serait viable qu'à partir d'un coût situé entre 150 et 200 $. Mais étant donné que la population mondiale devrait augmenter d'environ deux milliards de personnes au cours

1. Ellie Fogarty, « Antarctica : assessing and protecting national interests », Lowy Institute, Policy Brief, août 2011.

des vingt prochaines années, et compte tenu de l'amélioration moyenne du niveau de vie, l'Agence internationale de l'énergie estime que la demande totale en énergie devrait augmenter de 21 % d'ici à 2040[1].

Depuis l'accord historique de Paris en 2015, la communauté mondiale s'est engagée dans une transition énergétique qui peine à produire des effets, au point que certains experts considèrent qu'elle n'a pas encore été amorcée. L'objectif de l'accord de Paris est de contenir à la fin du XXIe siècle la hausse de la température moyenne mondiale à 2 °C par rapport aux niveaux de la période préindustrielle. En décembre 2019, les dirigeants de l'Union européenne ont approuvé pour leur part l'objectif de parvenir à la neutralité climatique[2] d'ici 2050. Cette échéance correspondait à peu près à celle de 2048 prévue par le Protocole de Madrid pour une éventuelle renégociation du moratoire minier.

Michel, pour qui les relations internationales étaient le lieu d'une compétition perpétuelle marquée par la violence et la brutalité, ne pariait pas beaucoup sur le chantier ouvert par l'accord de Paris, mais plutôt sur une politique au pied du mur. Selon lui, le signal déclencheur viendrait dans vingt ans, lorsque la communauté internationale irresponsable serait affolée par la montée du niveau des mers, la multiplication des réfugiés climatiques et l'accroissement des phénomènes météorologiques extrêmes. Dans ce scénario catastrophe, la troisième réserve mondiale de pétrole, l'Antarctique, perdrait son attractivité et

1. Perspectives énergétiques mondiales, AIE, 2022.
2. La neutralité climatique indique que les émissions de CO_2 générées sont compensées.

le monde serait affairé à engager dans la tourmente le virage de la transition énergétique qu'il avait tardé à amorcer.

À l'inverse, dans un scénario plus optimiste, l'Antarctique pourrait jouer comme un phare pour l'humanité, un idéal régulateur ou un cas limite de l'effort de réduction de l'empreinte écologique des activités humaines engagé par la communauté mondiale. Bien sûr, même si la présumée troisième réserve de pétrole mondiale avait perdu de son attractivité en raison d'une décarbonation engagée des économies, l'Antarctique continuerait de figurer comme une dernière frontière, pour ce qui concerne les ressources biologiques, la bioprospection et les ressources minérales (plomb, manganèse, cuivre, fer, uranium, etc.[1]).

Au-delà de ces spéculations, la posture de la Russie, Partie fondatrice du Traité sur l'Antarctique, affichant sans complexe sa volonté de renforcer ses activités d'exploration minière, constituait, elle, une menace tangible pour les équilibres au sein de la réunion annuelle du Traité sur l'Antarctique. Un analyste politique pointait un dangereux risque de contagion des esprits : « Si la Russie s'entête à définir sa politique antarctique à partir d'intérêts stratégiques et économiques, même sans violation manifeste du Système du Traité sur l'Antarctique pour ce qui concerne l'exploitation des ressources naturelles, elle risque fort d'induire au sein de la communauté antarctique, notamment auprès des grandes nations en quête de nouvelles sources d'énergie comme les

1. Paul Ward, « Human impacts on Antarctica and threats to the environment – mining and oil », *Cool Antarctica*, 2010.

États-Unis, la Chine et l'Inde, une prévalence de la compétition géostratégique sur la coopération internationale[1]. »

Quelques années plus tard, en 2017, la Chine qui accueillait, à Pékin, la 40e réunion annuelle du Traité, poursuivit le travail de sape engagé par la Russie, en présentant pendant la réunion un document qui faisait état d'un « usage raisonné » de l'Antarctique. Elle organisa par ailleurs un événement intitulé « protection et utilisation de l'Antarctique ». Ce vocabulaire diplomatiquement incorrect suscita de vives réactions chez les délégués, et le vice-ministre des Affaires étrangères chinois, Liu Zhenmin, s'empressa de préciser, lors d'une conférence de presse, que l'expression « utilisation de l'Antarctique » visait les activités scientifiques et le tourisme, et non les activités liées aux ressources minérales. La presse[2] s'empara de cette déclaration en annonçant que la Chine, nation dont l'appétit pour les ressources naturelles était énorme, qui recherchait un peu partout sur la planète des ressources minérales et énergétiques pour soutenir son développement économique, envisageait d'utiliser l'Antarctique. S'agissant d'une « Zone spéciale de conservation » dont les Parties s'étaient engagées, avec le Protocole de Madrid, à « assurer la protection globale de l'environnement et des écosystèmes dépendants et associés », la référence à un usage de l'Antarctique était déplacée.

La rhétorique diplomatique chinoise n'était pas maladroite. Elle était insidieuse et non transparente, et son objectif était

1. Ian Armstrong, « Russia's long game in Antarctica runs political risk », GlobalRiskInsights.com, 28 janvier 2016.

2. Jiliang Chen, « China's ambition to "use" Antarctica », Eastasia forum, 18 août 2017.

de désacraliser le tabou des ressources naturelles pour mettre le sujet sur la table. Ainsi que l'avaient expliqué des responsables de l'Institut polaire chinois, la recherche scientifique était un « moyen déguisé de garantir à terme l'accès à des ressources naturelles[1] ». Cette posture anti-conservationniste de Pékin et de Moscou s'exprima également au sein de la commission pour la conservation des ressources marines vivantes instituée par le deuxième protocole au Traité sur l'Antarctique (CCAMLR)[2]. Les deux puissances barrèrent systématiquement la route à un projet d'aires marines protégées (AMP) en Antarctique de l'Est, invoquant des droits de pêche et suspectant que ce projet d'AMP serve la consolidation des prétentions territoriales de l'Australie qui couvrent une grande partie de l'Antarctique de l'Est[3].

Le reste du travail de sape fut assuré par la contagion des médias, cette dynamique vertigineuse et sans filtre qui démultiplia les analyses à l'emporte-pièce sur la fin du moratoire minier en Antarctique en 2048 sous la pression de Moscou et de Pékin. Avec cette viralisation, « l'Antarctique, dernière frontière » était dans tous les esprits, et prit le pas sur l'autre lieu commun, « l'Antarctique, sanctuaire blanc ».

Au-delà de la stratégie de ces deux puissances antarctiques subversives, le moratoire minier était-il voué à une extinction programmée ? À la différence du gel du contentieux territorial

1. Ian Armstrong, *op. cit.*

2. Convention on the Conservation of the Antarctic Marine Living Resources (CCAMLR).

3. Klaus Dodds, Andreas Raspotnik, « Antarctica : what role for the European Union ? », Parlement européen, paragraphe 3-2, juin 2023, p. 24.

institué par le Traité sur l'Antarctique, le gel des activités relatives aux ressources minérales avait une durée déterminée : pendant cinquante ans à compter de la date d'entrée en vigueur du Protocole, le 14 janvier 1998, cette interdiction ne pouvait être levée qu'à l'unanimité des Parties consultatives.

À l'expiration de cette période, si aucune Partie consultative ne demandait un réexamen, le moratoire serait maintenu. À l'inverse, tout amendement du Protocole proposé devrait être adopté à la majorité des Parties, y compris les trois quarts des États qui étaient Parties consultatives au moment de l'adoption du Protocole. Pour entrer en vigueur, c'est encore plus strict : il serait nécessaire que cet amendement soit ratifié par les trois quarts des Parties consultatives, y compris la totalité des 26 Parties consultatives qui jouissaient de ce statut au moment de l'adoption du Protocole de Madrid.

Deux autres dispositions compliquaient la suppression de l'interdiction. Cette dernière resterait en vigueur tant que les « conditions[1] » dans lesquelles ces activités seraient exercées ne seraient pas définies. Il s'agissait d'éviter que, au cas où elles seraient un jour autorisées, les activités de ce type puissent s'exercer au mépris de la protection de l'environnement. Ce régime devrait en outre « sauvegarder pleinement les intérêts de tous les États visés à l'article IV du Traité sur l'Antarctique », formule destinée à préserver les intérêts des États possessionnés. Aux yeux de Rory Medcalf, directeur du programme de sécurité internationale à l'institut australien Lowy, la messe était dite : « La préservation de l'Antarctique sauvage peut rester un objectif idéal. Mais en 2048, avec une

1. Article 25, alinéa a du Protocole.

pression accrue sur les ressources et une confiance croissante d'États tels que la Chine et l'Inde dans leurs droits à revendiquer une partie du monde, il faudra probablement équilibrer la revendication environnementale avec la réalité du besoin en ressources. Je pense que le mieux que l'on puisse espérer pour 2048 et après serait l'adoption de meilleures pratiques de gestion de l'exploitation de l'environnement antarctique, et non pas la préservation du continent comme un espace sauvage[1]. »

La seule vraie certitude en notre possession est celle de l'incertitude du monde, ce qui est une invitation à pondérer nos actions. L'avenir de l'Antarctique est ouvert. C'était d'ailleurs là le vœu du Président Bush en 1991, pour qui le Protocole de Madrid devait « assurer la protection de cette ressource naturelle pour des générations », « sans hypothéquer les options des générations futures[2] ». Si 2048 marquait bien l'année à partir de laquelle une potentielle révision du moratoire minier pouvait être engagée, les procédures d'amendement contenues dans le Protocole de Madrid de 1991 requéraient de réunir des majorités fort difficiles à atteindre, garantissant une certaine pérennité aux dispositions de cet instrument juridique, même au-delà de 2048.

1. Mark Colvin, « Resource-hungry nations look to Antarctic oil reserves », *ABC*, 12 août 2011.

2. À la différence de la doctrine française de préservation globale de l'environnement antarctique défendue en 1991 par le ministre des Affaires étrangères Roland Dumas qui était de ne pas « souscrire à une interdiction limitée dans le temps des activités extractives car cela orienterait l'avenir vers une exploitation des ressources minérales » (courrier à Douglas Hurd, avril 1991).

Dans l'hypothèse où ces majorités seraient atteintes en 2048, l'exigence de sauvegarde des intérêts des États visés à l'article IV du Traité promettait de diviser les Parties consultatives entre elles, qui regroupent des États possessionnés, des États semi-possessionnés et de très nombreux États qui contestent le principe de la revendication territoriale en Antarctique.

Enfin, et ce n'est pas le moindre des arguments, la réouverture de négociations autour d'un régime minier risquait fort de rejouer l'épisode survenu en 1982 : celui d'une contestation de la coalition des pays en voie de développement, en particulier les pays africains absents du panel Antarctique, pour dénoncer l'appropriation des richesses par un « club d'États nantis » et demander l'incorporation du continent blanc dans le patrimoine commun de l'humanité, même si ce concept juridique a échoué dans son objectif de préservation des droits des pays en développement sur les richesses naturelles appartenant à la communauté internationale.

Le tableau des forces en présence était ainsi assez complexe. L'un des éléments les plus instables dans cette organisation internationale était bien sûr la coexistence paradoxale de deux visions de l'Antarctique : « Pour certains, un territoire divisé en différents secteurs revendiqués par des États ; pour d'autres, un espace international qui ne peut être revendiqué[1]. » Michel n'avait jamais vraiment pris au sérieux la première vision, même s'il était l'ambassadeur chargé des pôles d'un État possessionné. Le « gel » des revendications territoriales institué par un Traité à durée indéterminée ne ménageait à ses yeux aucune ambiguïté.

1. Anne Choquet, *op. cit.*

L'histoire de la convention de Wellington, marquée par l'annulation du processus de ratification par deux États possessionnés, attestait cependant de l'écueil que pouvait constituer la résolution par consensus de la question des revendications territoriales en Antarctique. Pour autant, si les prérogatives des États possessionnés étaient à jamais « gelées », cela équivaudrait à une annulation de leurs revendications, tant il est clair que les États parties consultatives bénéficiaient des mêmes droits que les États possessionnés. Par exemple, les États-Unis jouissaient des mêmes droits d'occupation et de juridiction sur la station de McMurdo, que la France sur la station de Dumont d'Urville, qui se targuait, elle, d'occuper une terre française, en l'occurrence, le district de Terre Adélie. Ainsi, le statut d'État possessionné jouait essentiellement comme un joker dans la manche en prévision d'une utilisation future de l'Antarctique. En ce sens, un abandon officiel et inconditionné des revendications territoriales par les sept États possessionnés contribuerait à renforcer grandement la cohésion de la communauté antarctique et à se débarrasser de cette duplicité héritée du Traité de 1959.

À l'écart des positions défendues par le service compétent du ministère des Affaires étrangères, Michel, en diplomate de l'intérêt général, considérait que le statut d'État possessionné n'était pas pour rien dans la perspective toujours latente d'une ouverture de l'Antarctique à l'exploitation des ressources minérales, alors même que le Protocole de Madrid l'interdisait. Par ailleurs, aucun régime d'internationalisation positive n'avait pu à ce jour être négocié pour les espaces terrestres ni extra-terrestres internationaux. Quant au concept juridique de patrimoine commun de l'humanité appliqué à la Zone internationale des fonds marins, il avait été vidé de sa substance au profit d'un projet de réglementation des activités intéressant quelques puissances technologiquement avancées.

Ces éléments concouraient à asseoir l'idée que l'autorité du système de gouvernance de l'Antarctique dépendrait de sa capacité à donner une assise politique à la vision de Ban Ki-moon : l'Antarctique, notre terre à tous, avec une représentation internationale équilibrée. Ainsi, le continent blanc pourrait-il être un sujet de fierté et un symbole d'harmonie pour l'ensemble de la communauté mondiale. De ces arguments, il ressortait que, pour la plupart des États antarctiques considérés isolément, il y avait plus à perdre qu'à gagner en défaisant le système du Traité sur l'Antarctique.

Enfin, un dernier élément ne devait pas être négligé : l'influence de la conjoncture Arctique sur la conjoncture Antarctique. Passant sous silence le statut juridique unique de l'Antarctique, nombre d'articles de prospective géopolitique présentaient la conjoncture Arctique comme le miroir de la conjoncture Antarctique, pour laquelle l'approche de développement durable avait été érigée en credo par le Conseil de l'Arctique. La zone boréale était avantageusement présentée comme un pôle de conciliation de la revendication environnementale et des besoins en ressources.

Si la référence à la gouvernance écologique de l'Antarctique avait constitué pour Michel et l'association le Cercle Polaire un argument majeur dans la promotion d'un régime protecteur de l'environnement arctique, nous avions toujours gardé présente à l'esprit une interrogation vertigineuse : si contagion il devait y avoir, lequel du Grand Sud ou du Grand Nord influencerait l'autre ?

XXII

L'Arctique, enjeu régional ou global ?

Si la valeur d'exemplarité de l'Antarctique devait peser plus particulièrement sur un endroit de la planète que sur un autre, c'était au premier chef dans l'Arctique qu'il conviendrait de chercher les conditions d'une éventuelle adaptation. Le Livre bleu 2009 présentait un point de vue comparable : « L'Arctique et l'Antarctique ne peuvent sans doute pas se voir appliquer les mêmes règles. Il n'empêche que quelques leçons et principes peuvent être tirés de l'expérience [du système] du Traité sur l'Antarctique[1]. » Une revue de droit international concluait que : « S'il est clair que le Traité sur l'Antarctique et son Protocole ne peuvent pas être transposés au pôle Nord, il n'est pas anodin ni une simple concession poétique de relever que son esprit, ses fondements et son expérience (paix, environnement, coopération) pourraient aider les négociations sur la gouvernance arctique[2]. »

1. Livre bleu, Stratégie nationale pour la mer et les océans, décembre 2009, p. 78.

2. Danilo Comba, « Nomination de l'Ambassadeur français chargé de la négociation internationale pour les pôles arctique et antarctique », *Sentinelle du droit international*, n° 184, 2008.

Et de manière très appuyée, la secrétaire d'État Hillary Clinton, qui était pour nous un mentor, avait invité la communauté antarctique à « poursuivre l'œuvre accomplie avec de la recherche scientifique et des mesures audacieuses aux deux extrémités de notre planète, dans le Sud et dans le Nord ».

Il faut dire que la quasi-totalité des États membres du Conseil de l'Arctique étaient également Parties au Traité sur l'Antarctique, à l'exception de l'Islande[1]. Cette « bipolarité » de nombre de nations, dans laquelle la Norvège occupait une place singulière puisqu'elle était le seul État au monde à être à la fois possessionné en Antarctique et doté d'un territoire national situé au-delà du cercle polaire arctique, promettait des échanges ouverts et fructueux, mais c'est tout l'inverse qui se produisit.

Au niveau diplomatique, tout avait été mis en œuvre au sein du Conseil de l'Arctique pour barrer la route à des comparaisons entre l'Arctique et le sanctuaire Antarctique. Et Michel, qui conduisit pendant plusieurs années la délégation française au Conseil de l'Arctique, se garda bien de faire référence à la résolution du Parlement européen qui avait promu un traité sur la protection de l'environnement de l'Arctique sur le modèle du Traité sur l'Antarctique. Au sein de la réunion annuelle du Traité sur l'Antarctique, les puissances bipolaires veillaient à ce que l'on ne croise pas non plus les deux registres.

Lors de la 34e réunion annuelle du Traité sur l'Antarctique à Buenos Aires en juin 2011, l'ambassadeur pour les

1. L'Islande est devenue une Partie non consultative au Traité sur l'Antarctique le 13 octobre 2015.

pôles avait fait une brève allusion à l'Arctique pour mettre en lumière les menaces qui pesaient sur l'Antarctique : « Dans le contexte du déclin des ressources énergétiques, de la croissance de la demande en matières premières et de l'augmentation concomitante du cours de ces matières, il n'est pas déraisonnable de penser que les acteurs économiques vont s'employer à repousser les frontières géographiques de l'exploration. L'Arctique en est une bonne illustration avec la multiplication de campagnes d'exploration off-shore enregistrées depuis 2002[1]. »

Cette référence à l'Arctique eut le don d'irriter les délégués norvégiens et américains qui y virent, à raison, une critique de la politique d'utilisation ouverte et peu encadrée de l'Arctique. L'ambassadeur de France en Argentine Jean-Pierre Asvazadourian organisa le soir même un cocktail à la chancellerie pour apaiser les esprits en veillant à y associer les deux délégations froissées. La bonne humeur de Michel conjuguée à l'habileté de l'ambassadeur permit de retourner la situation. La stratégie du verre de champagne et des petits fours avait porté ses fruits.

La séparation des pôles se vérifiait aussi dans la politique étrangère des nations bipolaires qui prenaient soin de développer en parallèle une stratégie nationale sur l'Arctique et une stratégie nationale sur l'Antarctique, sans aucune référence entre elles, comme si les deux pôles n'avaient rien en commun.

1. Felipe Gonzalez, Robert Hawke, Michel Rocard, 34e RCTA, Buenos Aires, juin 2011.

Ce cloisonnement diplomatique, injustifiable sur le plan de la recherche scientifique, technologique et environnemental, traduisait la volonté du Conseil de l'Arctique de préserver son indépendance vis-à-vis des autres organisations internationales et plus largement de la communauté internationale. Il s'agissait aussi de prévenir toute velléité de considérer l'Arctique comme un Antarctique en puissance.

Au milieu des années 2000, plusieurs organisations internationales[1] s'étaient réunies pour étudier l'éventualité d'un traité sur l'Arctique. Le conseil nordique avait été le plus proactif en recommandant dès 2006 que « des efforts soient engagés en coopération avec le Conseil de l'Arctique, pour élaborer un traité sur l'Arctique[2] ». L'Union internationale pour la conservation de la nature[3] s'était pour sa part attelée à un examen des modalités de renforcement de la protection de l'environnement arctique empruntées au système du Traité sur l'Antarctique.

C'est dans ce contexte d'émulation ouverte que l'association le Cercle Polaire avait lancé un groupe d'étude sur la gouvernance de l'Arctique qui aboutirait à l'élaboration d'un projet de traité relatif à la protection de l'environnement arctique. « Le problème, pour ceux qui poussent dans le sens

1. Programme des Nations unies pour l'environnement, programme Arctique du WWF, Union internationale pour la conservation de la nature, conférence des parlementaires de l'Arctique.

2. Nordic Council, Committee Proposal on Jurisprudential Research in the Marine Areas in the North and an Arctic Treaty 3, 26 avril 2006.

3. IUCN, expert meeting, Ottawa, 24-25 mars 2004.

d'un traité sur l'Arctique, avait fait remarquer à l'époque l'universitaire finlandais Timo Koivurova, est que jusqu'à présent, aucun signe du Conseil de l'Arctique ou de ses États membres ne permet de penser que ces derniers seraient disposés à soutenir cette approche, à tout le moins dans un futur proche[1]. » La formule était faible. Plusieurs États riverains de l'océan Arctique perçurent cette approche comme une menace de leurs prérogatives et comme une intrusion de la communauté internationale dans leurs affaires régionales.

Ces discussions autour d'un projet de traité sur l'Arctique conduites par des acteurs ressortissants de pays extérieurs ou non riverains furent à l'origine d'un double verrouillage diplomatique : la mise en place d'un format diplomatique restreint aux cinq États riverains (Arctic Five) et la mise sous cloche des États extérieurs à la zone Arctique dotés d'un statut d'observateur au sein du Conseil de l'Arctique.

Dès octobre 2007, à l'initiative de la Norvège, les cinq États côtiers furent conviés à une réunion à Oslo pour discuter des enjeux de délimitation du plateau continental dans les mers arctiques. En mai 2008, à l'initiative du Danemark, les cinq États riverains de l'océan Arctique cosignaient une déclaration, la Déclaration d'Ilulissat[2], dans laquelle ils reven-

1. David VanderZwaag, Timo Koivurova, Erik J. Molenaar, « Canada, the EU and Arctic Ocean Governance : A tangled and shifting seascape and Future directions », Schulich School of Law, Dalhousie University, 2009.

2. Déclaration d'Ilulissat, conférence sur l'océan Arctique, Groenland, 27-29 mai 2008.

diquaient le leadership des Arctic Five : « En vertu (...) de leur souveraineté, de leurs droits souverains et de leur droit de juridiction sur de larges portions de l'océan Arctique, les cinq États côtiers sont dans une position unique pour répondre aux défis et aux enjeux qui se présentent dans cette région. »

Cette déclaration précisait qu'il n'y avait « aucunement besoin d'un nouveau régime juridique international sur l'Arctique » car le droit de la mer constituait « le cadre juridique idoine ». Une nouvelle réunion des Arctic Five fut improvisée à Chelsea, au Canada, à l'initiative du ministre des Affaires étrangères Lawrence Cannon, le 26 mars 2010, suscitant l'ire des trois autres États non côtiers de la zone Arctique (Islande, Finlande et Suède), sans oublier les représentants des communautés autochtones vexés de ne pas avoir été conviés.

Ce format exclusif des Arctic Five fut ménagé jusqu'à la signature d'une déclaration, la « déclaration d'Oslo »[1], le 16 juillet 2015, à l'initiative de la Norvège, relative à l'interdiction de la pêche non réglementée dans la haute mer de l'océan Arctique central. L'exclusion de puissances de pêche comme la Chine (1er rang au niveau mondial en termes de captures), l'Union européenne (5e rang mondial) ou l'Islande (18e rang mondial) soulignait l'incongruité de cette initiative s'agissant d'eaux internationales ouvertes à tous les États.

Cette approche étroitement souverainiste des enjeux de gouvernance dans l'océan Arctique se comprenait par la priorité accordée par ces cinq États riverains à la consolidation

1. « The Oslo Declaration Concerning the Prevention of Unregulated High Seas Fishing in the Central Arctic Ocean », 16 juillet 2015.

de leur juridiction sur des domaines maritimes encore non délimités[1] (extension du plateau continental, différends frontaliers maritimes). Finalement, ce souverainisme indûment appliqué à des espaces maritimes[2] avait conduit à secondariser les enjeux de gouvernance. Au regard du droit de la mer, la gouvernance de la haute mer de l'océan Arctique central, le statut juridique des détroits polaires (passage du Nord-Ouest et route maritime du Nord) ou la réglementation dans les eaux recouvertes par les glaces intéressaient légitimement la communauté internationale et ne pouvaient être considérés comme un enjeu régional. La mise à l'écart des trois États membres du Conseil de l'Arctique, non riverains, était motivée par leur intérêt tout relatif à l'égard des enjeux de juridiction dans l'océan Arctique et par leur appartenance (Finlande, Suède) ou leur projet d'adhésion (Islande) à l'Union européenne qui avait prôné « l'ouverture de négociations d'un traité protecteur de l'Arctique, comme il en existe un pour l'Antarctique ».

1. À proprement parler, la « souveraineté » n'est pas un concept applicable à un espace maritime, ne serait-ce que parce que la mer, y compris celle que l'on appelle « territoriale », n'est pas un territoire. La Convention des Nations unies sur le droit de la mer du 10 décembre 1982 distingue clairement entre souveraineté et droits souverains, et les seconds ne peuvent pas être interprétés comme une forme dérivée ou atténuée de la première. Cf. Jean-Paul Pancracio, *Droit de la mer*, Dalloz, 2010.

2. Selon la Convention des Nations unies sur le droit de la mer du 10 décembre 1982, les enjeux de gouvernance de l'océan Arctique concernent « tous les États qu'ils soient côtiers ou sans littoral » (paragraphe 1, article 58).

Le deuxième volet du verrouillage diplomatique des Arctic Five fut pour nous particulièrement cuisant. À ses débuts, le Conseil de l'Arctique n'avait pas cru nécessaire de fixer un règlement pour les conditions d'octroi du statut d'observateur ni pour les conditions de leur participation. Le Conseil de l'Arctique comptait à l'origine cinq États observateurs : l'Allemagne, la Grande-Bretagne, le Japon, la Pologne et les Pays-Bas. La France obtint le statut d'observateur permanent en 2000 sur la base de son expertise en matière de science polaire.

Un tournant décisif fut franchi pendant la présidence norvégienne du Conseil de l'Arctique (2007-2009) qui initia une discussion sur le rôle des observateurs. À cette époque, le Conseil de l'Arctique faisait l'objet de pressions de la part de nouveaux États qui demandaient un statut d'observateur, principalement des puissances asiatiques (Inde, Japon, Chine, Corée du Sud, Singapour), mais aussi l'Italie et la Commission européenne.

En mai 2011, lors de la 7e réunion ministérielle du Conseil de l'Arctique à Nuuk, au Groenland, un « code d'admission et de conduite pour les observateurs » avait été adopté et celui-ci stipulait que les observateurs « reconnaissent la souveraineté, les droits souverains et la juridiction des États arctiques dans la zone Arctique ». Cette règle d'allégeance avait de quoi surprendre puisqu'elle engageait des positions officielles que le Conseil de l'Arctique n'avait ni compétence ni vocation à traiter, par exemple la question du statut des détroits arctiques qui relevait de la compétence de l'Organisation maritime internationale.

Désormais, les observateurs étaient invités à écouter les travaux des membres du conseil, sans droit à la parole. Alors qu'à la réunion ministérielle de Tromsø en Norvège, en 2009, Michel avait été invité à la table des huit ministres des Affaires étrangères du Conseil de l'Arctique avec un temps de parole d'une dizaine de minutes, deux ans plus tard, le secrétariat du conseil avait prévenu qu'aucun traitement protocolaire ne serait réservé aux observateurs, et Michel fut relégué au fond de la salle, sans place attitrée, avec les ONG.

Cette marginalisation provoqua chez lui une colère froide. Nous profitâmes de la pause déjeuner pour rédiger un courrier appelant à une prise en compte par le Conseil de l'Arctique des États observateurs qu'il avait présentés comme autant de « futurs usagers potentiels de l'océan Arctique ». À la reprise de la réunion, Michel prit soin de remettre ce courrier en mains propres à chacun des huit ministres du Conseil de l'Arctique : Sergueï Lavrov pour la Russie ; Hillary Clinton pour les États-Unis ; Jonas Gahr Støre pour la Norvège ; Carl Bildt pour la Suède... qui se sentirent obligés d'accepter cette missive en raison de son rang d'homme d'État.

Au sortir de la réunion, les délégations des États observateurs, en particulier la délégation chinoise, remercièrent Michel et saluèrent sa détermination à défendre leur cause. Michel fut perçu comme le chef de file de la défense de l'intérêt général en zone Arctique.

Avec la liberté de parole qui était la sienne, Michel donna un entretien au quotidien *Libération* dans lequel il stigmatisa ouvertement la logique de pré carré des Arctic Eight : « C'est la seule réunion internationale où je vais présenter mes respects à son président, m'asseoir sur mon banc et écouter sagement sans prendre la parole. En 2011, j'ai écrit aux huit ministres une lettre qui a fait scandale, demandant l'élargissement des sujets traités. Sans succès. Depuis, nous n'avons de réponse ni sur l'amélioration du statut des observateurs permanents, ni sur les candidatures pendantes. Bref, le Conseil gère l'Arctique comme un syndic de copropriété complice des copropriétaires pour empêcher toute nouvelle arrivée. On n'y discute pas de règles communes qui concernent pourtant le monde entier[1]. »

« L'entrisme chinois ne vous inquiète-t-il pas ? » lui avait demandé la journaliste. « Le seul moyen de conduire la puissante Chine à respecter des règles internationales, c'est de l'y convier et de lui souhaiter la bienvenue. Il n'y a pas d'échappatoire. Pékin investit énormément en Islande, où il se verrait bien construire un port servant de hub pour ses marchandises. Il ne faut même pas chercher à l'en empêcher, ni prendre la Chine pour une nation irresponsable[2]. »

Pour l'Arctique comme pour l'Antarctique, Michel pariait sur une ouverture à la communauté internationale en vue de responsabiliser le plus grand nombre d'États possible. L'enjeu diplomatique majeur dans les années qui allaient suivre serait

1. Anne Denis, entretien avec Michel Rocard, « L'Arctique est géré comme un syndic de copropriété », *Libération*, 3 février 2016.

2. *Ibid.*

un équilibrage entre les intérêts nationaux et l'intérêt général en zone Arctique.

En 2013, le Conseil de l'Arctique prit la décision d'accorder un statut d'observateur à six nouveaux États, cinq États asiatiques (Chine, Corée du Sud, Inde, Japon, Singapour) et l'Italie. L'Union européenne fut gratifiée d'un statut d'invité permanent observateur en attendant la révision d'une réglementation européenne qui interdisait la commercialisation des produits dérivés de la chasse autochtone au phoque. De nouvelles demandes avaient été déposées (Québec, Mongolie, Suisse, Turquie) ou annoncées (Estonie, Fondation du Prince Albert II de Monaco...). Cet élargissement du panel Arctique ne mit aucunement fin à la logique de verrouillage diplomatique envers les États observateurs, y compris dans des domaines où ces derniers constituaient des parties prenantes de poids.

Le cas du « conseil économique arctique » à l'initiative du Canada, qui visait à favoriser le développement économique dans l'Arctique circumpolaire uniquement pour les pays arctiques, était sur ce point exemplaire. De même, l'accord de coopération scientifique internationale sur l'Arctique[1] signé en 2017 par les Arctic Eight, qui avaient ouvertement refusé d'y associer les États observateurs, alors même que ces derniers avaient obtenu ce statut sur la base de leur expertise scientifique, avait de quoi interroger.

1. Conseil de l'Arctique, Accord de renforcement de la coopération internationale sur la science dans l'Arctique, signé lors de la conférence ministérielle à Fairbanks, le 11 mai 2017.

Michel et moi estimions que la pression exercée par la communauté internationale autour de la promotion d'une gouvernance mondiale de la zone boréale avait contribué à braquer certains États riverains mobilisés par la consolidation de leurs intérêts nationaux dans la zone circumpolaire-Nord. Or cette dernière requérait pour l'essentiel une coopération bilatérale avec les États voisins et dans une autre mesure le resserrement des liens de coopération au niveau régional. L'ambiguïté de la notion de région Arctique jouait ici à plein.

Quand les États riverains défendaient leurs prérogatives sur le développement de leurs territoires situés dans le Subarctique pour les uns, dans le Bas-Arctique pour les autres, la communauté internationale voyait dans le Haut-Arctique un enjeu mondial, avec l'ouverture, du fait du retrait des glaces de mer, d'une connexion interocéanique entre le Pacifique Nord et l'Atlantique Nord. Mais l'environnement boréal était un tout qui exigeait que l'on traitât la région Arctique dans sa globalité, dans le respect différencié des prérogatives des puissances directement et indirectement concernées.

Ce parti pris d'une coopération régionale assortie d'un cercle d'observateurs tenus au silence fut contrarié dans les années qui suivirent sa mise en place. L'initiative vint des États-Unis. Dès la réunion ministérielle du Conseil de l'Arctique à Iqaluit, au Canada, en mai 2015, le secrétaire d'État John Kerry, qui héritait de la présidence du conseil pendant deux ans, avait annoncé qu'« à l'heure où le Conseil de l'Arctique s'apprête à fêter son vingtième anniversaire, le renforcement de la coopération avec les observateurs accrédités et d'entités extérieures [Union européenne] est essentiel pour donner à ce forum intergouvernemental la dimension globale dont il a besoin ». À peine investis de la présidence du Conseil de l'Arctique, les États-Unis organisèrent à la fin du mois d'août 2015, à Anchorage, en Alaska, un « G20 arctique », la conférence « Glacier – Global leadership in the Arctic », où tous les États, membres ou observateurs, étaient conviés ainsi que l'élève du fond de la classe, la Commission européenne.

Michel était depuis quelque temps affaibli par les traitements d'une maladie dont il parlait très peu, un lymphome, mais qui était loin de signifier pour lui la fin de la bataille diplomatique. Je veillais à limiter au mieux ses déplacements à l'étranger et le directeur général de l'administration des Affaires étrangères Yves Saint-Geours me nomma ambassadeur adjoint afin que je le représente dans les réunions internationales. Je me rendis donc seul à la réunion ministérielle du Conseil de l'Arctique à Iqaluit. Je retirai de ce déplacement un étrange sentiment de fin de partie, tant j'étais habitué à partager ces aventures avec mon compagnon préféré.

L'Alaska, où devait se tenir cette conférence, avec ses innombrables glaciers, ses volcans et ses chaînes de montagnes blanchies par des neiges éternelles, était pour Michel une pièce manquante importante de son puzzle arctique. Un matin, dans notre double bureau communicant du ministère des Affaires étrangères, Michel fit irruption après deux journées d'absence pour raison médicale. Je le laissai s'installer et, pendant que je l'entretenais des affaires courantes, il sortit de sa serviette en cuir deux photocopies couleur de mauvaise qualité qu'il me tendit. « Tu vois frangin, c'est là que je fais le projet de reposer ! »

Je compris qu'il me parlait d'un endroit où il projetait de se rétablir, car je devinai sur ces impressions faiblement encrées une jolie crique baignée de soleil. Michel mit tant de soin à banaliser cet échange qu'il me fallut quelques instants pour réaliser qu'il me montrait l'endroit où il avait fait le choix de reposer le jour où il aurait quitté la compagnie des vivants. J'étais un peu déstabilisé, moi qui venais d'une famille où l'on ne parlait jamais de la mort avant qu'elle ne frappât à la porte. Michel dédramatisa la situation. « C'est un chouette endroit, non ? C'est à Monticello, un ravissant petit village en Corse. J'espère que, le moment venu, tu me rendras une petite visite. »

« Bon, maintenant, enchaîna-t-il sans transition, il faut que je te parle de la conférence en Alaska. On ne peut pas rater ça. Les vingt États du Conseil de l'Arctique autour de la même table, c'est du jamais vu. Apparemment, ajouta-t-il d'un ton ironique, mon copain Fabius a confirmé sa participation, donc il va falloir faire avec, même si, comme tu peux l'imaginer, ça ne me réjouit guère. »

Depuis l'arrivée de Laurent Fabius à la tête du ministère des Affaires étrangères, la mission connaissait des jours difficiles, le ministre refusant d'accorder une audience à Michel. Surtout, dans la perspective de la conférence de Paris sur le Climat, la COP21, Laurent Fabius avait entrepris de se construire une image de converti climatique en se rendant en juillet 2014 dans l'archipel arctique du Svalbard où il avait pris la pose devant des glaciers. Michel, qui avait été son « ennemi notoire[1] » au PS, caricaturé et

1. Sylvie Rocard, *C'était Michel*, Plon, 2018.

célébré par les médias comme « le petit père des pôles[1] », « posant en doudoune épaisse, l'air frigorifié mais ravi », constituait un obstacle dans l'action de communication du ministre.

L'ambassadeur chargé des pôles n'avait pas l'intention de se laisser intimider : ses années de combat politique, marquées par une trahison de sa propre famille politique, avaient fait de lui un homme au cuir épais, qui savait travailler dans l'adversité. Je proposai à Michel de mêler l'utile à l'agréable en organisant un séjour touristique en Alaska, après quoi nous rejoindrions la conférence internationale à Anchorage où nous retrouverions le ministre.

Cette perspective d'un nouveau périple polaire était pour Michel une manière de conjurer l'horizon bouché que tentaient de lui imposer ses médecins. Je le sentis soulagé. Nous voyagerions en compagnie de l'explorateur Jean-Louis Étienne et de Pierre Zémor, ancien conseiller en communication de Michel. Quelques semaines plus tard, de retour dans ces contrées désolées de bout du monde, Michel, un peu affaibli, un peu amaigri, les cheveux plus rares, savourait pendant de longs moments sur le pont arrière du navire le spectacle de ces vastes terres préservées, en fumant le nez au vent ses cigarettes de prédilection.

Après toutes ces années passées ensemble, dans les lieux les plus inhospitaliers des confins du monde, nous n'avions plus beaucoup besoin de nous parler pour partager des moments de communion avec cette nature effroyable et magnifique. La poésie d'Henri Michaux résonnait en nous avec une intensité

1. Anne Denis, *op. cit.*

redoublée : « Icebergs, icebergs, Phares scintillants de la Mort sans issue, le cri éperdu du silence dure des siècles. Icebergs, Icebergs, Solitaires sans besoin, des pays bouchés, distants, et libres de vermine, comme je vous vois, comme vous m'êtes familiers… »

Nous pressentions que nous goûtions là à notre dernière pérégrination polaire commune. Je redoublais de prudence lors des débarquements à terre, mais Michel persistait à refuser toute assistance, même lorsqu'il accusait une certaine fatigue. Il s'attardait régulièrement à des moments de contemplation prolongés, scrutant les immensités glacées, comme s'il chargeait sa mémoire de sensations qu'il craignait de ne plus jamais pouvoir revivre. Nous quittâmes quelque temps plus tard le navire, après avoir salué nos compagnons de voyage, et rejoignîmes la ville d'Anchorage où devait se tenir la conférence internationale sur l'Arctique. Michel était partagé entre le plaisir de rencontrer le président des États-Unis Barack Obama et le déplaisir d'avoir à échanger de fausses amabilités avec Laurent Fabius. Quel ne fut pas son soulagement en arrivant sur place d'apprendre que notre ministre s'était désisté ! En l'absence de celui-ci, Michel, d'humeur soudain très guillerette, représenterait la France à cette réunion internationale.

Pour la première fois, le 31 août 2015, la totalité du panel du Conseil de l'Arctique se retrouvait autour d'une même table de discussion, chaque délégation disposant de son emblème national, le tout orchestré par le secrétaire d'État John Kerry qui ouvrit la réunion en déclarant : « Les enjeux dont nous voulons parler aujourd'hui ne concernent pas seulement l'Arctique, mais la planète tout entière. Ce qui se passe dans l'Arctique ne reste pas dans l'Arctique. L'Arctique est un thermostat de la planète et son dérèglement a un impact sur la plupart des zones habitées dans le monde. La préservation de l'Arctique a partie liée avec l'enjeu global de réduction de nos émissions de gaz à effet de serre et c'est pourquoi elle constitue un défi qui nous concerne tous dans la perspective de la conférence de Paris sur le climat. »

Michel, le casque de traduction sur les oreilles, les coudes sur la table, me regardait avec une mine un peu ahurie pour me montrer qu'il n'en croyait pas ses oreilles. Les enjeux de l'Arctique étaient enfin appréhendés à leur juste mesure, délivrés des querelles de priorités qui avaient entravé jusqu'à présent les relations internationales sur l'Arctique.

John Kerry poursuivit en expliquant que l'accessibilité accrue des mers arctiques appelait une meilleure gouvernance des activités qui promettaient de s'y développer, en particulier la pêche. Il annonça que les États-Unis proposeraient l'ouverture de négociations d'un accord international d'interdiction de la pêche non réglementée dans l'océan Arctique central. La Norvège, initiatrice du format restrictif Arctic Five, écoutait cette déclaration la mine un peu déconfite.

La zone aveugle de cette présentation fut la question des activités d'extraction des hydrocarbures. Au cours du tour de table interminable qui suivit, puisque les vingt et un chefs de délégations disposaient chacun d'un temps de parole, la ministre des Affaires étrangères de la Suède, Margot

Wallström, prit à témoin le président de séance. À ses yeux, il était irresponsable d'autoriser un programme d'exploration des hydrocarbures en mer des Tchouktches par la compagnie Shell, en considération de l'évolution environnementale de l'Arctique et de l'objectif de limitation du réchauffement global moyen à 2 °C. Son intervention fut appuyée par une présentation savante de l'expert suédois Johan Rockström, co-auteur de l'ouvrage *Vaste monde, petite planète*[1]. Michel enfonça le clou en rappelant à son tour que l'enjeu mondial de réduction des émissions de gaz à effet de serre n'était pas compatible avec le développement de l'Arctique comme nouvelle province énergétique.

Le président de séance, un peu embarrassé, s'empressa de passer la parole au délégué suivant. Un peu plus tard dans l'après-midi, le Président Barack Obama était de retour d'une séance photo sur le glacier Exit, en péninsule de Kenai, en Alaska, accompagné d'une cohorte de journalistes. Il fut accueilli devant le centre de conférence d'Anchorage par des manifestants qui brandissaient des pancartes sur lesquelles était écrit : « Merci monsieur le Président pour l'autorisation de forages en mer des Tchouktches accordée à la compagnie Shell ». Le Président de la première puissance économique et militaire mondiale, deuxième pays émetteur de gaz à effet de serre, fit une intervention fleuve qui reprit presque mot à mot la déclaration de son secrétaire d'État, et se donna ensuite la peine de serrer la main des quarante-deux délégués autour de la

1. Johan Rockström, *Big World, Small Planet : Abundance Within Planetary Boundaries*, Yale University Press, 2015.

table, avec deux ou trois formules de politesse convenues qu'il faisait alterner.

Michel garda un instant sa main dans la sienne, pour le retenir un peu, et lui dit qu'il faisait un formidable travail et qu'il fallait aller jusqu'au bout en proposant un moratoire sur les hydrocarbures arctiques. Du haut de son 1 mètre 87, le Président américain le regarda un instant, interloqué par tant de hardiesse, esquissa un sourire et poursuivit sa série de poignées de main. Même un peu affaibli et travaillé par un souci de santé, l'ambassadeur des pôles allait jusqu'au bout de sa mission.

Au-delà de la symbolique de cette conférence qui réunit sur un pied d'égalité tous les acteurs du Conseil de l'Arctique, les États-Unis firent voler en éclats le format des Arctic Five en ouvrant trois mois plus tard des négociations sur la régulation de la pêche en haute mer de l'océan Arctique central auxquelles étaient associés les cinq États riverains ainsi que quatre États non riverains – la Chine, la Corée du Sud, l'Islande, le Japon – et l'Union européenne. Ce format dit « 5 + 5 » avait été négocié sur la base de la reconnaissance que seuls ces neuf États et l'Union européenne avaient un « réel intérêt[1] » pour cet enjeu. Cette négociation baptisée « processus élargi » était délicate car au-delà de l'introuvable définition scientifique de l'océan Arctique, considéré par certains comme une mer annexe de l'Atlantique Nord, elle devait

1. Erik J. Mollenar, « The December 2015 Washington Meeting on the High Seas Fishing in the Central Arctic Ocean », The NCLOS Blog, 5 février 2016.

réunir tous les États membres des deux organisations régionales de pêche adjacentes ou chevauchant[1] l'océan Arctique central. Enfin, la haute mer étant une zone internationale ouverte à tous les États, selon le droit de la mer, les États-Unis précisèrent qu'une fois l'accord conclu, « tout État ayant un intérêt à cet accord » pourrait y adhérer.

La Russie menaçait de ne pas participer à cette première réunion en raison de son opposition à inclure dans ces négociations des États non riverains de l'océan Arctique ainsi que la Commission européenne. En dépit de ces difficultés, cette initiative parvint à réunir à Washington D.C., au début du mois de décembre 2015, l'ensemble des représentants des « 5 + 5 » et à stabiliser un programme de travail en vue d'élaborer une future réglementation sur la haute mer de l'océan Arctique central.

Le rendez-vous fut pris pour une deuxième réunion du « processus élargi » en avril 2016. L'une des particularités de ces premières discussions est qu'elles avaient été engagées alors même qu'aucune activité commerciale de pêche n'avait encore lieu dans cette zone maritime gelée, à l'instar des négociations qui avaient été conduites dans les années 1980 sur l'Antarctique, autour d'un projet de réglementation des activités minières alors inexistantes.

Le lancement du « processus élargi » marquait d'une certaine manière la mise en échec ou, à tout le moins, une perte

1. La Commission des pêcheries de l'Atlantique du Nord-Est (CPANE ; en anglais, NEAFC) et la Convention sur la conservation et la gestion des ressources de colin dans le centre de la mer de Bering (CCBSP).

de légitimité, du Conseil de l'Arctique qui avait échoué à s'affirmer sur la scène internationale comme un forum global sur le Nord circumpolaire. Dès 2011, Michel avait alerté le président du Conseil de l'Arctique, à l'époque le ministre des Affaires étrangères de la Suède Carl Bildt, des risques que comportait la marginalisation de la communauté internationale au sein du Conseil de l'Arctique, lequel se verrait tôt ou tard débordé par des initiatives de coopération élargie qui réduiraient à néant la légitimité du Conseil à présenter des positions communes à l'ensemble des acteurs étatiques membres et observateurs.

L'initiative du « processus élargi » lancée par les États-Unis en 2015, les négociations ouvertes en 2009 à propos d'une réglementation internationale pour la navigation dans les eaux polaires (ou « code polaire »), ou encore la demande d'extension du plateau continental aux Nations unies furent autant de confirmations de la prophétie de l'ambassadeur français pour les pôles. C'était là aux yeux de Michel un juste retour de bâton.

Le débordement du format des Arctic Five, comme celui des Arctic Eight, promettait d'être de plus grande ampleur encore avec la conférence sur le climat à Paris, la COP21, laquelle devait réunir 195 États et la Commission européenne. La lutte contre le changement climatique, dans laquelle l'Arctique figurait comme une zone sentinelle, « le canari du changement climatique », aura ainsi contribué à déplacer, pour le meilleur et pour le pire, l'enjeu Arctique d'une échelle régionale à une échelle mondiale.

Un an plus tard, en septembre 2016, les États-Unis réaffirmèrent leur volonté de renforcer la coopération internationale dans l'Arctique en lançant un nouveau format de conférence baptisé « Conférence ministérielle sur la science dans l'Arctique » qui se tint le 28 septembre dans le campus de la Maison Blanche. Elle réunit vingt-trois délégations officielles[1], les Arctic Eight, les douze États observateurs du Conseil de l'Arctique, la Commission européenne, la Nouvelle-Zélande et la Suisse, soit deux États qui ne figuraient pas dans le panel du Conseil de l'Arctique. Bien qu'investis des pouvoirs de la présidence du Conseil de l'Arctique, les États-Unis avaient pris l'initiative d'organiser cette conférence de leur propre chef. Cette politique fut perçue comme une ouverture vers la science polaire internationalisée.

Cette initiative répondait exactement à la stratégie sur laquelle Michel et le Cercle Polaire avaient toujours parié : la diplomatie multilatérale par la science qui avait montré son efficacité avec le Traité sur l'Antarctique.

Au fil des années, Michel avait développé un discours assez élogieux sur les États-Unis qui contrastait fortement avec ses tribunes virulentes dénonçant la folie spéculative de la finance et des banques anglo-saxonnes. Force était pour

1. « Huit États arctiques » (Canada, Royaume du Danemark, États-Unis d'Amérique, Finlande, Islande, Norvège, Fédération de Russie, Suède), « quatorze États additionnels » (Allemagne, Chine, République de Corée, Espagne, France, Inde, Italie, Japon, Nouvelle-Zélande, Pays-Bas, Pologne, Royaume-Uni, Singapour, Suisse) et l'Union européenne.

lui de constater que d'Eisenhower à Obama, les États-Unis avaient joué un rôle décisif dans la promotion d'une politique de porte ouverte et de non-accaparement par quelques puissances de ces espaces internationaux que sont l'océan Arctique central et l'Antarctique.

Bien sûr, cette posture répondait à une stratégie dûment pesée de sécurisation de leurs propres intérêts nationaux, mais le résultat était le même. Sûre d'elle, la première puissance économique et militaire au monde choisissait de parier sur un jeu libre et ouvert, dans lequel elle pourrait déployer sans entrave son pouvoir, plutôt que sur un jeu contraint et fermé à quelques-uns dotés d'obligations et de prérogatives communes. Ainsi comprise, la doctrine historique de l'America First avait partie liée avec la politique américaine de porte ouverte dans les zones polaires.

La mobilisation mondiale autour de la lutte contre le changement climatique dans la perspective de la conférence de Paris sur le climat en novembre 2015 promettait d'être une formidable caisse de résonance de la conjoncture Arctique. Nous nous interrogeâmes sur la façon dont nous pourrions mettre à profit cette conférence internationale.

Michel ne cachait pas sa réserve quant aux chances de succès de la COP21 : « J'ai protesté vivement quand le président de la République a eu l'étrange idée d'inviter à Paris la COP21. Je suis sur ce sujet dramatiquement pessimiste, au point que je trouverais bien imprudent d'y mêler l'Arctique. Je n'oserais pas, je ne voudrais pas aggraver les risques d'un échec de cette conférence. Je serais déjà bien content si nous sauvions un petit quelque chose de la COP21[1]. »

Si la crise écologique de la zone Arctique constituait un puissant outil de propagande citoyenne et politique pour la COP21, il n'était pas sûr que la cause environnementale arctique puisse en retirer quelque bénéfice. L'ambassadeur pour les pôles distinguait clairement les enjeux climatiques et les enjeux environnementaux liés au développement des activités humaines dans la zone boréale : « L'avenir de l'Arctique repose sur deux variables, avait-il expliqué lors d'une intervention en novembre 2014. La première est de savoir si l'on va réussir à ralentir ou non le réchauffement climatique et l'effet de serre. La seconde est la qualité de la coopération internationale pour préserver cet environnement unique et fragile. Sur la première variable, nous n'y pouvons rien et elle n'est pas dans mes missions. Elle est d'ailleurs de la responsabilité des pays développés et cela se passe très mal. La deuxième variable engage la recherche et la promotion de solutions pour éviter que l'Arctique ne passe insensiblement du statut de zone multimillénaire inaccessible, inutile, infréquentable et totalement inconnue à celui de zone normale de l'activité humaine où à peu près tout est possible, du transport à la pêche. L'Arctique vit une mutation énorme tellement ample qu'il faudrait la gérer en protégeant spécifiquement l'environnement, plus menacé qu'ailleurs. Ma mission est là et là seulement[2]. »

1. « Quel avenir pour l'Arctique ? », conclusion par Michel Rocard, *France Forum* hors-série, Institut Jean Lecanuet, novembre 2014.

2. *Ibid.*

Cette séparation des enjeux climatiques et environnementaux répondait aussi, au Quai d'Orsay, à une division des territoires, puisque le ministre Laurent Fabius était le président de la COP21 et que l'ambassadeur pour les pôles présidait un groupe de travail interministériel en vue de finaliser la première stratégie de la France sur la zone boréale, la feuille de route nationale sur l'Arctique d'ailleurs superbement boudée par le premier. Et quand un ministre boude un dossier, son cabinet et son administration ne tardent pas à le bouder aussi.

Pour autant, la mission diplomatique de Michel étant non permanente, la prise de fonction d'un nouveau ministre appelait une confirmation. Après de nombreux mois d'attente, nous obtînmes enfin un entretien avec Laurent Fabius. Michel savait à peu près à quoi s'attendre. L'entretien fut d'une rare froideur, le ministre écoutant la présentation enjouée de Michel le regard rivé sur le plancher. Lorsque Michel eut terminé, le ministre nous expliqua qu'il nous encourageait à continuer dans cette voie et qu'il n'interférerait pas dans nos travaux. Après quoi, il nous raccompagna à la porte et nous gratifia tous deux d'une poignée de main un peu molle. Tandis que nous traversions l'enfilade de salons Napoléon III de l'hôtel du ministre, Michel me regarda d'un air amusé et me dit : « Tu vois, frangin, la mission ne tient qu'à un fil. Heureusement que je bénéficie d'une forme de protection de la part du Président Hollande. Mais attention, il faut s'attendre à des jours un peu compliqués. » Ça ne manqua pas.

Quelques mois plus tard, j'appris que notre ministre et son homologue norvégien, avec qui il avait noué une amitié depuis leur déplacement dans l'archipel arctique du Svalbard en juillet 2014, prévoyaient d'organiser une conférence internationale sur l'Arctique à Paris qui serait ouverte par le Prince Albert de Monaco. Cela promettait d'être compliqué, car la Norvège critiquait ouvertement l'action d'intérêt général de Michel sur l'Arctique. J'avais eu à plusieurs reprises maille à partir avec les ambassadeurs successifs du Royaume de Norvège à Paris qui se permettaient de caricaturer publiquement l'action de l'ambassadeur chargé des pôles.

Nous avions appris avec le temps à décrypter le « profil schizophrène[1] » de la Norvège, 3e pays exportateur de gaz au monde, recourant principalement sur son territoire à l'énergie hydraulique, ce qui en faisait un des pays les plus verts au monde, mais pour lequel l'exploitation des hydrocarbures arctiques constituait un pilier de son développement économique. Le ministre des Affaires étrangères de la Norvège, Børge Brende, n'en faisait d'ailleurs pas mystère, lui qui avait déclaré lors d'une conférence à Arkhangelsk, en Russie : « l'Arctique est pour l'essentiel un océan » ; or « pour la Norvège, l'océan est au fondement de notre économie et de notre prospérité (...), 70 % de la valeur des exportations de la Norvège provenant des activités liées à l'océan[2] ». Le message était clair : la mise en exploitation des ressources hydrocarbures de l'Arctique maritime sous juridiction norvégienne est

1. Anne Denis, « COP21 : L'Arctique, sentinelle mais surtout atout com' du climat », *Slate*, 11 décembre 2015.

2. Børge Brende, « L'Arctique, un modèle de coopération internationale », conférence « L'Arctique, territoire de dialogue », Arkhangelsk, 29 mars 2017.

une condition du maintien du niveau de richesse de ce pays dont les réserves énergétiques situées aux plus basses latitudes sont en voie d'épuisement.

L'heure était à la préparation de la conférence sur le climat de Paris et plusieurs rapports d'experts avaient montré que pour atteindre l'objectif d'une hausse de la température moyenne globale inférieure à 2 degrés à la fin du XXIe siècle, il fallait abandonner dans les sous-sols un tiers des réserves mondiales de pétrole, la moitié de celles de gaz et plus de 80 % de celles de charbon jusqu'à 2050 et ne pas exploiter les ressources en zone boréale[1].

Une étude de la branche norvégienne du WWF expliquait qu'en tenant « compte des exportations de carburant, la Norvège constituait le septième plus gros pollueur de la planète[2] ». Michel n'oubliait pas que le verrouillage diplomatique du Conseil de l'Arctique avait été mis en place à l'initiative de la Norvège. Il se souvenait aussi de l'effet qu'il avait produit, lors de sa première apparition en tant qu'ambassadeur chargé des pôles au Conseil de l'Arctique à Tromsø en avril 2009, lorsqu'il avait mis les pieds dans le plat en évoquant la nécessité d'abandonner les réserves d'hydrocarbures arctiques.

À défaut de se voir répondre sur le fond, l'ambassadeur avait essuyé des commentaires très déplaisants. Le ministre

1. Christophe McGlade et Paul Ekins, « The geographical distribution of fossil fuels unused when limiting global warming to 2 °C », *Nature* 517, 187-190, 8 janvier 2015.

2. Cité in Lucie Robequain, « La Norvège, ce faux ami de la planète », *Les Échos*, 6 décembre 2018.

des Affaires étrangères danois, Per Stig Møller, lui avait par exemple déclaré « Monsieur le Premier ministre, vous êtes mon homme politique français préféré des années 1980 » et le ministre des Affaires étrangères de la Norvège, Jonas Gahr Støre, l'avait désigné comme « le vieil homme » (*The old man*) du Conseil de l'Arctique.

Pour toutes ces raisons, la Norvège constituait pour la France le pays partenaire le plus improbable pour organiser, en amont de la conférence sur le climat, un séminaire sur l'Arctique. La condescendance de Laurent Fabius à l'égard de son ancien rival politique Michel Rocard n'avait pu que ravir la partie norvégienne. Il faudrait compter avec cette situation minée.

Je pris contact avec le directeur de cabinet de Laurent Fabius pour organiser l'intervention de l'ambassadeur chargé des pôles à cette conférence. Le conseiller, très embarrassé, se contorsionnait au bout du fil pour me faire comprendre que l'ambassadeur n'était pas convié et qu'il convenait, pour sauver les apparences, de lui organiser le jour de la conférence un programme parallèle. Je lui expliquai qu'en tant que n° 2 de la mission pôles, il m'était impossible de me livrer à cette parade qui promettait d'ailleurs de donner une image désastreuse de l'action du ministère des Affaires étrangères, mais le directeur de cabinet argua qu'il n'avait malheureusement pas d'autre solution.

Désemparé, je demandai conseil à l'ancien ministre des Affaires étrangères Hubert Védrine, membre d'honneur du Cercle Polaire. Il m'expliqua qu'en l'espèce, le ministre était seul maître à bord, et qu'il convenait de suivre les instructions de son cabinet. Quant à Michel, sa réaction fut d'une implacable lucidité : « Laurent et moi avons passé vingt ans à essayer de nous entretuer ; comment veux-tu que nos relations s'améliorent ! »

Je pris l'initiative d'appeler le cabinet d'Albert II de Monaco. Le Prince avait remis un an plus tôt[1] à Michel les insignes de Commandeur dans l'Ordre de Saint-Charles pour son action en faveur de la gouvernance écologique des pôles. Je suggérai qu'on informe le Prince de la non-invitation de l'ambassadeur pour les pôles à cette conférence organisée avec le soutien de la fondation du Prince Albert II. En fin connaisseur de la vie politique française, le directeur de cabinet du Prince comprit à demi-mot ce qui se tramait, m'expliqua que le Prince allait être déçu, et me promit qu'il lui soumettrait quelques lignes d'hommage à l'action sur les pôles de Michel Rocard dans le projet d'allocution.

Le jour de la conférence, je me rendis le cœur serré à la Maison des océans à Paris, pour écouter l'allocution du Prince. Les ministres français et norvégien étaient assis à ses côtés. Quelle ne fut pas la surprise des deux hommes à demi assoupis lorsqu'ils entendirent le président de séance prononcer ces mots : « L'engagement ancien de la France dont vous avez témoigné, monsieur le Ministre, et que Michel Rocard, ambassadeur pour les pôles auquel je tiens à rendre hommage, incarne depuis 2009 [...][2] » Tandis que Laurent Fabius se rendait à la tribune pour intervenir à son tour, je me levai, traversai le

1. Le 23 avril 2014 à l'ambassade de Monaco à Paris.

2. « L'Arctique, sentinelle avancée du changement climatique », Paris, Maisons des océans allocution de S.A.S. le Prince, Fondation Prince Albert II de Monaco, 17 mars 2015.

couloir au bas de l'amphithéâtre à la vue de tous et quittai la conférence pour rejoindre Michel à son bureau.

Quand je lui racontai la scène, Michel ne put réfréner un éclat de rire de satisfaction et un retentissant « Bravo, frangin ! » de sa voix de stentor.

Au-delà de ce petit règlement de compte, dont on conçoit difficilement qu'il puisse peser dans les affaires de l'État, nous n'oubliâmes pas que cette connivence entre un ministre français et un ministre norvégien eut pour effet de légitimer devant un auditoire majoritairement français une vision souverainiste et économique du « Nord-Norge[1] » (le « Grand Nord » en langue bokmål), dans laquelle les enjeux environnementaux étaient invités à ne pas se faire trop encombrants.

Cette complicité contribua aussi à accoucher d'un dispositif de com' pour la COP21 pour le moins improbable. La zone boréale y tenait certes lieu de zone sentinelle du changement global, mais elle n'était pas un sujet pour la conférence, dans la mesure où l'Arctique n'était pas une zone d'émission anthropique de gaz à effet de serre. On crut rêver. Les hydrocarbures arctiques n'étaient pas dans l'écran radar de

1. Dans les documents officiels de la Norvège sur la zone Arctique, les rédacteurs ont choisi de ne pas utiliser les termes bokmål *Arkistk* (« Arctique », adjectif) et *Arktis* (« Arctique », nom) au profit de la dénomination *Nordområdene* (« Grand Nord ») dont la définition est introuvable. Selon l'expert norvégien O. Gunnar Skagestad, l'expression « Grand Nord » utilisée dans les documents officiels de la Norvège sur l'Arctique n'est pas un terme géographique, mais un « concept politique flexible » (voir O. Gunnar Skagestad, « The High North – an elastic concept in Norwegian Arctic policy », *Geopolitics in the High North*, 2014).

la COP21 alors même que la zone boréale, avec sa banquise peau de chagrin, aux côtés des pays insulaires du Pacifique menacés d'engloutissement, étaient les icônes de la COP21.

En faisant de l'Arctique une vitrine des effets du changement du climat global, on a pu donner à penser que l'accord de Paris était la réponse au « grand défi de l'Arctique[1] ». Mais la journaliste Anne Denis cerna très bien ce mirage : « Le problème, c'est que l'Arctique risque d'être peu protégé par son statut de symbole sacré ou plutôt de hochet agité hypocritement. [...] Bref, l'Arctique semble donc bien un cas exemplaire de "la Com21", selon l'expression désabusée lâchée par un expert du Giec, à quelques jours de la fin du sommet sur le climat[2]. »

À cette instrumentalisation de la cause environnementale arctique, s'est ajoutée l'hystérie collective de la meute médiatique. Une fois ressassé à l'excès, le sujet d'intérêt général est prié d'observer une longue période d'occultation au risque de lasser les lecteurs ou téléspectateurs. Après avoir usé jusqu'à la corde l'imagerie des icebergs géants s'effondrant comme des immeubles dynamités ou celle des ours polaires perchés en équilibre sur de maigres morceaux d'icebergs fondus, les pôles, sentinelles du changement global, avaient perdu de leur *vis dramatica*.

Au moment où, à l'initiative des États-Unis, s'ouvrait la première négociation internationale sur l'Arctique en vue

1. Sous-titre de la Feuille de route française sur l'Arctique présentée le 14 juin 2016.

2. Anne Denis, « COP21 : l'Arctique sentinelle mais surtout atout com' du climat », *Slate*, 11 décembre 2015.

d'un futur traité sur la haute mer de l'océan Arctique central, zone privilégiée d'ancrage juridique[1] de la dimension d'intérêt général, ouvert potentiellement à tous les États et dont le choix d'orientation, entre développement durable et moratoire sur la pêche, colorerait durablement la représentation de l'Arctique, ces discussions techniques se déroulaient dans l'indifférence générale des médias et des ONG. Michel, lui, pressentait que son temps était compté et aspirait à finaliser la feuille de route nationale sur l'Arctique qui marquerait l'aboutissement de son action d'intérêt général en même temps que son legs diplomatique.

1. Selon la Convention des Nations unies sur le droit de la mer du 10 décembre 1982, la « haute mer » est l'espace international par excellence, elle n'appartient à personne et est insusceptible d'appropriation nationale.

XXIII

Le testament diplomatique

Ignorée par le cabinet du ministre, la feuille de route nationale sur l'Arctique (ou FRNA) était un peu en panne et aurait terminé dans la corbeille à papier sans le soutien de Christian Masset, secrétaire général du ministère des Affaires étrangères. Michel bénéficiait aussi du regard attentif du Premier ministre Manuel Valls, rocardien de la première heure. Quant à moi, j'étais en contact avec le conseiller spécial du Premier ministre, Yves Colmou, qui connaissait les difficultés que Michel rencontrait au Quai d'Orsay et me demandait de le tenir informé. À l'Élysée, le Président François Hollande, qui aimait rappeler qu'il n'avait jamais été rocardien, affichait cependant un respect marqué pour cet aîné politique, engagé à un âge avancé dans un improbable combat pour la sauvegarde des pôles. À défaut de compter sur le cabinet de notre propre ministre, nous mettrons à profit la bienveillance dont Michel bénéficiait auprès de sa famille politique proche ou éloignée, installée au pouvoir.

Michel avait noué de longue date des liens avec le Président islandais Ólafur Ragnar Grímsson, qui régnait en père de la nation sur son pays puisqu'il avait été réélu pas moins de quatre fois. L'ambassadeur pour les pôles lui avait très tôt fait part de la frustration que connaissait la communauté internationale au sein du Conseil de l'Arctique sans droit à la parole. Michel avait bien tenté de lancer, en marge, une conférence internationale sur l'Arctique avec l'accord du ministre des Affaires étrangères danois Carl Bildt, mais ce projet avait été pilonné par le ministre des Affaires étrangères russe, Sergueï Lavrov.

Face à cet échec, Michel proposa au Président islandais de rejoindre le think tank le Cercle polaire pour consolider le réseau international d'échanges et d'expertise sur l'Arctique. Un an et demi plus tard, en 2013, il nous annonça à l'occasion d'un dîner à la résidence présidentielle, en présence de notre ami Marc Bouteiller, ambassadeur de France en Islande, qu'il avait décidé de fonder une conférence internationale sur la zone boréale. Baptisée « assemblée de l'Arctic Circle », elle réunirait chaque année toutes les bonnes volontés, scientifiques, politiques ou curieux du monde entier pour discuter librement des nouveaux enjeux dans l'Arctique. Bon prince, le Président expliqua à Michel qu'il serait son invité permanent.

La première édition de cette conférence, en octobre 2013, fut un grand succès, car le carnet d'adresses du président de la République d'Islande garantissait un parterre de ministres et de hauts dignitaires de nombreux pays, en particulier asiatiques, aux côtés de scientifiques, d'ONG et de curieux de tous bords. Lors de son intervention inaugurale, le Président rendit hommage à son « bon ami » Michel Rocard qui l'avait soutenu dans cette initiative, et expliqua que ce format de conférence voulait être un « mélange de Davos et de Woodstock ». Le moins que l'on puisse dire est que le Président Grímsson tint parole, le forum s'affirmant au fil des années comme une foire internationale sur l'Arctique, mêlant hommes d'affaires, ONG, chercheurs, ministres, représentants des communautés autochtones, avec pour principe de fond non avoué de ne pas déranger le traitement officiel des affaires par le Conseil de l'Arctique ni d'aborder les questions qui fâchent.

Cette émulation internationale était surveillée de près par les Russes qui avaient envoyé en poste à Reykjavik leur ancien ambassadeur sur l'Arctique Anton Vassiliev, pour qui la zone boréale était avant tout un enjeu pour les cinq États côtiers (Arctic Five). Malgré sa fonction de salon culturel et commercial international, l'Arctic Circle constituait une tribune unique pour faire valoir un point de vue auprès d'une large communauté d'experts et de curieux sensibilisés et Michel ne manqua aucun des rendez-vous annuels qui se succédèrent.

En 2015, le Président Grímsson, toujours à la recherche de têtes d'affiche politiques pour donner du lustre à ses événements, souhaitait inviter le Président du pays d'accueil de la COP21 à l'Arctic Circle qui devait se tenir en octobre 2015. Michel défendit sa cause auprès de François Hollande. Quelques semaines plus tôt, les photos du Président Barack Obama trônant devant un glacier de l'Alaska en récession accélérée avaient fait la une des journaux du monde entier, et le cabinet du Président français vit là une occasion de compléter le tour du monde des endroits de la planète les plus fragiles auquel s'adonnait François Hollande. Après les

Philippines ravagées par les tsunamis, les territoires insulaires du Pacifique menacés par la montée des eaux, les déserts du Sahel où la sécheresse avance inexorablement, les glaciers de l'Arctique en récession compléteraient avantageusement le pèlerinage du Président du pays d'accueil de la COP21[1].

Ce déplacement présidentiel en Islande allait induire un retournement complet de notre situation bouchée au Quai d'Orsay. La conférence sur le climat de Paris serait bien sûr le thème phare de l'intervention du Président, mais Arctic Circle oblige, la feuille de route nationale sur l'Arctique développée par Michel Rocard serait mise à l'honneur. Au fait des difficultés relationnelles entre Fabius et Rocard, le cabinet du Président passa commande d'éléments de langage directement auprès de moi, sans passer par le cabinet du ministre, comme c'est l'usage. C'est ainsi que le petit arrangement franco-norvégien fut débordé, et même anéanti.

J'appelai aussitôt Michel pour lui annoncer la nouvelle et il se mit littéralement à crier dans le téléphone : « Ouah ! C'est-y-pas formidable, ça ! Moi qui pensais que notre travail était bon pour la corbeille à papier. Tu te rends compte, frangin, de l'opportunité qui s'offre à nous. Bon, tu fais un projet et tu me l'envoies. À propos, je compte sur toi le 9 octobre : François Hollande a décidé de me transformer en statue du commandeur en me remettant la plus haute distinction républicaine, la dignité de grand-croix ; ça sera l'occasion de

1. Le président de la COP21 était le ministre des Affaires étrangères Laurent Fabius et selon l'article 52 de la Constitution du 4 octobre 1958, « le président de la République négocie et ratifie les traités ».

boire un petit verre entre amis. Bon, faut que je te laisse, j'ai rendez-vous chez mon toubib ! »

Au-delà de nos affaires polaires, je compris que quelque chose d'important était en train de se tramer pour le personnage public Rocard. Après un long exil politique au Parlement européen et une mission sur les pôles dont beaucoup continuaient à se demander si elle était un bâton de vieillesse, la nouvelle génération du PS avait décidé de rendre hommage à la carrière politique de Michel, occultée par la trahison de sa famille politique au début des années 1990 et par les dix-sept années dans l'opposition qui ont suivi. Ironie de l'histoire, c'est l'opposition au pouvoir qui a remis Michel en selle.

Quelques jours plus tard, dans notre cantine habituelle du boulevard du Montparnasse, Michel, qui avait depuis quelque temps perdu son fort appétit, abandonna à mi-parcours son confit de canard, un de ses plats préférés. Il me confia, pensif, qu'après toutes ces années de pérégrinations polaires, il avait un regret : ne jamais être allé dans les îles subantarctiques françaises, Crozet, Kerguelen, Saint-Paul et Amsterdam qui étaient desservies par le navire Marion Dufresne depuis l'île de La Réunion. Je lui expliquai que la durée d'une rotation était incompressible, environ seize jours, et qu'en cas de problème, une évacuation sanitaire était très compliquée.

Michel réagit vivement. « Eh, frangin ! Je ne suis pas encore à l'article de la mort et je n'ai pas l'intention de passer le reste de mes jours dans un lit d'hôpital. Tu te souviens de ce que je t'avais demandé si quelque chose devait m'arriver… » Je trouvai que Michel m'en demandait beaucoup, mais la confiance qu'il me témoigna me rappela à notre pacte d'amitié, et je lui répondis que c'était entendu, nous irions découvrir ces îles de désolation perdues dans l'océan Indien.

Je m'occuperais de monter cette nouvelle odyssée vers ces terres sauvages, réputées pour leur prodigieuse biodiversité et leurs paysages volcaniques. Je lui suggérai d'inviter l'administratrice supérieure des Terres australes et antarctiques françaises à sa remise de décoration, afin que l'on fasse connaissance et lui présente notre projet d'embarquement. En le quittant, je me disai que Michel avait encore la niaque.

Quelques jours plus tard, le 9 octobre 2015, quelque deux cents convives étaient réunis dans la majestueuse salle des fêtes du palais de l'Élysée, mêlant d'anciens complices, collaborateurs ou responsables politiques de gauche, mais aussi de droite, des journalistes, mon grand-oncle, des chanteurs, etc. Tout le monde s'embrassait, se serrait la main chaleureusement ou se tapait dans le dos, réunis et même unis autour de la star du jour.

Le président de la République apparut soudain et prit place à la tribune à côté de laquelle Michel était sagement assis. Ce dernier présentait un visage amaigri et n'avait plus qu'un léger duvet sur la tête. « Aujourd'hui, c'est le président de la République qui remet la plus haute distinction dans l'ordre de la Légion d'honneur à l'ancien Premier ministre, mais c'est aussi l'ami qui distingue l'homme. Vous êtes une personnalité exceptionnelle qui a profondément marqué la vie politique française. Vous avez suscité l'adhésion, porté l'espoir de plusieurs générations ici présentes, vous avez dirigé la France et vous l'avez réformée[1]. »

Cette déclaration sonnait comme une réhabilitation tardive. En l'absence du ministre Laurent Fabius qui n'avait pas été convié, le Président en profita pour rappeler que, comme Premier ministre, Michel avait « pris l'initiative de ce qu'on a appelé l'appel de La Haye : quarante-trois pays venant des cinq continents avaient voulu introduire un mécanisme contraignant pour lutter contre le réchauffement climatique. Ainsi, vous êtes à l'origine de ce qui deviendra la COP et si l'on réunit la COP21 à Paris, c'est aussi à Michel Rocard que l'on doit ce rendez-vous. »

Depuis l'estrade, Michel me lança un regard complice et reprit aussitôt sa posture d'écoute concentrée. Même savamment condensé par son cabinet, le récit du parcours politique de Michel par le Président était interminable, jusqu'à cette allusion un peu taquine : « Et puis, aujourd'hui, même au-delà de la limite d'âge vous êtes toujours ambassadeur de France pour les pôles. » Le Président réserva pour la fin cette épure du récipiendaire : « Vous êtes un rêveur réaliste, un réformiste radical, c'est le mouvement des idées, c'est le sort de la planète, c'est la destinée humaine qui vous animent. Vous continuez à regarder vers les étoiles comme tous ceux qui sont mus par un idéal qui les dépasse. » Michel écoutait avec une mimique de faux étonnement, l'air de dire « n'en jetez plus ! ».

François Hollande conclut son hommage par une formule qui trahissait la repentance de la famille PS à l'égard du destin

1. Discours du président de la République, remise de la Grand-Croix de la Légion d'Honneur à Michel Rocard, Élysée, 9 octobre 2015.

politique brisé de Michel Rocard : « Il était temps, plus que temps, que vous soit remise la plus haute distinction de la République. » J'allai féliciter Michel qui était entouré d'une cohorte de fans. Il fit un pas de côté et me dit d'un air victorieux : « Tu vois, frangin, ça s'appelle remettre les pendules à l'heure ! »

Je le laissai à ses embrassades et recherchai la préfète des Terres australes et antarctiques françaises. Je lui réaffirmai combien Michel rêvait de faire un voyage vers les îles subantarctiques françaises. Elle me répondit que ce projet ne pouvait que la ravir, mais qu'un embarquement à bord du Marion Dufresne exigeait un examen de santé. Je lui dis que Michel était surveillé par ses médecins, mais que son état de santé ne proscrivait pas ce séjour. La préfète me regarda un instant interdite.

« Vous me demandez donc de prendre la responsabilité d'assumer les risques que comporte cet embarquement ?

— Oui, en effet, madame la préfète. »

Elle esquissa un sourire et me dit qu'elle verrait comment arranger cela. Je retrouvai Michel en grande conversation avec quelques amis et lui glissai à l'oreille que notre projet de navigation se précisait. Rompant la confidentialité de l'échange, Michel annonça fièrement la nouvelle à tous ses copains qui le croyaient cloué à Paris, pour raison médicale.

Le lendemain, dans la presse, une pluie d'hommages déferla sur Michel Rocard. Avec le recul, je mesure combien la responsabilité souvent moquée d'ambassadeur des manchots et des pingouins avait conduit à sa réhabilitation politique. De la mission de coprésident de la commission du Grand Emprunt qui lui avait été confiée par le Président Sarkozy, au vibrant hommage que venait de lui rendre le Président Hollande, en passant par la présidence de la commission sur la contribution climat-énergie que lui avait confiée Jean-Louis Borloo, tout était parti de son retour sur la scène française avec une improbable mission diplomatique sur les manchots et les pingouins. Je mesure aussi, des années plus tard, l'envergure politique de ce compagnon avec qui j'entretenais des relations tellement rapprochées que j'avais fini par perdre un peu de vue son parcours.

Un point cependant m'interrogea. Pourquoi le Président n'avait-il pas mentionné son déplacement avec Michel, seulement cinq jours plus tard, en Islande pour la conférence de l'Arctic Circle ? J'appelai la secrétaire particulière du Président pour organiser notre déplacement à Reykjavik et elle m'expliqua que nous n'étions pas comptés dans la délégation présidentielle, laquelle comprenait la ministre de l'Écologie, Ségolène Royal, l'envoyé spécial pour la planète, Nicolas Hulot, et le scientifique Hervé Le Treut. Le président de la COP21, Laurent Fabius, n'était pas de la partie.

Furieux, j'appelai Sylvie, l'épouse de Michel, et lui expliquai que cette mise à l'écart allait permettre à d'autres de tirer le bénéfice du travail de concertation que nous conduisions depuis plusieurs années et ce, à l'Arctic Circle, où Michel était une figure internationale bien identifiée. Sylvie résolut la situation en un coup de fil auprès de la responsable des déplacements présidentiels qu'elle connaissait bien. Après enquête, je découvris que les projets de déplacements de Michel en Islande comme d'ailleurs dans les îles australes étaient contrariés par son médecin, Olivier Lyon-Caen, chef du service de neurologie à l'hôpital de la Pitié-Salpêtrière qui se trouvait être depuis 2012 le conseiller santé au cabinet de François Hollande.

J'appelai Michel pour le prévenir de ces petits arrangements derrière son dos, mais, pour la première fois, le vieux lion fragilisé se résigna à s'en remettre à l'assistance et au soutien bienveillant de ses proches. Je lui dis que la bataille n'était pas perdue, que je savais combien il tenait à ce voyage dans les îles australes françaises, mais Michel m'expliqua d'une voix un peu éteinte que ses derniers résultats médicaux n'étaient pas très bons. Il me donna rendez-vous quelques jours plus tard, pour notre déplacement à Reykjavik avec le Président Hollande.

Le 16 octobre 2015, je retrouvai Michel à la base aérienne de Villacoublay où stationnaient deux Falcon de la flotte présidentielle. Nous montâmes dans l'avion du Président pendant que les autres invités rejoignirent le second avion. François Hollande, Nicolas Hulot, Ségolène Royal et Michel s'installèrent dans le salon quatre places du jet. Après avoir sacrifié au minimum de politesse, Nicolas Hulot et Ségolène Royal se plongèrent dans la lecture d'un quotidien qui, une fois déployé, leur servit aussi d'écran protecteur. Le Président, lui, ouvrit une chemise de laquelle il extirpa des feuillets, son projet de discours à la conférence de l'Arctic Circle. Michel était réduit au silence par un masque à oxygène positionné sur son nez et ne tarda pas à s'assoupir. Pendant le vol, j'observai François Hollande raturer des passages et écrire dans la marge des feuillets, et je priai le ciel qu'il ne modifiât pas trop la partie dont nous étions les contributeurs.

Arrivé à Reykjavik, le Président islandais Ólafur Ragnar Grímsson nous attendait sur le tarmac et entraîna aussitôt François Hollande, suivi de près par Nicolas Hulot, Ségolène Royal et plusieurs journalistes, vers un hélicoptère. Ils s'envolèrent en direction du glacier islandais au nom imprononçable, le Sólheimajökull, où le recul des glaces est le plus marqué et le plus visible, à raison d'environ 50 mètres par an. En l'absence de son ministre des Affaires étrangères Laurent Fabius, François Hollande était le président de la COP21, quand Ségolène Royal, en tant que ministre de l'Écologie, était la présidente de la délégation française à la COP21. Cela faisait beaucoup de présidents de la COP21, et François Hollande décida de sacrifier seul au rituel médiatique de recueillement, au pied du glacier, le visage grave et le regard songeur, scrutant au loin l'horizon. « Ceux qui doutent du réchauffement climatique n'ont qu'à venir ici[1] », lança-t-il aux journalistes, seuls témoins de cette mise en scène. Le Président prit entre ses mains un morceau du glacier et déclara solennellement qu'il ne tenait qu'à nous de faire en sorte de ne pas être « les témoins de notre propre disparition », versant dans une eschatologie climatique un peu extravagante.

Michel ne comprit jamais pourquoi le Président Hollande lui avait préféré la ministre de l'Écologie et l'envoyé spécial pour la planète pour aller sur un glacier de l'Arctique, lui qui était le représentant français pour les questions

1. « Au pied d'un glacier islandais, Hollande craint la disparition de l'histoire », BFMTV, 16 octobre 2015.

polaires, figure bien identifiée à l'Arctic Circle. Qu'à cela ne tienne, Michel et moi fûmes acheminés au centre de conférences Harpa de Reykjavik où nous retrouvâmes d'innombrables complices et collègues que nous côtoyions depuis des années.

De retour de sa séance photo, le Président Hollande fut invité à la tribune dans une salle comble de six cents personnes où se mêlaient des participants d'une cinquantaine de pays. Michel et moi étions assis au premier rang. Je craignais toujours la défiguration des quelques formules que nous avions proposées. Le Président Hollande se lança dans un discours fleuve dont les premières phrases, un peu emphatiques, avaient été ajoutées à la dernière minute, pour immortaliser son pèlerinage sur le glacier dont il se garda bien de prononcer le nom.

« Ici, en Islande et d'une manière générale en Arctique, vous êtes à l'avant-poste du dérèglement climatique qui sévit, au point que certains glaciers millénaires connaissent, année après année, un recul qui les voue à une disparition quasi certaine si rien n'est fait d'ici 100 ou 150 ans. Alors on pourra se dire que dans 100 ou 150 ans, il n'y aura plus de glaciers et que notre génération, celle qui suit, sera la dernière à pouvoir connaître cette merveille du monde. Tout à l'heure, avec le Président Grímsson, nous sommes allés marcher sur un sol qui était, il y a encore quelques années, occupé par un glacier. Devant nous, il y avait encore une masse qui fondait inexorablement : j'entendais le bruit de toutes ces gouttes qui témoignait de ce processus. J'imaginais ce que dans un an, dans deux ans, cette forme allait être ou n'allait plus être. Je me disais que là, je voyais un glacier et que demain, il n'y aurait plus rien[1]. »

Michel et moi nous regardâmes, un peu moqueurs, ce pathos traduisant une approche naïve du changement climatique qui relève d'une construction scientifique à l'échelle de la planète (la température moyenne globale) et non du suintement perceptible d'un glacier. La suite de l'intervention du chef d'État nous combla au-delà de nos espérances, le ton dramatique colorant l'évocation de notre cause. Jamais nous n'aurions osé engager si loin la parole du chef de l'État dans la condamnation du cynisme économique au nom de la préservation de cette « merveille du monde[2] » qu'est l'Arctique. Ses conseillers n'eurent aucun scrupule à forcer le trait jusqu'au paroxysme, soucieux de hisser le Président à la hauteur de sa responsabilité internationale de président de la COP21.

« [...] On pourrait considérer que dans ce dérèglement climatique, il y a peut-être des opportunités économiques ; que si la banquise fond de plus en plus vite, des voies navigables s'ouvriront ; que des ressources pétrolières et gazières pourraient être exploitées ; que le potentiel pour la pêche s'en trouvera accru ; ou que des minerais précieux ou des terres rares pourraient être rendus accessibles par la disparition des glaces. Eh bien, ce serait un mauvais calcul ! Il ne peut y avoir de progrès économiques fondés sur des désastres écologiques. Il ne peut y avoir d'avancées scientifiques simplement fondées sur un désastre environnemental. [...] Nous devons renoncer

1. Discours du Président lors de la conférence du Cercle Arctique, Reykjavik, 16 octobre 2015.

2. *Ibid.*

à la plupart des ressources connues, et éviter les explorations qui donnent ensuite lieu à des exploitations[1]. »

L'hommage à l'action de Michel Rocard, auquel on pouvait s'attendre de la part de celui qui lui avait déclaré quelques jours plus tôt à l'Élysée son amitié, fut résumé dans une formule expéditive mentionnant la responsabilité de Michel dans la préparation de la feuille de route nationale sur l'Arctique. L'opportunité qui était donnée au Président de s'afficher en leader mondial de la lutte contre le changement climatique ne pouvait s'accommoder d'un partage du mérite avec Michel, pas plus qu'avec Ségolène Royal, Laurent Fabius ou Nicolas Hulot. C'est là le principe de la représentation nationale.

L'important pour nous fut ces quelques phrases qui vinrent un peu plus tard dans l'intervention du Président : « La France considère que l'Arctique est une zone d'intérêt scientifique mondial. La France ne considérera jamais que l'on puisse traiter l'Arctique comme un océan parmi d'autres et nous appelons à la mise en place de normes environnementales élevées dans la zone Arctique. Bien sûr, la France respecte et reconnaît la souveraineté et les droits de juridiction des États de la zone Arctique, mais elle connaît aussi les obligations qui sont les siennes au regard du droit international. »

À ces mots, nous ressentîmes un immense soulagement. Il y a encore deux mois, la feuille de route était bonne pour la corbeille à papier et voilà qu'elle bénéficiait soudain d'un affichage international porté par le président de la République.

1. *Ibid.*

Nous n'aurions pas pu rêver mieux. En dépit de sa petite forme, Michel me regarda d'un air satisfait. « Je crois qu'on a fait du bon boulot, frangin ! Allez, on rentre à la maison. »

De retour à Paris, je remis la feuille de route sur l'Arctique sur le métier. L'intervention de François Hollande, qui faisait autorité, servirait de mètre étalon pour hiérarchiser les priorités multiministérielles sur l'Arctique. La dynamique de travail était relancée. À moins de sept semaines de l'ouverture de la conférence sur le climat à Paris, le cabinet de Laurent Fabius était mobilisé. La promotion de la feuille de route sur l'Arctique à Reykjavik n'avait aucunement amélioré nos relations avec un cabinet qui ménageait les humeurs de ce ministre craint et respecté.

En revanche, nous n'eûmes aucun mal à organiser une réunion interministérielle à Matignon, où Manuel Valls était d'ailleurs entouré d'un des fils de Michel, Loïc Rocard, en charge du portefeuille des transports, de l'environnement et de l'énergie. Le jour dit, Michel et moi nous présentâmes à la sécurité de Matignon et annonçâmes que nous avions une réunion avec l'adjoint de M. Loïc Rocard. À la vue de Michel, l'agent de sécurité se leva, le salua respectueusement et lui fit comprendre qu'il n'avait pas besoin de sa pièce d'identité. L'ancien Premier ministre, un peu dur de la feuille, n'entendit pas le message et continua de présenter son document que l'agent finit par récupérer en feignant de procéder à sa vérification. La scène ne manquait pas de comique.

La feuille de route nationale sur l'Arctique, dûment consolidée par quinze services de cinq ministères, fut, comme on dit dans le jargon administratif, « bleuie[1] ». La suite promettait d'être un peu plus compliquée, car pour organiser dans l'hôtel du ministre du Quai d'Orsay la conférence ministérielle de présentation de la stratégie nationale sur l'Arctique, nous avions besoin du soutien du ministre. Il nous fallut attendre patiemment le début du mois de février de l'année suivante, date à laquelle Laurent Fabius fut remplacé par Jean-Marc Ayrault aux Affaires étrangères. Le nouveau ministre avait une grande considération pour Michel qui, comme Premier ministre, en mars 1989, avait soutenu sa candidature à la mairie de Nantes.

La voie était dégagée. Je préparai avec le service de communication du ministère la publication, la communication et la conférence ministérielle qui devait avoir lieu le 14 juin 2016. Je demandai à Michel s'il souhaitait que j'écrive un texte pour son intervention et il me répondit avec la politesse anglo-saxonne qui était la sienne : « Si tu n'y vois pas d'inconvénient, frangin, j'aimerais bien pour cette fois écrire mon texte. » Je compris que cette intervention lui tenait particulièrement à cœur : la feuille de route était à ses yeux un legs aux générations futures. J'aimais bien cette approche, mais ce vocabulaire m'inquiétait car il mêlait indiciblement deux registres, la concrétisation de sa mission diplomatique et le pressentiment de la fin de son parcours de vie.

1. Le bleu est le compte rendu définitif d'une réunion interministérielle. Ce document fait office de relevé de décision validé par le gouvernement : on parle aussi des « bleus de Matignon » et, dans le vocabulaire gouvernemental, confirmer un arbitrage se dit « bleuir ».

Deux jours avant la conférence ministérielle, le service de communication des Affaires étrangères avait organisé un entretien filmé avec Michel dans les jardins du Quai d'Orsay. Michel arriva comme à son habitude pile à l'heure, impeccablement habillé d'un costume gris, assorti d'une cravate de la même couleur et d'une chemise à rayures grises. Il prit place sur une chaise qui faisait dos à l'hôtel du ministre. Le tribun se lança dans une improvisation parfaitement maîtrisée, sans aucun accroc et d'une étonnante limpidité :

« La France s'intéresse beaucoup à l'Arctique depuis longtemps, à raison d'une longue tradition d'exploration scientifique. En ma qualité de Premier ministre, j'ai découvert que notre métier, à nous, politiques, consiste à défendre les intérêts nationaux, mais qu'il n'existe pas de porte-parole ni d'émetteur officiel de l'intérêt général. Le réchauffement de la zone boréale va transformer l'Arctique en en faisant une région de la terre utilisable à peu près comme les autres ; pour le commerce, pour le tourisme, pour la pêche, à peu près pour tout. Et dans ces conditions, il nous paraît nécessaire de préparer le statut législatif international de ces activités qui seront celles de tout le monde. Et il y a là de l'intérêt national, bien sûr pour chacun, mais il y a surtout un intérêt international encore mal défini et mal exprimé. Et la France a pris là la responsabilité d'inclure dans sa diplomatie nationale une part de défense de ce qui est incontestablement un intérêt général. C'est l'élément le plus novateur de notre stratégie actuelle que je voudrais faire passer comme message[1]. »

1. Arctique, Feuille de route nationale sur l'Arctique, entretien audiovisuel de Michel Rocard, diffusé le 15 juin 2016. Vidéo réalisée

Michel se leva de sa chaise et me demanda : « Ça te va comme ça, frangin !

— C'était parfait ! » lui répondis-je, en coach inutile face à ce professionnel de la communication.

Michel avait le visage un peu creusé et ses mains étaient tremblotantes. Je lui conseillai de rentrer chez lui se reposer, mais il soutenait que sa journée était loin d'être terminée et qu'il voulait peaufiner son intervention. « Je ne tiens pas à me rater ! C'est tout de même le point d'orgue de ma mission. »

Pour ma part, je devais rédiger un projet d'avant-propos du ministre Jean-Marc Ayrault à la feuille de route nationale sur l'Arctique. Je pris le parti de structurer la présentation de ce document multi-ministériel qui faisait cohabiter des points de vue non contradictoires mais hétéroclites de quinze services (Recherche, Écologie, Défense, Économie, Diplomatie) à partir des quelques priorités vertueuses affichées par le président de la République à Reykjavik. Les deux lignes de force qui nous intéressaient dans ce projet étaient les suivantes : « La France promeut depuis des années dans l'Arctique le principe d'une responsabilisation accrue des États extérieurs à la zone boréale, coresponsables du développement durable de cet environnement unique et fragile. La feuille de route nationale sur l'Arctique réaffirme l'attachement de la France à un niveau très élevé de protection environnementale de ce patrimoine irremplaçable qu'est l'Arctique. »

à partir de matériaux gracieusement cédés par l'association le Cercle Polaire.

Le projet de texte fut légèrement remanié par la plume du ministre. En dépit de la bienveillance du nouveau ministre, son cabinet, qui était celui de son prédécesseur, ne s'était jamais vraiment débarrassé des préventions que nourrissait l'ancien ministre Laurent Fabius à l'égard de la mission pôles. Bien que le nouveau ministre dût ouvrir la conférence, son cabinet assura une collaboration du bout des doigts et me demanda de m'occuper de la liste des invités, responsabilité qui incombe en général au service du Protocole. Je n'eus aucun mal à fournir une liste pléthorique d'invités en utilisant le carnet d'adresses de l'association le Cercle Polaire.

La réunion devait avoir lieu dans la salle à manger de l'hôtel du ministre dont la capacité est supérieure à 300 personnes. Un avis de grève interprofessionnelle avait été lancé par les syndicats contre le projet de loi Travail et une manifestation nationale à Paris devait avoir lieu le jour même de la conférence ministérielle. Nous jouions de malchance. Décidément, cette feuille de route aurait été un parcours du combattant. La veille de la conférence ministérielle, le cabinet, craignant les difficultés de transport, m'avait proposé de remplacer la salle à manger par la salle des Traités dont la capacité est de cinquante à soixante personnes. J'avais refusé en disant que nous avions lancé plus de quatre cents invitations et que nous n'avions pas à craindre un auditoire clairsemé.

Le 14 juin au matin, jour de la conférence ministérielle, à mon grand soulagement, la salle à manger de l'hôtel du ministre se remplissait à vue d'œil et il fallut même ajouter des chaises. Emmanuel Macron avait écrit un gentil mot à Michel pour s'excuser de ne pas pouvoir se rendre disponible.

Notre plus grande satisfaction fut de voir arriver l'ancien ministre des Affaires étrangères Bernard Kouchner qui avait été à l'initiative de notre mission et qui allait en mesurer les fruits sept ans plus tard. Nous lui trouvâmes une place de choix au premier rang. La salle était pleine comme un œuf et nous attendions d'un instant à l'autre le ministre. Nous tenions à ce que la recherche, pierre angulaire de la stratégie nationale sur l'Arctique, soit représentée à la tribune et avions invité pour la circonstance notre complice de longue date, Marie-Noëlle Houssais, océanographe, spécialiste des océans polaires.

Michel avait l'air assez fatigué et s'était installé à la tribune pour relire ses notes. Jean-Marc Ayrault fit soudain irruption et l'auditoire se leva en signe de respect. Après avoir salué chaleureusement Michel, il s'installa à la tribune, observa quelques secondes de silence et fit une présentation très brève et très sobre comme pour bien marquer qu'il n'était là qu'en président de séance, n'ayant pas eu la faveur d'accompagner ce travail entamé depuis 2013. Ce ministre était décidément d'une rare discrétion à la limite de l'effacement de soi.

Arriva alors le moment tant attendu par tous, l'intervention de l'ambassadeur pour les pôles. À ses côtés à la tribune, je le regardai quelques instants pour vérifier qu'il n'était pas trop faible. Dès ses premières phrases, à la tonalité forte, je compris qu'il avait la situation bien en main : « La France confirme aujourd'hui – son Président François Hollande l'avait annoncé à Reykjavik le 16 octobre 2015 – qu'elle a décidé et réussi à mettre de l'ordre et de la cohérence dans la politique qu'elle conduit en région arctique. Nous sommes lointains, non riverains, mais intéressés. La France regarde tout depuis longtemps et des Français sont un peu partout. C'est la science qui nous représente le plus activement. Mais chaque unité de recherche assurait sa présence comme elle pouvait. La mise en cohérence de ces présences et de l'influence qu'elles apportaient n'apparaissait pas. Tout le monde chez nous vivait cela très bien : cette zone inaccessible était sans usage. Trois événements ont tout changé : la Deuxième Guerre mondiale et le rôle qu'y joua le Grand Nord. Le réchauffement climatique qui rend de plus en plus possibles en mer et à terre des activités humaines interdites en Arctique jusque-là. Enfin la création en 1996 du Conseil de l'Arctique. Ce dernier, s'il joue un rôle efficace et reconnu de coordination et de mise en cohérence des politiques des États de la zone arctique, n'a pas cherché ni voulu associer à son action celle des usagers de l'Arctique non riverains qui ont pourtant des raisons croissantes de s'y intéresser de près. »

L'ambassadeur de Norvège, assis au premier rang, écoutait impassiblement, cachant mal son embarras.

« Mais il est le premier signe de l'intérêt de la communauté internationale pour cette région en plein bouleversement. Membre observateur, et donc consultatif sans influence du Conseil de l'Arctique, la France a pourtant comme bien d'autres le souci que le passage de ces terres et de cet océan à des usages humains plus fréquents et plus habituels se passe dans le respect le plus strict possible de son environnement, et des conditions de vie de ses rares populations originelles. Il y faut des règles nationales fortes et cohérentes. Pour les eaux libres et les problèmes communs, il y faudra aussi des règles internationales. Contribuer à tout cela est pour la France l'objet de cette feuille de route. Nous ne sommes pas les premiers, loin de là. Devant l'importance des changements en cause, la plupart des États concernés ont déjà décrit leur politique et sa cohérence. Manquait la France. Certains autour de nous en ont souri. »

Michel marqua ici une pause, balaya l'auditoire des yeux avec une mine amusée et reprit le fil de son intervention. « Mais mieux vaut tard que jamais. » C'était sa manière élégante de régler ses comptes avec un ministre qui l'avait placardisé. Michel m'avait réservé un hommage auquel je ne m'attendais pas. « Comment ne pas vous dire, saluer et remercier ici aussi, que l'architecte infatigable, le concepteur vrai de cette feuille de route pour l'Arctique est mon second, l'ambassadeur adjoint Laurent Mayet. Vous verrez dans quelques minutes si tout cela mérite des applaudissements, ils seront pour lui. »

S'ensuivit une présentation de la feuille de route. Aucun bruit ni bavardage dans la salle ne troublèrent cette messe magistralement animée par Michel.

En guise de conclusion, l'ambassadeur avait préparé un développement qui résumait avec une parfaite clarté le positionnement singulier de la mission qui avait été la sienne et sa conception de la bataille pour l'organisation de la planète (le « BOP ») qui avait tant fait sourire autour de lui : « Nous sommes ici dans l'univers de la diplomatie. Elle est par l'histoire le lieu où se précisent et se défendent les intérêts nationaux. Notre feuille de route remarque et écrit qu'il ne s'agit pas en Arctique que d'intérêts nationaux. Les règles de demain concernant la pêche, la navigation commerciale, l'activité minière ou pétrolière doivent concerner les eaux libres. Il s'agit ici de l'intérêt général de la planète et pas seulement de la conjugaison de nos intérêts nationaux. Cet intérêt général, il faut l'énoncer et le défendre. Que la diplomatie mondiale travaille aussi à l'intérêt général du monde n'est pas tout à fait une nouveauté, voyez l'Antarctique ou l'espace. Mais c'est suffisamment important en Arctique pour devoir être dit, et souligné. La feuille de route de la France pour l'Arctique se veut aussi pour une part une contribution au progrès de la diplomatie mondiale. »

L'auditoire réserva de longs applaudissements à Michel, comme s'il demandait un rappel. Peu après, Michel m'entraîna vers le secrétaire général des Affaires étrangères pour lui dire qu'il pouvait avoir toute confiance en moi, et lui demandait de me nommer à sa succession. Michel mit ses affaires en ordre et j'étais interdit par la manière consciencieuse avec laquelle il exécutait son plan. Bernard Kouchner vint nous féliciter. « Vous avez fait du bon boulot, les copains ! » Les invités s'attardaient un peu en bavardant avec des connaissances et Michel me dit qu'il était temps pour lui de partir. Je vis qu'il était éprouvé par cette forte dépense d'énergie. Il me proposa de déjeuner à l'Oiseau blanc, pour fêter ça.

Je le retrouvai plus tard dans ce restaurant qui offre une vue imprenable sur les toits de Paris. Nous nous installâmes à une table en terrasse. Michel cachait mal sa fatigue. Au milieu de son plat qu'il n'arrivait pas à avaler, il s'excusa de ne pas pouvoir aller plus loin et quitta le restaurant en me disant sur un ton un peu abattu : « Désolé, frangin, mais ça ne va pas fort ! »

Quelques jours, plus tard, j'appris qu'il était hospitalisé à la Salpêtrière. Je lui rendis visite. Il était un peu groggy par la morphine et avait beaucoup maigri. Il me dit qu'il tenait en horreur les chambres d'hôpital et qu'il repensait souvent à nos voyages de bout du monde. « Qu'est-ce que c'était chouette ! » me lança-t-il avec ferveur, le visage illuminé, comme s'il faisait défiler dans sa mémoire les sensations accumulées au fil des années. Au moment de le quitter, je voulus lui témoigner un geste d'affection, mais nos pudeurs conjuguées m'en empêchèrent. Je le quittai sur un mot de politesse qu'inspirait le désespoir.

« Bon, Michel, tu te remets en selle et on part dans les îles subantarctiques.

— Merci, frangin, mais tu sais, c'est pas gagné… » me dit-il, comme pour s'excuser d'être indisponible.

En quittant cet hôpital austère, j'étais gagné par un sentiment de culpabilité. Je n'avais pas pu l'emmener pour un dernier voyage dans ces contrées inouïes, désertes et terrifiantes. « Icebergs, sans garde-fou, sans ceinture, où de vieux cormorans abattus et les âmes des matelots morts récemment viennent s'accouder aux nuits enchanteresses de l'hyperboréal[1]. »

Le lendemain, je reçus un appel de Sylvie, son épouse, qui m'annonça le décès de Michel. Le diplomate et ami Marc Bouteiller, qui avait assisté à la dernière apparition publique de Michel, commenta cette fin fulgurante en disant qu'il était mort à la tâche, comme Molière, au sortir des planches.

Quelques jours plus tard, je fus nommé représentant spécial pour les affaires polaires au ministère des Affaires étrangères et me retrouvai seul dans notre grand bureau double

1. Henri Michaux, *op. cit.*

qui soulignait le vide, la disparition de mon chef, de mon mentor politique, de mon compagnon de voyage et de mon ami cher, car oui, Michel était tout cela pour moi.

L'association le Cercle Polaire lui rendit un dernier hommage : « Maintenant que Michel nous a quittés, notre responsabilité a crû démesurément. Il nous faut marcher sur ses traces sans espérer s'abriter derrière lui. Adieu Michel, tu vas nous manquer. Tu peux compter sur nous pour continuer le combat pour la préservation des zones polaires[1]. » La 5e Année polaire internationale 2032-2033 sera la prochaine fenêtre de tir pour rejouer une action de diplomatie par la science.

Quelques années plus tard, le directeur de l'Institut polaire Paul-Émile Victor, Jérôme Chappellaz, et l'association le Cercle Polaire demandèrent à l'administration des Terres australes et antarctiques françaises (TAAF) de donner le nom de Michel Rocard à un lieu en Terre Adélie. La proposition fut acceptée et le 20 novembre 2021, Jérôme Chappellaz et le préfet des TAAF, Charles Giusti, déposèrent une plaque commémorative « Baie Michel-Rocard » sur un rocher de la côte de la rade ainsi baptisée, située à l'est de la première station antarctique française de Port Martin. Si Michel a choisi de « dormir en Corse[2] », à Monticello, face à une ravissante crique, il y a aussi un peu de Michel Rocard en Antarctique.

1. « Michel Rocard, au secours des pôles », Le Cercle Polaire, *Pôles Nord & Sud* n° 4, été 2017.

2. Selon les termes choisis de Michel dans un texte lu par son fils aîné lors de la cérémonie au temple de l'église protestante unie de l'étoile à Paris, le 7 juillet 2016.

Remerciements

Je tiens à remercier Jean-François Merle, vice-président délégué de l'association MichelRocard.org, sans qui ce livre serait resté un vœu pieux. Historien scrupuleux de la carrière de Michel Rocard, il en a accompagné la rédaction.

Je souhaite également remercier Bernard Kouchner, grand témoin de notre combat diplomatique sur les pôles, pour sa relecture et sa préface qui ne cache pas son affection pour Michel.

Je veux aussi remercier mes éditrices, Clara Dupont-Monod, qui a cru en ce projet éditorial singulier, et Oksanna Le Rallec, qui a assuré le suivi pas à pas et qui, par l'intelligence acquise de ces matières insolites, a été une interlocutrice inestimable.

Comment, enfin, ne pas remercier celles et ceux, cités ou non dans ce livre – qu'ils veuillent bien m'en excuser, mais ils sont si nombreux –, qui ont participé aux côtés de Michel Rocard et de moi-même à cette aventure au sein du collectif le Cercle Polaire, contribuant, pour le meilleur et pour le pire, à sortir la conjoncture polaire de l'anonymat. Ce livre leur est dédié.

Table des matières

Cet ouvrage a été composé par PCA

Imprimé en France par
CPI BUSSIÈRE (18200 Saint-Amand-Montrond)
en mai 2024

pour le compte des Éditions J.-C. LATTÈS
17, rue Jacob – 75006 Paris

PAPIER À BASE DE FIBRES CERTIFIÉES

JC Lattès s'engage pour l'environnement en réduisant l'empreinte carbone de ses livres. Celle de cet exemplaire est de :
800 g éq. CO_2
Rendez-vous sur www.jclattes-durable.fr

N° d'édition : 01 – N° d'impression : 2075870
Dépôt légal : mai 2024
Imprimé en France